古代美術史研究

五　編

第 **10** 冊

華夏書學源始邏輯論

李　川　著

花木蘭文化事業有限公司

國家圖書館出版品預行編目資料

華夏書學源始邏輯論／李川 著 -- 初版 -- 新北市：花木蘭文
化事業有限公司，2023〔民 112〕
目 2+260 面；19×26 公分
（古代美術史研究 五編；第 10 冊）
ISBN 978-626-344-087-6（精裝）
1.CST：書法 2.CST：書法美學
618 111010285

古代美術史研究
五 編 第 十 冊 ISBN：978-626-344-087-6

華夏書學源始邏輯論

作 者 李川
總 編 輯 杜潔祥
副總編輯 楊嘉樂
編輯主任 許郁翎
編 輯 張雅淋、潘玟靜 美術編輯 陳逸婷
出 版 花木蘭文化事業有限公司
發 行 人 高小娟
聯絡地址 235 新北市中和區中安街七二號十三樓
電話：02-2923-1455／傳真：02-2923-1452
網 址 http://www.huamulan.tw 信箱 service@huamulans.com
印 刷 普羅文化出版廣告事業
初 版 2023 年 3 月
定 價 五編 21 冊（精裝）新台幣 75,000 元

華夏書學源始邏輯論

李川 著

作者簡介

李川，1979 年生，河北衡水人，現供職於中國社會科學院外國文學研究所，主要從事神話學、古典學、思想史等方面研究。在《文學遺產》、《外國文學評論》、《民族藝術》、《世界宗教與文化》等刊物發表論文 40 餘篇，出版專著有《論譜屬詩：〈天問〉〈神譜〉比較研究》、《〈山海經〉神話研究》；參編有《中國民間文學作品選》（神話卷）；譯文若干篇。

提　　要

中國現代書法理論的學術譜系建構是以西方美學理論為參照系的，這個現代書論譜系的建構以傳統經學體系的塌陷和西方學術的湧入為其背景，賴以維繫書法的物質技術手段、文化根基和社會結構被「現代化」的理想徹底擊潰，現代書法和傳統倫理、精神價值完全脫鉤。若將現代書法和古典傳統之間的差別凸顯出來，那麼其所蘊含的古今之爭便成為相當嚴峻的問題。本書試圖從根本上對當下書法存在的諸多問題發表淺見，主要集矢於以下幾個問題：一、書法何以成為中國文化中最為特絕的藝術傳統？書法的特質何在？書法在傳統文化中的價值與意義如何？如何看待書法與形式美？這些書法理論的宏大問題可以歸納為一個根本問題：亦即，書法的本源問題，它回答的是書法特質的形成或曰書法的起源問題。在回答上述本源問題基礎上，指出華夏書論「立象以盡意」的特質，並基於此論，對現代書法理論所使用的術語或書法現象諸如「藝術」「形式」「醜書」等問題進行解釋和探討，全書貫穿「書法現代化」而又立足於古今之爭的視野，對這些問題提出了一己之見。

目

次

前　言

　　中國現代書法理論的學術譜系建構是以西方美學理論為參照系的，這個現代書論譜系的建構以傳統經學體系的塌陷和西方學術的湧入為其背景，賴以維繫書法的物質技術手段、文化根基和社會結構被「現代化」的理想徹底擊潰，在經歷了漢字的存廢之爭、社會劇烈變革之後，書法的古典傳統和古典精神幾乎淪喪殆盡。在古典書法傳統之廢墟上建構起來的現代新書論譜系，乃是基於西方認識論的——質言之，基於科學主義立場——的基礎上重構而成。以認識論的立場觀照傳統書法問題，即以一種主客體的、現象本質二元論的理論模型將書法作為一個客觀存在的、可供把握的真理型研究對象，或許加深了對書法傳統的理解，然而卻也帶來相應的問題，其中最大的問題便是以「邏輯」「理性」之名強化了書法人之無處安頓心靈的信仰危機。書法人存在信仰危機這一判斷，基於如下事實：即現代書法和傳統倫理、精神價值完全脫鉤。若將現代書法和古典傳統之間的差別凸顯出來，那麼其所蘊含的古今之爭便成為相當嚴峻的問題。這一習焉不察的學術現象是，對傳統書法進行分析的理論文章中，處處充斥著來自於西方文化語境的術語。表面看來，採擇西學術語是當代書法學科建制的必然要求；然而深層次看，卻是植根於西方區域的、經驗的理論對本土文化的干預和僭越。這種認識論方式基於一個基本預設，即根源於西方文化體系的「科學」理論具有解釋一切異文化的先天合法性，而不需經過任何批判和反思。何以植根於西方傳統的術語就具有闡釋異文化的先天合法性呢？這個學理本身包含某種話語霸權因素。對此，學界已習慣於逆來順受，依照某種思維慣性或者徑謂之學術惰性直接進入書法的探討。當然並不是說，一切出自異域文化的理論都不能用於

闡釋本土傳統，某種意義上，異文化視角的切入恰恰能夠加深對本土文化的認知。問題癥結在於，西方觀念用於書法批評，在何種角度、何種語境下介入方獲得意義。儘管援引西方現代理論在某種程度上恰恰加深了我們對書法特特質的理解，然而這並不意味著異域理論不加批判和反思便能徑直用於本土文化的闡釋。尤其針對自有特絕傳統的詩書畫而言，在移用他方理論時則更需謹慎對待。

職是之故，本書試圖從根本上對當下書法存在的諸多問題發表淺見，我主要集矢於以下幾個問題：一、書法何以成為中國文化中最為特絕的藝術傳統？書法的特質何在？書法在傳統文化中的價值與意義如何？如何看待書法與形式美？這些書法理論的宏大問題盡可以歸納為一個根本問題：亦即，書法的本源問題，它回答的是書法特質的形成或曰書法的起源問題。而書法的本源問題有外部環境（外因）和內在肌理（內因）兩個層次。所謂外部環境，又有兩重理解：即書法與文字的關係和中國文字與域外文字的關係。所謂內在機理，則著重指書法和思維方式之間的關係。以這一根本問題為起點，本書探討了諸如「藝術」「亂書」「醜書」等書法現象，並對華夏先哲的觀物體物方式進行剖析，以期用返觀式的態度重審書學問題，觀照並激活古典資源從而實現其現代性闡釋。本書當然不可能一勞永逸地徹底解決此類理論問題，而僅僅發表芻議，以期拋磚引玉，引起書論界同仁的關注和進一步探討。

第一章 文教傳統：書學源始邏輯之外部環境

　　中國書法的特絕傳統乃是歷史形成的結果，這個歷史形成至少應當從兩方面界定：其一，書法與其他藝術之不同。其二，中國書法與域外的藝術特質之不同。然此種提問方式即已經預設了，書法乃是所謂的「藝術」，而「藝術」云云本身就是一個現代學科建制或者說是現代學術思想的產物。因此，書法與藝術之間的糾葛亦是一個相當重要的問題，不過，此處暫且不討論這個問題，我將在後文作個案研究時對該問題進行剖析。此處仍回到問題起源處，即書法究竟特絕在何處？就第一個問題而言，探討書法與其他「藝術」之不同，宜深入於書法問題內部，需考察書法和文字的關係。書法之所以不同於其他藝術，乃因它植根於文字傳統本身的特異性。這必須回溯到藝術誕生之前的文字起源問題上去。中國書法之不同於域外文字傳統，則需以理解中國文字與域外文字的差別為其前提。當代人論書法，每喜言形式，但書法的形式是派生的而非本源的問題。釐清了本源問題，形式問題自然迎刃而解。而如何釐定書法的本源問題，實際涉及如何看待書寫的觀念？換言之，書法的本源問題取決於，書寫之於人類意味著什麼？這就引導論者以通觀的而非微觀的視野考察書法。唯有從通觀的角度，方可進一步明瞭書法於華夏文化傳統的價值、意義之所在。當然，本書僅提供理解書法的一種可能視角，即從本源上考察書法。書法的特質是由文字決定的，考察書法問題首當其衝地當考察文字問題，這就不能不追溯中國文字的起源。

第一節　書寫─口頭與文字─字母的二分作為書法之外部問題

　　書法為書寫的派生物，而書寫起源於和口頭傳統的決裂。在漫長的史前時期，存在一個「未有書契」的口頭傳統，這一傳統也就是所謂前文字或無文字社會的傳統，在這樣的傳統中，文化主要以神話、傳說、史詩、歌謠、寓言、故事等「口頭文學」樣式存在。口頭傳統先於書寫傳統，此乃不爭的事實。書寫觀念產生於口頭傳統的分化。書寫的出現和口頭傳統的分化乃是人類文化的大事件。但當代學術聚焦於此，爭論不休。西方學者概括為「口承─書寫」（Orality-Literacy）模式，爭論的焦點在於，口頭傳統與書寫傳統之間是否橫亙著人類認知與現代心智的「大分野」。〔註1〕這個問題不屬於書法內部的問題，但對於理解書法的本源來說卻不可迴避。那麼，前文字的、無文字的「遙遠的古代」是否有思想呢？怎樣才可以深入到人類「思想之初」「去體會古代人類的心情，去追溯古代人類的思想歷程」〔註2〕？書法樣式只是反映古人之「心情」或「思想歷程」的外在材料，拋開文字起源問題去討論書法本源問題，此種做法並不可取。康長素有云：

> 　　文字何以生也，生於人之智也。虎豹之強，龍鳳之奇，不能造為文字，而人獨能創之，何也？以其身峙立，首函清陽，不為血氣之濁所薰，故智獨靈也。凡物中倒植之身，橫立之身，則必大愚，必無文字。以血氣薰其首，故聰明弱也。凡地中之物，峙立之身，積之歲年，必有文字。不獨中國有之，印度有之，歐洲有之，亞非利加洲之黑人，澳大利亞洲之土人，亦必有文字焉。秘魯地裂，其下有古城，得前劫之文字於屋壁，其文字如古蟲篆，不可識別。故謂凡為峙立之身，曰人體者，必有文字也。以其智首出萬物，自能製造，不能自己也。〔註3〕

　　康有為論書從「文字何以生」入手，堪稱窮源返本之論，又謂「生於人之智」，何為智？智乃區別於動物的「獨靈」之物，意即人類之「思想」。康氏注意到思想乃文字產生的先決條件，此為一看似簡單而實則深刻的論斷。口

〔註1〕巴莫曲布嫫：《口頭傳統·書寫文化·電子傳媒——兼談文化多樣性討論中的民俗學視界》，《廣西民族研究》，2004年第二期。

〔註2〕葛兆光：《中國思想史》（第一卷），復旦大學出版社，2001年，第5頁。

〔註3〕崔爾平校注、康有為著：《廣藝舟雙楫》，上海書畫出版社，2006年，第21頁。

頭是否產生思想？這就又回到剛才的問題，即「大分野」是否存在的問題。理解大分野是否存在的，關鍵在於書寫傳統和口頭傳統之分是否對人類思想具有決定性意義？也就是說，關鍵在於對口頭—書寫傳統的二元區分是否認同？實際上，從民族志的角度看，口頭—書寫、物質—非物質、有文字—無文字社會之間的二元對立關係在現實中根本不存在。〔註4〕保留這種理論模型，實出於言說的方便。近年來，隨著口頭程式理論的引入，國內學者每喜援引口頭理論，以為解決上古文化史問題的密鑰。然殊不知其口頭—書寫二分理論中的所謂書寫 literacy 和漢語表達中的「書寫」關涉並不甚大。Literacy 在傳統意義上表示的是書寫和閱讀的能力，現代則表示受教育程度。此詞就詞源論，與英語表示「字母」的 letter 有不解之緣，這就意味著，西方人在使用該詞時，其具體意涵指的是對拼音系統的掌握程度。換言之，在口頭—書寫的分野理論框架中，是以西方拼音書寫系統為其文化背景的。這個文化背景和漢語以文字為書寫之具的背景根本不同。質言之，在移用口頭—書寫理論時，應當注意到文字系統（中國文化體系）和字母系統（西方文化體系）之間的差別。這一差別，或許於西方學者、於民俗學者顯得不那麼緊迫和必要，而對於理解華夏書法之源始邏輯來說，字母系統和文字系統的差別，則是個至關重要的本源（在此，為了避免某種本質主義觀念的干擾，我選擇本源而不用本質）因素。書論研究也必須追溯到這個最本源的因素上來。上引康長素之論「凡為峙立之身，曰人體者，必有文字也」，也未能意識到字母體系和文字體系這個因素。

這就是說，儘管書寫誕生於口頭之後是不爭的事實，口頭—書寫理論卻並不適用於討論書法的本源問題。實際上，書寫誕生以後，逐漸形成兩種不同的趨向：一是文字的表意傳統，一是字母的標音傳統。書法傳統只可能誕生於文字傳統中，字母傳統不可能誕生書法。原因在於，文字傳統與字母體系對於書寫的理解不同，前者將書寫視為獨立的、可以產生意義的傳統，而後者將書寫視為語音的附屬之物。當然，這種理論僅為基於籠罩立場的理論模型，實際情況遠較此複雜，我在此著意強調的是，文字—字母分野的重要性，並不意味著它們之間乃是截然的、非此即彼的二元對立關係。

書法可能產生於文字體系中，而不會出現於字母系統之中。這是一個極

〔註4〕肖璞：《有「字」的對歌傳統——壯族族群的唱與書寫》，《音樂探索》，2014年第一期。

其淺顯的道理。然要明白這個道理，得先理解文字和字母的區別。這裡涉及到對文字和字母之間差別的深切體察。長久以來，無視或混淆文字和字母的差別，根本原因是，中國學人秉持所謂「語言學眼光」，即以西方「語言學」為本位來看待中國本土的漢字。對西方語言的認識，最富有代表性的是索緒爾（Ferdinand de saussure，1857～1913）的觀點。符號學乃是他的核心理論，而這個核心理論的關鍵則是音義結合的任意性。索緒爾指出符號由「能指」（Signifiant）和「所指」（Signifie）組成。所指就是概念，能指是聲音的心理印跡，或音響形象。從語言角度看，所指相當於義，而能指為音。符號有兩個特性：一、符號的任意性；二、符號構成的線性序列，話只能一詞一句地說，不能幾句話同時說。〔註5〕這些觀點都非常正確，但是索緒爾完全忽視了字形，他認為書寫系統只是語言系統的映像，書寫只是記錄語音的符號，怎麼寫、或者寫在什麼材質上對於意義毫無影響。這套理論根源於他的語言觀，因為索緒爾主張排除一切外在因素的影響而研究語言，在他看來，語言乃是一個自足的、封閉的系統。索緒爾強調聲音對於文字的先在性：「語言和文字是兩種不同的符號系統，後者唯一的存在理由是在於表現前者。語言學的對象不是書寫的詞和口說的詞的結合，而是由後者單獨構成。」〔註6〕這套理論不妨概括為音義「二分」論。

索緒爾語言學中的音義任意結合的思想是西方語言觀的總結。索緒爾將書寫視為語言的記錄符號，這是音—義一致性的前提。只有排除書寫系統的干擾，才能完成音義任意結合的理論框架，從而建構其以語音為中心的語言學理論。音義任意性結合的理論是以字母能夠與音素一一對應為標誌。希臘語用希臘字母書寫，這套字母源於腓尼基字母。希臘人第一次完整地創製了元音字母表，從而真正地實現了記錄語音的功能，將拼音書寫系統發展了極為完善的地步。埃及和兩河流域的記錄系統雖然也有表音功能，比如字符中包含有不少的音節特徵（即以一個符號表示一個或多個音節），但尚未實現字母與音素一一對應。希臘字母則實現了字母與音素的一一對應。這種高度完善的字母書寫系統，在記錄語言上無疑具有相當的優勢。繼踵而來的拉丁書

〔註5〕〔瑞士〕費爾迪南·德·索緒爾著、高名凱譯：《普通語言學教程》，商務印書館，2014年，第93～99頁。

〔註6〕〔瑞士〕費爾迪南·德·索緒爾著、高名凱譯：《普通語言學教程》，商務印書館，2014年，第35頁。

寫系統之所以後來居上，並且逐漸成為世界上最為強大的記錄系統，正是由於它吸收了古希臘字母的優點。換言之，希臘字母乃是一種言—文一致的書寫系統。

　　對書寫傳統的不同態度，在一定程度上就制約或影響著文化機制、價值理念和藝術傳統的形成。對書寫體系的輕蔑，從而在也就抬高了口頭傳統的地位，其價值觀的模塑和書寫民族從而有所不同。舉例而言，歐洲在文化發軔時期，由於傾向於口頭傳統，因而歌手在社會上充當了相當重要的文化傳播角色。《神譜》中繆斯命令詩人要一直歌唱她們以及過去未來的事情，歌詠先烈；英雄常常和歌手互相比襯（《奧》卷 8.483〔註 7〕、11.368、17.518）。這就是所謂「弓弦與豎琴」問題，也就是英雄與歌手之間的關係。兩者之間不可或缺，英雄的勳烈通過歌唱得以傳承，而歌手也因歌頌豪傑而留名。這與主要依賴書寫的「君子有道，懸之閭」（《晏子春秋》卷五「景公遊紀得金壺中書晏子因以諷之第十九」）的傳統是不同的。在以文字為書寫工具的傳統中，文字不止是記錄語言的工具，其自身就有獨特價值（詳參後文）。

　　要言之，書寫傳統模塑的民族特性、思維習慣與使用字母傳統的文化有所不同，書寫—口頭、文字—字母的分野對文化共同體的影響不言而喻。意識到口頭—書寫之分、意識到文字—字母之別，對於理解書法傳統和文字體系之間的關係具有根本性的意義。那麼書法與文字究竟是怎樣的關係？本書認為，書法的產生和文字體系的成形存在某種共生關係，書法意識濫觴於文字產生之初。

第二節　文字濫觴與書法起源

　　書法的特異性，植根於文字的特殊性。文字的特殊性，與文字何為而起、文字因何而起相關。換言之，理解書法的特異性，必須以對文字的價值、功能和意義的闡釋為其前提。現在學術喜歡以藝術自覺論討論書法問題，此說實際於事無補。蓋藝術自覺等詞語云云，乃直接闌入西方觀念的產物，在使用中和古典語境並不相侔；藝術作為一門「學」的興起，是西學現代學科分化的產物。在西學學科建制被引入到中國古典傳統中來之前，並無所謂西方觀念上的藝術（古所謂「游於藝」並不能直接等同於藝術，以其語境、價值訴

〔註 7〕表示《奧德賽》第八卷第 483 行，後文引同，不更注。

求皆相去甚遠）、亦自無所謂藝術自覺的問題。這樣的學術判定乃是一種首尾顛倒、源流混淆的葫蘆案。討論書法特性的問題，必須懸置所謂藝術自覺等等討論，而徑直切入文字濫觴問題。道理很簡單，書法必須以文字的產生為之根基。然則，文字產生之初是否就有了書法的萌芽？解答該問題，必須堅持古人關於書法的基本定義，這個定義仍然要回歸到古典傳統即經史傳統中——即「書，如也」「書，心畫也」等等。這就好比通過兒女窺測其家教，雖不盡中，亦相去必不甚遠。儘管經史傳統的形成晚於文字體系的成形，然經學傳統與華夏文字系統之間存在血脈聯繫，這與以西方藝術觀切入書學傳統不可等量齊觀。就起源問題而言，文字的起源和書法的起源本是同一問題的一體兩面；當然就功能和意義而言，由文字的起源固然能夠窺測到書法的起源的一些信息，這兩者畢竟還是不同的問題。本書在此著重處理的是其源頭的問題，暫時忽略其差別。找到了其源頭，也就對文字或書法的本初特質有一定意義的理解。不過，這種探源並非考古的、實證的意義上，而是從邏輯的、思想的意義上來進行。而我這裡所說文字起源，不僅僅侷限於漢字的起源，而是從廣義上、從與字母對應的意義上來講的文字體系的起源。

從文字起源的理論上說，威廉・沃伯頓（William Warburton，1688～1779）的圖畫文字（pictography，pictogram）起源論亦即認為文字起源於圖畫的理論為最著名者。該說曾在 20 世紀風靡一時，並為大多數中國學者所接受。這種理論曾與傳統的「書畫同源」論合流，在一定時期成為探究書法起源的主要理論。然而，隨著國內現代學術不斷的自我反省，該學說受到一部分人的質疑而逐漸銷聲匿跡。〔註8〕此論最大缺點在於，其與泰勒、蓋爾伯等人的理論一樣，都建立在「語言學眼光」或「字母文字優越論」的思想基礎之上。質言之，這套理論本身其實乃是西方中心論傳統的產物。〔註9〕上文我們已經討論過文字與字母系統的二分，這種基於字母中心論的理論根本不適用於對文字系統起源的探討，從而遭到丹尼斯・施曼特—貝瑟拉（Denise Shmandt Besserat）等的徹底反駁，後者通過批判沃伯頓而提出了陶籌理論。〔註10〕陶籌理論立足於考古證據，勾勒出陶籌由樸素而複雜的變化，指出封球、印泥

〔註8〕何丹：《論「圖畫文字說」的原始版》，《浙江大學學報》，2004 年第五期。

〔註9〕袁廣闊、馬保春、宋國定著：《河南早起刻畫符號研究》，科學出版社，2012年，第 150 頁。

〔註10〕參〔美〕丹尼斯・施曼特—貝瑟拉：《文字起源》，王樂洋譯，商務印書館，2015 年版。

在由陶籌而文字中起了關鍵作用，成為時下最能自圓其說的文字起源論。它描繪出文字從萌芽、發展而形成體系的一部波瀾壯闊的歷史畫卷。不過，陶籌理論仍然存在不少盲點。首先它僅僅立足於西亞楔形文字系統，對於西亞以外的文字並無涉及，既然陶籌以壓印的模式褪盡了象形質素，那何以埃及聖書字、殷周甲骨金文系統以及瑪雅文字有數量眾多的象形符號呢？陶籌說不能對此給出滿意的解釋。其次，本書作了大量的考據學工作，提出了若干具體字的微觀意義上的起源，而我們更感興趣的是作為系統化的文字體系之起源。整體觀念上的文字系統之起源並不等同於具體的每個文字的起源。陶籌論在這個方面的說服力略顯薄弱。其三，該理論之所以不能令人完全信服，還在於其持有一種文化傳播論的預設，即將西亞文字的起源視為全世界文字的共同起源，而實際上作者並沒有提出多少可以說服人的證據（中國雖偶有陶籌出土，卻並不能支持漢字系統起源於陶籌的理論）。職是之故，陶籌說雖然能夠解釋西亞文字的起源，卻對中國文字尤其書法起源並無多少裨益。目前，尚未有足夠的證據鏈條勾勒傳播論，從而可以存而不論。然而，作為一種符號表達的方式，陶籌—滾印—印章之間的聯繫卻是可能的，從聯繫的、籠罩的意義上說，印章也是書法的一部分，它有某種域外質素的影響，此種可能性不宜完全排除。陶籌論之於書法起源的價值可能在於，它有助於我們思考印章藝術的起源。關於此論，詳第三章。

在陶籌論的基礎上，有學者提出更為穩健的文字形成機制之說〔註11〕，該說將文字的產生分為巫師文字和通行文字階段，並從經濟社會發展水平的角度進行分析。不過，其巫師文字云云仍帶有一定程度上的文化進化論色彩。它假定人類社會必然經歷一個史前的神話的、宗教的或者巫術的時代，而這種假設又是基於對西方區域性知識的接納，即便埃及、蘇美爾、瑪雅等考古資料能夠自證其存在史前神話時代，對於中國的解釋卻仍然採用的是類推法，這就帶有極大的或然性。在我看來，中國是否存在史前神話時代頗成其為問題，中國傳統生活中，「不語怪力亂神」「人道邇」「天道遠」一直是社會生活的主流，換言之，中國人將神聖性奠基於世俗生活之上。西方現代科學理論（比如進化論一系的學說）基於其自身生活經驗反推史前時期，認為人類社會經歷了神權而人權的必然歷程（例如維科的《新科學》等所主張的）。我認為這種反推不能導致必然的普遍結論。中國學界儘管不約而同地接納了

〔註11〕何崝：《中國文字起源研究》，巴蜀書社，2011 年。

這種意見，並且先入為主地卻尋找證據以證明史前確實是神權時代的，而這種所謂證據又大多依賴於考古材料，對於考古材料的闡釋又是基於和西方文化的比較。故而，所謂史前巫術期的判定難免循環論證之弊，並不令人信服。從後世推史前，至少存在三種可能性：一、中國史前為神話時代。二、中國史前為世俗時代。三、中國史前亦世俗亦神聖，因勢而動。至少，目前這種單一的解釋方式對史前社會的理解是值得質疑的。因此，巫師文字之類的說法也難以得到徵實。我們對此持保留態度。

諸說之中，我比較贊成王東先生對中華文明論的闡釋，王東先生立足於對文字起源的分析，提出了三個雙頭論：一、起源上的象形和契刻雙源論。二、文字發展動力上的貿易—政治雙輪動力論。三、發展規律上的東西二途徑說。〔註12〕這種理論克服了陶籌說和巫師文字說的缺陷，兼顧到東西不同的文化特色，同時又注意到了文字起源的共性，是可以接受的。在王東先生的文字起源說的基礎上，我們可進一步觀察華夏文字和書法的起源問題。華夏文字的起源既有其普遍的、世界性的一般規律，又有其獨特的、區域性的地域特色。華夏文字的契刻、象形兩種符號是後世書法、印章藝術的觀念來源。王先生的東西二途說可視為東西分野的開端，在某種意義上也就是華夏書法獨特性的邏輯依據。

第三節　華夏—域外文字體系的關聯與分流

東西二途的文字發展學說廓清了諸多迷霧，此說將世界文字的發展視為一個整體卻又各自獨立的過程，避免了傳播論等說法證據不足、以此代彼的弊端。這裡我特別強調華夏文字系統與域外文字系統的不同，目的是為了凸顯華夏書法的特色。而所謂域外文字系統，又主要是針對西亞的楔形文字、埃及的聖書字以及中美洲的瑪雅文字等幾種古老的文字體系而言；恰恰是這種差異性成為中國書法獨特性所由起，成為中國書法源遠流長的動力，成為中華文明卓異於世界的根由。明瞭華夏文字體系的獨特性，首先應當明確，華夏文字與域外文字存在若干隱秘的、甚至在一定意義上說相當深刻的關聯，這種關聯恰恰是我們探究中國書法不能忽略域外因素的原因。從其關聯

〔註12〕王東：《中華文明論》，黑龍江教育出版社，2002年。轉引自袁廣闊、馬保春、宋國定著：《河南早期刻畫符號研究》，科學出版社，2012年，第150頁。

洞悉華夏與域外文字的分野，書法的特質才能得以彰顯出來。從這個角度，我們才能更好地回答中國書法的特質等基本問題。而其中的核心問題是，華夏文字體系與域外文化的關聯如何，它是自源的還是它源的？

由於目前殷商文字體系較西亞、北非為晚，學者對華夏文字體系是否自源文字的爭論莫衷一是，這個問題極大地影響到對書法起源問題的判斷。如果華夏文字體系起源於域外，那麼書法便不能成其為獨特的華夏文明的代表。但目前三代考古研究的研究趨勢，愈來愈傾向於一種開放的、世界主義的態度來看待華夏文明的起源，更多了幾分「以天下觀天下」的胸襟。蘇秉琦先生指出世界文明發展具有「一元性」，我則謂之東西文化相摩相蕩。蘇先生通過對中國文化的考古區劃，指出大西北聯繫著西亞和中亞、大東北聯繫者東北亞，東南沿海和中南、西南地區則與換太平洋和東南亞、印度次大陸聯繫。〔註 13〕華夏文明發軔期，以西藏昌都卡若遺存為代表的卡若文化（上限西元前 3000 年前後）與甘肅馬家窯文化相關，而卡若文化沿喜馬拉雅南緣滲透，對克什米爾地區的布爾扎霍姆文化的出現可能有影響〔註 14〕，即形成甘肅馬家窯文化→西藏卡若文化→布爾扎霍姆文化的發展序列。此乃華夏文明和南亞次大陸文明接觸之證據。但是域外學者認為，中國文化發展基礎的輪式交通工具、馬和冶金術來自於西方。〔註 15〕此說雖不足為定讞，東西交流通道自古暢通，而非各安一隅卻是事實，比如郭靜雲即指出如馬商在漢─高加索大語系形成中作用巨大。〔註 16〕絲路兩端的物質文化交流自上古以來，就相當頻仍，比如鑄銅、車戰、人殉、頭骨穿孔、權杖、維納斯雕像及小麥顯係從西域輸入，而蠶桑、稻穀、黍、半地穴式的房屋建築、玉石文化則出自華夏。〔註 17〕商周時期陶鬲、青銅刀劍、絲織品，軟玉、玻璃、綠松石以及帶鉤等皆為東西物質交流的證據〔註 18〕。三星堆文化所出之金面罩、金杖、青銅神樹、立人青銅雕塑等，也有學者主張其與西亞文化相

〔註 13〕蘇秉琦：《中國文明起源新探》，人民出版社，2013 年，第 128～129 頁。

〔註 14〕韓建業：《早期中國：中國文化圈的形成與發展》，上海古籍出版社，2015 年，第 126 頁；《原史中國：韓建業自選集》，中西書局，2017 年，第 216 頁。

〔註 15〕（俄）葉蓮娜‧伊菲莫夫納‧庫茲米娜著、（美）梅維恒編譯、李春長譯：《絲綢之路史前史》，科學出版社，2015 年，第 73 頁。

〔註 16〕郭靜雲：《夏商周：從神話到史實》，上海古籍出版社，2013 年，第 225～235 頁。

〔註 17〕何崝：《中國文字起源研究》，巴蜀書社，2011 年，第 482～488 頁。

〔註 18〕宿白：《考古發現與中西文化交流》，文物出版社，2012 年，第 8～15 頁。

關。〔註 19〕殷墟出土的龜甲中即雜有棉布,而鬱金香、香料或由域外輸入,
在香料之路上可能和埃及文明有所接觸。〔註 20〕埃及前十世紀的木乃伊上據
云覆蓋有絲綢,而陝西涇陽縣戈國墓出土的物中有紙草,則中國、埃及兩大
文明的交流不晚於西周時代。〔註 21〕鑒於東西文化之間相似性並不稀見,因
有學者主張中國境內早期可能生活著包括歐羅巴人種在內的多個人種。比如,
亨寧曾將西亞的古提人和中國境內的吐火羅人聯繫,〔註 22〕其後,余太山發
皇亨寧之論,將古提人東遷與古籍中的有虞陶唐勾連,從而主張華夏文明早
期亦有印歐人的參與。〔註 23〕蒲立本從語言學角度,指出西元前兩千年漢語
與印歐語言接觸的可能性。〔註 24〕有些學者試圖將《聖經》中的上帝和的甲
骨文中的上帝等同〔註 25〕,亦有主張甲骨文中的帝可能繼承巴比倫的宗教儀
式〔註 26〕,此說容或可商,但這些觀念相同恐不是偶然現象。從世界一體的
角度勘察中國文化,郭沫若、李濟、張光直、饒宗頤、李水城、何崝、林梅

〔註 19〕 霍巍:《廣漢三星堆青銅文化與古代西亞文明》,《四川文物》,1989 年 S1 期,
第 37~43 頁。另,三星堆出土一件太陽形器,外緣為一圓形外框〇,中間「五
芒的布列形式,呈放射狀」與之相接(《神秘的古蜀王國:三星堆・金沙文物
珍寶》,文物出版社,2009 年,第 64 頁);此物學者皆不明其用途及含義。
考伽丁內爾編號 N15 符號作⊗形,釋為「在圈內的星星」,用如「冥府」之
義(Alan H. Gardiner, *Egyptian Grammar: being an Introduction to the Study of
Hieroglyphs*, Griffith Institute; Revised, 1957, p.487.)此物形狀與埃及字符可謂
神似,可考慮跨文化的闡釋思路。

〔註 20〕 饒宗頤:《郁方與古代香藥之路》,載《西南文化創世紀:殷代隴蜀部族地理
與三星堆、金沙文化》,上海古籍出版社,2010 年,第 240 頁。就對香料的
需求而言,中國可能與埃及有一定的交集。郁方大概聯及於古埃及人所謂的
香料產地蓬特(蓬特,或以為在紅海沿岸、或波斯灣沿岸。see: James P. Allen,
Middle Egyptian Literature: Eight Literary Works of the Middle Kingdom,
Cambridge: Cambridge University Press, 2015, p.41.)。

〔註 21〕 饒宗頤:《殷代黃金及有關問題》,載《西南文化創世紀:殷代隴蜀部族地理
與三星堆、金沙文化》,上海古籍出版社,2010 年,第 255 頁。

〔註 22〕 W・B・亨寧著、徐文堪譯:《歷史上最初的印歐人》,《西北民族研究》,1992
年第二期;T・V・加姆克列利則 Vjac・Vs・伊凡諾夫、楊繼東、徐文堪:《歷
史上最初的印歐人:吐火羅人在古代中東的祖先》,《西北民族研究》,1998 年
第一期。

〔註 23〕 余太山:《古族新考》,商務印書館,2012 年,第 35 頁。

〔註 24〕 蒲立本、伍安東:《史前貫穿歐亞大陸的東西方交流》,《傳統文化與現代化》,
1997 年第五期。

〔註 25〕 (意)安東尼奧・阿馬薩里:《中國古代文明:從商朝甲骨刻辭看中國上古史》,
社會科學文獻出版社,1997 年,第 194 頁。

〔註 26〕 丁山:《中國古代宗教與神話考》,龍門聯合書局,1961 年,第 184 頁。

村、郭靜雲等等學者皆從自身的學術角度對早期中西文化交流有所論列，茲不贅引。商周已降，交往尤其頻發，神話上亦有表現，比如《山海經》中的一目、毛民、刑天、儋耳等皆有西方文獻與之對應〔註27〕。考中西文化交流在上古時代存在兩條線路，即由西亞—高加索—烏拉爾山脈—阿爾泰山—外貝加爾湖—蒙古草原而華北平原的路徑。〔註28〕著名的安諾石印便出現於這條線路之上。另一條經由兩河流域而伊朗、阿富汗、天山南麓、甘青地區而內蒙、陝北、晉北而入中原。這條路上臨近著名的印度河谷文明，何崝指出，印度河谷乃是中國西亞溝通的重要文化地帶。〔註29〕商周時期，北亞文化圈則與中原絲路一脈貫通，〔註30〕近年來的考古發現激勵中國學者重審新疆地域的考古遺存與歐亞草原上的安德羅諾沃文化之間的關聯。〔註31〕物質文化交流之廣泛超乎想像。當然，就華夏文明來說，中國的馬匹、小麥等可能來自於西亞或北部游牧民族，然而微觀證據並不能解決宏觀上的文明起源問題。這並不能推證華夏作為一個文明整體是從西方而來。故東西早期交流雖廣，且有一些物質文化顯然是從西方輸入，但我並不主張華夏文化西來說。我尤其反對者則是華夏文化西來說。然就文字問題而言，華夏文字體系與域外的關聯卻是相當清楚的，比如饒宗頤先生對史前陶符的探討，從東西交流的角度作了詳盡而深入的掘發。〔註32〕而最為關鍵的證據則是著名的安諾石印，與中國漢代的印章存在很多共性，然而卻比後者早近兩千年。〔註33〕這不能不使人思考華夏印章的域外淵源。印章乃是一個世界現象，蘇美爾人的圓筒滾印、埃及人的聖甲蟲形印以及印度河谷文明的青銅印章，都比華夏印章的出現要早，時代序列上給傳播論提供了理論上的支持。而且，最為切實的證據來自於印度河谷文明符號，通過比較，印度河谷所出土 400 多個字符中與

〔註27〕拙文：《古埃及喪葬文獻《冥書》中的蛇——兼論《山海經》與域外文化的關聯》，《民族藝術》，2019 年第三期。

〔註28〕王巍：《商代車馬淵源蠡測》，載李伯謙主編：《商文化論集》，文物出版社，2003 年。

〔註29〕何崝：《中國文字起源研究》，巴蜀書社，2011 年，第 480～512 頁。

〔註30〕陳良偉：《再論北亞諸文化圈與商周草原絲道》，《喀什師範學院學報》，1988 年第二期。

〔註31〕邵會秋：《新疆地區安德羅諾沃文化相關遺存探析》，《邊疆考古研究》，2009 年。

〔註32〕饒宗頤：《符號、初文與字母：漢字樹》，上海書店出版社，2000 年。

〔註33〕李學勤：《安諾石印的啟發》，《中國書法》，2001 年第十期。

中國相似者多達 89 個（包括史前和殷商）〔註34〕。即便是與華夏文明相距較遠的瑪雅文明，也存在某種關聯，就先商文化與瑪雅的關係，張光直提出了「中國—瑪雅文化連續體」的假設。諸如此類的考古證據和假說，說明必須將華夏文明的起源放置到世界體系中，方能給以真正的有效的解決。申論之，中國文字的起源，同樣也應當放置到全球體系的背景下予以理解，中國文字系統的形成與異域文字之間可能存在互動關係。這種互動狀態孕育著共同思維方式成形的可能性。

　　從世界體系的角度來理解華夏文明尤其華夏書法問題，我們也必須對目前所存在的理論模式保持必要的警醒和反思。目前主要的模式主要是文化傳播論，尤其單向文化傳播論；就此種理論趨向而言，最為典型的便是華夏文化西來說，這種理論耳熟能詳，不需贅論。然而，如上文所論列，學界在接受這一理論時，大多侷限於從局部的、細節的方面尋找支持或反駁的證據，而恰恰忽略了對該理論本身的反思。文化傳播論基於一種因果論的單線立場，它假設文化傳播有其中心或曰起點作為「第一推動力」。但這個文化傳播的邏輯起點卻是根本無法找到的。因為，這個邏輯起點必須是最早的單一的純粹的自源文化。持傳播論的學者多數將文化源頭鎖定為蘇美爾，然蘇美爾實際不滿足上述條件。就時間而言，蘇美爾和埃及文明之間孰早孰晚本身就是一個問題。就自源而言，有人主張蘇美爾人受歐貝德人影響，比如蘇美爾學家 S.N.克雷默。〔註35〕若如此，則蘇美爾也受到外來文明的影響，其既不單一更不純粹，根本不能作為文明的「第一推動力」。那麼，能否據此而回溯到歐貝德人呢？當然不可，因為歐貝德人是根據語言懸想出來的，就像雅利安人理論一樣，除了語言學上的證據之外，再也沒有其他的堅實證據。如果將傳播點鎖定為埃及，那也仍然會面臨和蘇美爾一樣的問題，就是難以確定其為文化的最初發祥地。問題的根本出現在單線傳播論範式本身，此範式根據一種單線因果論，完全忽略了文化之間以及人群交往所存在的複雜情形。

　　因此，儘管華夏文字與域外存在一定關聯，但是我們並不能簡單地將其歸因於文化傳播尤其是單向傳播的結果。傳播論的弊端在於忽略了世界早期文化作為共存的體系，它們之間相摩相蕩、互為依倚。只有立足於這種複雜多端的關係，才能夠對中西文化之間的相似性和關聯給出解釋。本書再次強

〔註34〕李學勤：《安諾石印的啟發》，《中國書法》，2001 年第十期，第 556 頁。
〔註35〕于殿利：《巴比倫與亞述文明》，北京師範大學出版社，2013 年，第 11～12 頁。

調，這種關聯是基於互相的、而非單線的交流模式，它不是傳播的結果，而是循環互動的產物。這種關係就像太極圖的陰陽兩儀，互根互用、相摩相蕩。唯有如此，方可對華夏文字體系進行下一步勘察。

西亞、北非和中美洲與東亞文化具有相似性，比如都不約而同地採用文字體系、比如都在很大程度上具有象形特徵，比如史前符號的趨同性等等，這些現象植根於它們曾經的文化互動，至於如何互動，我們此處難以給出具體證據（例如有可能蘇美爾人受雙墩影響，而反過來影響華夏先民，華夏先民又影響印度河谷文明，印度河谷文明影響商人）。破除單線傳播理論之弊端，對華夏文字系統與域外文字系統的分野的理解方為透徹。就華夏文字體系來說，殷商文字系統與前殷商書寫符號之間存在著歷史淵源關係。這種關係不僅表現在該系統對此前符號的大量吸收，而且同時還表現為理念上的相關性。殷商文字的契刻特質、字勢的方縱趨勢都有前賦文化的影響，有如下幾個值得注意的特徵，這些特徵是華夏書法成立的前提條件。

其一，文字作為「空間單位」的觀念。可以斷言，獨體為文、合體為字這種觀念必然出自本土。儘管西亞、埃及文字的使用早於華夏，然從其書寫看來，這兩種文化並沒有發展出合體、獨體的觀念。儘管彼邦文字單個符號也有形象性，不過在書寫特定意義單位是時仍採取線性排列的特徵。換言之，即詞語內部數個音符按照流線排列，而詞與詞之間並無明確界限。〔註36〕楔

〔註36〕埃及字符常用者僅 700 例而已，字符和漢字一樣具有形音義等功能。一個埃及字符可以被賦予一個或數個音值（類似於多音字，埃及字符有時一個字可能對應四個音）。埃及字符在輔音—元音之間沒有元音提示，在閱讀時加上元音字母。埃及字符分為表意符號、表音符號以及限定符號三種。所謂表意符號，即用圖形表示所代表的或與之密切相關的事物。但是在這套符號系統具體運用中，字符本身與其所代表事物之間對應之例極少。絕大多數表意符號失去了表意功能，而轉化為純粹的表音符號。而經過長期使用，到西元前 600 年，埃及文字更是形成規範的表音系統，以圖形表示單、雙或三輔音。而單輔音的額使用頻率最高，形成 24（或 26 個，含變體）字母體系（參見王海利：《失落的瑪阿特：古埃及文獻〈能言善辯的農民〉研究》，北京大學出版社，2013 年版，第 263 頁）。也有人統計，單輔音音符 30 個（含 5 個變體），雙輔音音符 136 個，三輔音音符 73 個，共 239 個（參見陳永生：《漢字與聖書字表詞方式比較研究》，人民出版社，2013 年版，第 116 頁）。實質上它更近似於字母系統，古埃及語乃是一種「高度的屈折語」。楔形文字符號總共有一千八百多個，但是到西元前 2700～2350 這段時間，這些符號迅速減少，並且形成線性書寫的模式。而到前 2500 年左右，迅速完成了從圖像向著語音轉化的歷史進程，到前 2000 為止，其常用符號則僅有 570 個左右（參見新西蘭

形文字雖然為蘇美爾人所發明，但是卻被借用於書寫埃蘭語、阿卡德語、巴比倫語、亞述語、赫梯語、烏加里特語、波斯語等諸多民族語言，在不斷被借用過程中，逐漸喪失了文字的特徵，而蛻變成表音的記號（類似於從漢字中發展出假名）從而與字母體系合流。〔註37〕埃及文字雖然保持了文字的特色，每個符號可視為表意單元，不過埃及文字也沒有明確的獨體或合體意識，其排列方式儘管呈現出多樣的書寫形式，然亦並不以詞為單位。獨體或合體看似小問題，實則對於書法而言其意義重大，它直接對結字成文布局謀篇等書法形成起限定作用。試想，若漢字與北非、西亞文字一般，也不以表意單元為單位書寫，何來「館閣體」抑或「破體」之說，而這些恰恰是書法理論的重要問題之一。質言之，空間單位和意義結合為華夏文字與域外文字分野之一。

其次，殷商文化與域外可能存在一定的文化關聯，從現代考古學證據看來，三代中國和域外之間存在著非常廣泛而密切的交往，這種交往對於殷商文字系統的形成具有重要的借鑒意義。至少可推測之處有如下幾項：比如，文字體系的觀念可能受到西亞和北非的影響。比如，印章的使用可能與哈拉帕、安諾有一定的文化聯繫。又比如，甲骨文的取縱向書寫與西亞文字又某種相通之處。但是，即便和域外有文化關聯，殷商也是一種「洋為中用」的文

史蒂文‧羅傑‧費希爾著，李華田、李國玉、楊玉婉等譯：《書寫的歷史》，中央編譯出版社，2012 年版，第 38 頁）。楔形文字符號主要有以下四類。一為詞符，即用一個符號代表一個或一個以上的明確的概念。最早的兩河流域文獻僅有語義符號，沒有語法因素（安徽蚌埠雙墩符號其實類似之，但未能完整勾勒其流傳序列，因此學界猶豫不定）。其二為音節符號，此類符號僅具表意功能，其詞義功能完全濾去。其三為定義符號，類似漢字中的偏旁部首，對詞彙的意義起著提示和限定作用。最後一類尾音指示符，即在一些詞符後面增加一個音節符來確定該詞的讀音、意義和格尾（參見吳宇虹：《古代西亞塞姆語和印歐語楔形文字和語言》，東北師範大學出版社，2009 年版，第 11～12 頁）。這說明楔形文字的複雜程度。而後阿卡德、巴比倫、亞述、赫梯、波斯等在借用蘇美爾符號的過程中，由於這些政治勢力所操的語言與蘇美爾語又根本不同，因此一方面賦予其既定符號以更多的音值（阿卡德人賦予蘇美爾文字以阿卡德語音，類似於日語取法於漢語），另一方面又根據民族特定對蘇美爾符號進行改造（波斯系統的楔形文字，就如越南仿漢語構造發明字喃）。凡此例證，都說明一個本質因素，即符號本身的取象因素已經無足輕重，其最重要的功能在於讀音。

〔註37〕關於楔形文字的釋讀及其播遷歷史，參考拱玉書著：《西亞考古史（1842～1939）》，文物出版社，2002 年，第四章。

化態度，殷商的文字體系、印章的使用顯示出鮮明的民族特色，這是任何傳播論者所忽略的。這種鮮明的民族特色是由文字本身的特質決定的，比如意義空間的營構等。

第四節　西亞、北非和中美洲何以沒有發展出書法傳統

何以只有華夏文字具備成為書法的充分必要條件，西亞、北非和中美洲等地皆不具備呢？華夏何以形成書法傳統乃本書的核心論題，且留待後文。我們著重分析其他幾種文字體系並沒有形成書法傳統。

蘇美爾文字在萌芽期與華夏無別，從烏魯克二三期文化、捷姆迭特·那色文化所出土的經濟泥版看來，多取物象（不管是陶籌壓印也罷還是直接摹繪也好），然逐漸發生形式上的改變，成為楔形文字。這種文字使用的書寫載體、書寫工具和其記錄語言阻礙了其形成書法傳統。究其書寫載體而言，楔形文字基本上是鏤於金石或者刻於泥版之上，即便偶而使用木板，也將木板上打上一層蠟油，以模仿泥版的功效。〔註38〕最根本的問題是，泥版才是其大量使用的書寫介質，而蘆葦筆乃是其最重要的「書寫工具」。西亞泥版的所謂「書寫」，其實就是壓印。由於泥版的黏性，很難刻寫曲線或者勾勒曲折的輪廓；而採用蘆葦筆又逐漸呈現出楔形或曰釘頭的特徵。〔註39〕因為泥版黏度大，蘆葦筆在其上劃過時阻力大而滯澀，遠不如壓印來得痛快。由於西亞文字基本上都是採取蘆葦筆壓印於泥版的方式（也有少量刻鏤於金石之上的），其筆鋒的角度無論怎麼變化，呈現出的線條仍然不免單調，這也就是今天所見到楔形文字泥板何以筆劃單調的原因（其最基本的筆劃但橫豎斜三筆而已，另有一鉤；與漢字筆劃之豐富、筆勢之多變相距懸殊）。由於其書寫工具和介質的原因，極大束縛了楔形文字之書寫意識的發展。當然，這很可能也與西亞文字的起源相關，按照陶籌論，楔形文字最早起源於商業貿易中的記帳陶籌，側重於經濟效益（印度河谷似與此類似）和信用功能，這也就意味著壓印的方式而非書寫的方式更為本源。文字的起源為後世對文字的理解提供了範型，西亞居民喜歡壓印文字而非書寫，當有某種史前意識的質素在焉。另外，由於西亞地區民族關係的複雜性，蘇美爾文字曾被用於記錄阿卡

〔註38〕于殿利：《巴比倫與亞述文明》，北京師範大學出版社，2013 年，第 80 頁。
〔註39〕于殿利：《巴比倫與亞述文明》，北京師範大學出版社，2013 年，第 60 頁；
　　　　另參 Irving Finkel、Jonahan Taylor: *Cuniform*, the British Museum, p.78。

德語、巴比倫語、亞述語、赫梯語、胡俚語、烏加里特語、波斯語等等多種民族的語言，在記錄這些語言的過程中，主要看中的是其表音特徵，故而最後逐漸和拼音文字合流，喪失了意音文字的特徵，也就逐漸泯滅了其表意和取象的特點。壓印而非書寫乃是蘇美爾文字的根本呈現方式，壓印造成了楔形文字的獨特風格。從這個角度來談，兩河流域並沒有產生書寫意識，也就不可能有書法的產生。

　　在漫長的三千餘年的使用中，埃及文字僅僅發展出了聖書體、祭司體和民眾體三種形式。埃及的文字被希臘人稱作 hieroglyphics，我國學者通常將其翻譯為「象形文字」，不過有學者認為這種翻譯不準確，建議將其改譯為「聖書文字」〔註40〕；實際上，埃及文字以 700～5000 個符號，保持了強大的象形特質，這尤其突出地體現在官方的文字應用中。〔註41〕「象形文字」「聖書字」二名實際可並行不悖。〔註42〕據統計，埃及聖書符號，古王國時期約 1000個，古典埃及語時期保持在 750 個左右，而希臘羅馬時期則有 4000～5000 多個。〔註43〕這足以構成書法所需要的書寫符號系統。然而埃及文字最終沒有走上書法的道路，其因何在？

　　埃及文字最早起源於契刻，由石料而木頭而紙草。在阿拜多斯 U-J 墓發現的骨簽上有簡單的標籤符號，而成篇的最早銘文則為烏納斯《金字塔銘文》〔註44〕，其後《棺槨文》〔註45〕也基本沿襲了早期契刻傳統，刻鏤於石棺之上，而在木棺上書寫則與紙草相似。紙草文獻的發達，說明埃及人對書寫有相當的敏感性。紙草作為埃及文明的標誌，進入到其常用詞彙中，埃及人稱紙草為 šfd。其聖書體之外，祭司體、民眾體的書寫不乏書寫意識，也傳達出了不少個性和風格。但是，埃及人並沒有將文字和繪畫區別開來，其文字、

〔註40〕王海利：《古埃及「象形文字」的譯名問題》，《世界歷史》，2003 年第五期。

〔註41〕吳宇虹：《文字起源及象形文字、楔形文字、中國文字和字母文字之異同》，《上海師範大學學報》，2006 年第六期。

〔註42〕李發林：《關於古埃及文字的中文名稱問題——兼與王海利同志商榷》，《世界歷史》，2004 年第五期。

〔註43〕A. H. Gardiner, *Egyptian Grammar, Oxford University Press*, PP.88~90.

〔註44〕A. Plankoff, *The Pyramind of Unas, Princton University Press*, 1954, p.8；又參顏海英：《阿拜多斯 U-j 號墓發現的埃及早期文字》，載北京大學中國考古學研究中心、震旦古代文明研究中心所編：《古代文明》第二卷，文物出版社，2003年，第 305 頁。

〔註45〕《棺槨文》目前共出版八卷，1185 篇祝詞。

繪畫使用了同一詞 sš（像書吏操筆執硯之形），從埃及現存的古文物上看，其書寫和繪畫也並沒有嚴格的區分。書畫觀念不分從而影響了書寫觀念的獨立。再則，埃及人對待文化的態度乃是宗教生活的，由於其視文字與現實世界的關聯，因此乃有所謂尊式前置的表達，即表達神明或王室有關的符號通常放置於首位，而不管其在詞語中的功能如何。相反，對於一些消極、否定意義的符號（如死神、暴力等）則採取「去除法」，亦即將其肢體殘損，以免危及國王或神明。如金字塔銘文第 566 節 wnm·F（他吃）的限定字符，便被省略了軀幹。〔註 46〕此風延宕至新王國時期的文獻，因蛇怪是日神冥間之旅的敵人。〔註 47〕他們強調真實性，視文字為有魔力之物，從而能對書寫或刻繪對象施加實際的影響。〔註 48〕故埃及書寫受到宗教觀念的極大束縛，在其進程中一直嚴守圖畫形式，並沒有催生出相應的抽象形式。〔註 49〕這種近乎崇拜文字的宗教態度，對書寫意識的發達是個障礙。從埃及學者對埃及文獻的介紹而言，其中絕大多數為史料文獻、文學文獻以及少量的科技文獻，而罕見思想性的文獻，這說明埃及文字的保守性質。〔註 50〕鑒於上述原因，埃及聖書字呈現出對所象之物的逼真追求，通常還在文字上面塗色以追求畫面感。由於埃及人對文字的理解乃是宗教性的、巫術性和神權性的，儘管祭司體和民眾體等書寫自由度更大，儀式感更強的聖書體文字卻一直是官方文獻的首選。祭司體只是工具和媒介的不同，和聖書體並無實質區別，其書寫僅有正草之別，並無實質之異。至於民眾體（或曰世俗體）文字，與埃及聖書體文字之間的形象關聯幾乎看不出來，更似一種純然的記號，其形式上的程式化、抽象化預示著與傳統書寫的決裂。〔註 51〕雖然埃及人也有筆墨和紙草，然而終究未能發展出相對自由的書法精神，對文字的宗教心理束縛了其抒情性和個性的發揚光大，因此埃及文字只處於前書法的狀態中。

　　瑪雅文字的情況與埃及略同，一言以蔽之，即宗教觀念或者說神權政治束縛了其發展。瑪雅文字系統由七類書寫元素構成，即圓點、直線、棒條、弧

〔註 46〕顏海英：《古代埃及的語言文字》，《北大史學》，2000 年第七輯。

〔註 47〕James P. Allen, *Middle Egyptian: An Introduction to the Language and Culture of Hieroglyphs*, Cambridge: Cambridge University Press, 2014, p.379.

〔註 48〕Ian Shaw 著、顏海英譯：《重構古埃及》，外語教學與研究出版社，2007 年，第 73 頁。

〔註 49〕顏海英：《古代埃及的語言文字》，《北大史學》，2000 年第七輯。

〔註 50〕郭丹彤：《古代埃及象形文字文獻譯注》，東北師大出版社，2015 年。

〔註 51〕顏海英：《古代埃及的語言文字》，前引文。

線、曲線、圓框和面。〔註52〕這些元素使瑪雅文的書寫類似於中國的篆書。面是瑪雅文字的特殊組成要素之一，瑪雅文字通常呈現四角略有弧度的結石或鵝卵石狀，這是前古典時期（約西元 200 年）所奠定的風格。〔註53〕因此，無論多少書寫要素都要被安排在這個方框之內，以此表現出整齊劃一、如布算子的秩序感。這種秩序感當然反映了瑪雅人特殊的美學追求，然卻並非書法。就書寫技藝而言，瑪雅人也有類似於中國傳統中的毛筆和硬筆，前者由動物毛髮做成，後者由蘆葦製作，〔註54〕這與中國傳統使用的筆應當沒有本質上的區別。然而問題在於，瑪雅人對文字的理解和華夏不同，和埃及人的理解一樣，他們也不甚區分書、畫二字，名詞 *tz'ihb* 既指的是「書寫」，又指的是「繪畫」〔註55〕，這當然不是趙孟頫所說的「書畫本來同」，而是沒有書、畫區分的意識。瑪雅人的文字是通神的工具，服務於宗教禮儀和神權政治，故而其文字的發展走了一條由抽象符而頭像符、全身符的路徑〔註56〕，如果前者比方為篆書的話，那後兩者就是鳥蟲書（全身符取象與人身，頗似《王子午鼎》之類），其取徑是裝飾性、美術性的而非抒情的、寫意的，一般情況下不能輕易改變文字的整體框架，從而也就沒能發展處以抒寫性情為特徵的書法傳統。

綜上，可以簡要回答本篇開頭提出的問題，即何以蘇美爾、埃及、印度和中美洲沒有產生書法？這既是一個知識論的問題，又是一個價值論的問題。上文從外部因素對此作了分析，由於蘇美爾和印度河谷文明對文字的態度側重於經濟實用和信用功能（印度河谷文字泰半見諸印章）；埃及和瑪雅側重於宗教信仰，並沒有著重發展文字本身這一面。蘇美爾人選擇了最後選擇了壓印的辦法，並且這種方式慣性地傳遞給了阿卡德人、巴比倫、亞述、赫梯和波斯，而埃及和瑪雅對文字的崇拜，也導致了其注重和外在之物惟妙惟肖，書畫界限含混不清，從而書寫意識淡薄。故而域外幾大文字體系都沒能催生出書法意識，要麼受制於書寫材料，要麼受制於書寫觀念，探究書法意識的真正起源便只能將目光移向東亞。

〔註52〕王霄冰：《瑪雅文字之謎》，上海古籍出版社，2006 年，第 112～116 頁。

〔註53〕Andrea Stone, Marc Zender, *Reading Maya art: A hieroglyphic guide to Ancient Maya paintings and sculpture*, Thames & Hudson 2011, p.10.

〔註54〕王霄冰：《瑪雅文字之謎》，第 99～108 頁。

〔註55〕Andrea Stone, Marc Zender, *Reading Maya art: A hieroglyphic guide to Ancient Maya paintings and sculpture*, Thames & Hudson 2011, p.15.

〔註56〕王霄冰：《瑪雅文字之謎》，第 89 頁。

第二章 立象以盡意：書法本源問題的內在機理

　　文字的特殊性體現在：文字是人類存在的方式。語言是存在之家，將人類與萬物區分開來；文字則是斯文傳統存在的方式，將中國精神與其他文化區分開來。書法是理解中國人如何存在的、具有本源意義的表達樣式。這種本源的存在樣式昭示，文字—書法是華夏思想的根基。理解中國傳統，不獨要理解華夏先民早期的語言，同時也必須理解其書寫方式：正是早期先民對於書寫的態度奠定了書法與文字的共生關係，正是這種書法—文字的共生關係塑造了中國人的價值觀。探究書法的起源，應從文字起源問題入手。這就需要面對如下以下問題：第一，「書寫」和「契刻」這兩種書寫方式對書法的意義。第二，本土思維方式如何型塑了書法的鮮明特色。第三，早期書法思維之於書法傳統的奠基意義。試分論之如下：

第一節 書寫意識的發達與中外思想分野

　　當今考古在各類材料上（陶器、玉器、金屬、石料、木料）發現了大量史前刻符，這些刻符說明書寫意識已經產生，而史前書寫也伴隨著風格的需求。當然，這裡書寫風格尚不足以說明華夏書法的特殊價值，因史前刻符出於書寫意識的濫觴時期，尚不足以稱之為書法，在東亞書寫中能找到的特色也能移植到域外幾大古老文明中。關鍵在於，東亞文字如何逐步形成自己的書寫特色，如何一步一步發展為華夏書寫意識，並且最終成為獨特的書法。基於上文對中外文字分野的理論，下面將著力探討之。

就材料而言，早期符號資料與後世書寫之間並無巨大鴻溝，無論西亞的烏魯克、還是北非的阿拜多斯，抑或東亞的良渚、紅山還是中美洲的奧爾梅克文化，都存在可以成為書法作品的刻寫材料，這些材料堪稱人類書寫濫觴期的瑰寶。然而書寫材料是否都能稱之為書法呢？從廣義的範圍看，書法若僅限於書寫這一層意義，這種稱呼不成問題。比如馬堅先生翻譯《阿拉伯通史》，便不止一次將其阿拉伯的銘文資料或書寫資料稱為書法。阿拉伯書法的奠基人為賴哈尼，大略比方於中國的王羲之和顏真卿，書家地位甚至在畫家之上，誕生了像哲耳法爾那樣以書名世的文墨人。〔註1〕但從嚴格的角度看，這顯然僅就書法的泛指意義上論。理解書法，尚需從本源上對其作探究。書法作品至少應當具備以下所提列四項基礎條件，即：表達方式、書寫符號、章法和載體。具備此諸項條件的書寫，是否皆可謂之書法？嚴格意義上講，這只是書法之為書法的必要條件，卻不是其充分條件。那麼，史前書寫如何轉變為書法呢？這仍需採取溯源的方法予以考察。

目前世界上最早的文字是在河南賈湖發現的〔註2〕，有學人將其視為最早的書法藝術，為中國書法源頭的起點。〔註3〕從書法的嚴格意義來看，似推之過早；但若就書寫意識或理念的層次來理解，這種認定也自有其道理。賈湖符號的意義，在於其高度的、凝練的「尚象」特徵為華夏書法的表達方式提供了重要原型。例如，其「目」字符號構型以閉合的眼眶加瞳仁，屬於線條類型刻符。這種契刻趣味，與殷墟甲骨文傳統存在淵源關係。賈湖文化的走向為北辛文化、大汶口文化、龍山文化和岳石文化，故而可歸為東夷文字的發展鏈條之內。〔註4〕這樣就勾勒出了從賈湖到殷商文字的淵源關係，從而為我們所說書寫意識的一脈相承提供考古學上的證據支持。大汶口的符號也有

〔註1〕〔美〕P. K. Hitti 著，馬堅譯：《阿拉伯通史》，新世界出版社，2008 年，第 45、63、269 及 384～385 頁等。考慮到阿拉伯文化的後發性質，以及其與唐的頻繁往來（包括戰爭，如怛羅斯之戰），其書法傳統的形成應當持一種傳播論的思路。

〔註2〕蔡運章、張居中：《中華文明的絢麗曙光——論舞陽賈湖發現的卦象文字》，《中原文物》，2003 年第三期。

〔註3〕張居中：《八千年前的書法藝術——河南賈湖原始文字的發現與研究》，《中國書法》，2001 年第一期；劉正成：《關於文字——書法源頭的思考——考古學術研討會箚記》，《中國書法》，2001 年第二期。

〔註4〕逄振鎬：《從圖像文字到甲骨文——史前東夷文字史略》，《中原文物》，2002 年第二期。

取象的特徵，蔡運章認為目前所釋大汶口陶罍文字應是大汶口先民祭祀天神時「製器尚象」習俗的產物，可名之為物象文字〔註5〕，更有學者將其與周易陰陽哲學相聯繫起來。〔註6〕我們認為這種聯繫具有一定合理性。周易哲學的要素：卜筮、取象、陰陽等，在從賈湖以來的文化傳承中都有相當深厚的反映。這一點，對於理解書法的起源而言意義重大，書法乃是東亞地域文化觀念催生、發酵的產物，只有書寫和東亞文化區所發展出來的特定觀念結合才能產生書法。

　　龍山文化中，大量文字符號的出土顯示出了對書法意識的追求。龍山丁公文字乃是中國書法的第一次經典呈現。此陶片或懷疑為偽作〔註7〕，不過懷疑論者並沒有提出有力的證據，多數學者傾向於其為真品。〔註8〕此陶文被《新中國出土書跡》錄入，〔註9〕之所以將其視為書法作品，乃是因為它展現出了一定的草法意識，〔註10〕這種草法意識與草篆（如《散氏盤》）等、章草存在觀念上的淵源關係，無論龍山文化的去向如何（有主張其與二里頭、後崗、槁城商文化一脈相承），草書的觀念形式應當對後世存在一定的影響。而且，類似的文字還出現於和龍山文化前後相續的南蕩文化，即著名的龍虯莊陶文。在此有必要指出的是，龍山文化時代同時期，印度河谷、北非、西亞已經大量使用文字，然而域外這些文字或壓印、或雕鏤、或描畫、或範鑄，多循規蹈矩，若拓模脫墼，鮮見性靈，與「寫」仍有不少距離，而絕沒有類似於丁公陶文、龍虯莊陶文這樣的草法意識。這也說明，龍山時代華夏大地書寫意識之自覺、書寫趣味之明確與域外絕然不同，從另一角度謂之書法意識亦無不可。

　　由此說明，中國書法意識起源之早，遠超出以往的估計。雙墩刻符中出

〔註5〕蔡運章：《大汶口陶罍文字及其相關問題》，《山東師範大學學報》，2013年第二期。

〔註6〕倪志雲：《大汶口文化陶尊「文字」的觀念內涵與《周易》陰陽哲學的思想淵源》，《周易研究》，1988年第二期。

〔註7〕曹定雲：《山東鄒平丁公遺址「龍山陶文」辨偽》，《中原文物》，1996年第二期。

〔註8〕方酉生：《丁公陶文真實可信——兼與〈丁公遺址龍山陶文質疑〉一文商榷》，《江漢考古》，1998年第四期；何崝：《中國文字起源研究》，巴蜀書社，2011年，第219～225頁。

〔註9〕西林昭一、陳松長：《新中國出土書跡》，文物出版社，2009年。

〔註10〕王宏理：《丁公陶文之初步研究》，《浙江大學學報》，1994年第三期。

現大量成組符號，允為世界範圍內文字的第一次飛躍。〔註11〕雙墩文化和賈湖文化存在文化淵源關係，賈湖文化乃是一個高度發達的音樂文化、卜筮文化、農業文化，其刻符為文字毫無疑義，雙墩刻符應當承繼了賈湖的文字觀念。雙墩刻符出現的刻畫方法多樣，其內容有諸如象形、會意、指示等手段，〔註12〕為後來的書法創作提供了觀念源泉。這就意味著，華夏文字在早期有對書寫手段的特殊追求，這種追求將為表達方式提供源泉。與此同時，雙墩、良渚數百名刻符的存在，為書法創作提供了足夠的符號。儘管賈湖等文化中僅發現十餘個刻符，但是就其刻畫的數量程度而言，我們認為這可能僅僅是很小一部分符號。而龍虯莊、丁公陶文等地的出土陶片，已表現出相當濃厚的書寫意識。這足以說明，書法在中國自始以來就和書寫相伴而生。

書寫意識的早熟乃是書法誕生的前提條件，通過以上的分析，可進一步討論：何以只有華夏的漢字文化圈產生了書法？這是一個需認真對待的問題。對該問題的提問方式需首先自省，以避免所謂漢字特殊論的指責，這個問題就像歐洲特殊論、西方中心論一樣值得警惕。我們之所以敢於將其視為一個值得提出來的問題，實是基於上文對字母和問題體系的分剖，基於對中國域外文字雙向發展的判定，基於華夏書寫意識和域外書寫意識的權衡。唯其立足於世界範圍內的橫向考察，才進一步掘發出漢字的根本特徵；唯其植根於華夏文字一脈相承的書寫意識傳統，才進一步思考何以書法獨獨產生於中國。

如上所言，書法意識的起源和文字的起源乃是伴隨而生的，書法之為書法，只有書寫意識是不夠的，它僅為書法誕生之前提。有學者指出，漢字的象形性和表意性是衍生書法的根本原因。〔註13〕這個看法是否正確呢？首先，書法確實需要大量的象形符號，這是毋庸置疑的；然而有象形符號卻不一定能產生書法。關於此，我們已經通過蘇美爾的、埃及的和瑪雅的例子作了充分說明。實際中國境內的納西族、彝族、水族等少數民族文字都具有象形性，然而這些民族在歷史上並未產生書法，恰恰受漢字書法影響而發展之（諺文、喃字、假名書法亦屬類似情況）。再則，表意文字確實是書法的文字載體，然表意性並不能直接催生書法藝術，這和上面的道理是一樣的；且書

〔註11〕何崝：《中國文字起源研究》，第 248 頁。

〔註12〕徐大立：《蚌埠雙墩遺址刻畫符號簡述》，《中原文物》，2008 年第三期。

〔註13〕張顥瀚：《中國當代書法的幾個基本問題》，《藝術百家》，2013 年第一期。

法的派生體系也不盡為表意文字。象形和表意只是書法產生的必要條件，而非其充分條件。我們認為，書法的產生，必須依賴於書寫意識的發達，同時還應當具備一些內在思想條件。換言之，書法必須是書寫意識和特定觀念結合的產物。觀念—書寫的結合對東亞文化身份的確認無疑具有重要的意義，從而在打造精神共同體和文化生態共同體上起了決定意義。這種觀念就是華夏思想的奠基觀念，它以和域外思想的分野而逐步呈現出來。

　　雅斯貝爾斯（Karl. Theodor. Jaspers，1883～1969）從世界歷史的角度，提出人類社會共有同一起源和目標，其「軸心時代」理論成為雅氏觀察世界史結構的依據，他指出中國、印度、希臘、猶太等民族實現了傳統的突破，從而確立了人的精神本質、開創了真正的歷史。〔註14〕該理論一度被移用於中國先秦思想史的闡釋。不過，軸心時代理論在解釋傳統中國時遇到一定的困難，這個困難就是中國思想並沒有西方式的信仰—理性之斷裂或二分情形，而是一種杜維明所謂的「存有的連續」的世界觀〔註15〕，它即凡即聖，因世俗而昭顯神聖。軸心時代立足於前8世紀到前2世紀的思想井噴現象，卻不曾顧及這些現象背後不同的文化背景。因此近年遭致許多學人的質疑。以中國歷史而論，晚周諸子的活躍實為三代之學的思想延續。〔註16〕從文化殊相而非共相的角度論，中國的特殊歷史進程、特殊地理環境形成了其特殊的思想文化。從字母—文字二分的角度來來觀察軸心時代論，雅斯貝爾斯所舉例的幾大軸心文明中，漢字是唯一產生且記錄了思想經典的文字體系，其餘的思想經典都是通過字母系統記錄的。這一現象能帶給我們什麼信息？它對理解書法的形成又有什麼啟發？文字或字母當然都是表達思想的工具，表達方式是思想內容的外在化。文字、字母與思想的關係如何，它們如何呈現思想？

　　從人類文字的起源而言，蘇美爾、埃及和中國等文字體系都能夠完整地記錄語言（瑪雅略遜，然記錄大旨亦能勝任），何以其他文明沒有產生純思想性的經典呢？個中因由，值得細思。這當然有地緣政治、歷史發展等多種外在因素，例如西亞民族關係複雜、難以實現書同文；北非的埃及為希臘羅

〔註14〕〔德〕卡爾・雅思貝爾斯著、朱更生譯：《卡爾・雅思貝爾斯文集》，青海人民出版社，2003年，第186頁。

〔註15〕杜維明：《試探中國哲學的三個基調》，《中國哲學史研究》，1981年第一期。

〔註16〕比如，有學者指出雅斯貝爾斯理論之誤，中國本無軸心時代，而與三代之學一脈相承。參張京華：《中國何來軸心時代》（上、下），《學術研究》，2007年第七、八期。

馬所侵滅而最終選擇了字母體系，等等；然此絕非合理的解釋，西亞北非所遇到的問題中國也同樣遇到過，自上古以來，中國境內及周邊就是多民族並存的格局，百蠻、獫狁、匈奴、氐羌、突厥、契丹、党項、蒙古等民族在中國歷史舞臺一直扮演重要角色，犬戎滅周、匈奴滅晉、金與蒙古滅兩宋、滿清滅明，少數民族滅掉漢族政權的事情也屢屢發生。這些並沒有導致漢字的混亂、也沒有最終走向字母化、拼音化。所以歷史因素、地緣政治僅僅是外在因素，決定漢字穩定性的根本的因素還在於思維方式本身，在所有文字體系中，只有漢字發展出了一套哲學，從而能與字母體系抗衡。為了說明此義，我們仍從漢字和字母系統的分殊入手。康有為較早注意到中外文字分殊問題，他第一次將中國書法置於世界範圍內予以系統觀照，並分析其異同，康氏認為：

> 中國自有文字以來，皆以形為主，即假借行草亦形也；唯諧聲略有聲耳，故中國所重在形。外國之字皆以聲為主，即分篆、隸、行、草，亦聲也。唯字母略有形耳。中國之字無義不備，故極繁而條理不可及；外國之字無聲不備，故極簡而意義亦可得。蓋中國用目，外國貴耳。然聲則地球皆同，義則風俗各異，致遠之道，以聲為便。然合音為字，其音不備，牽強為多，不如中國文字之美備矣。〔註17〕

中外文字的差別主要在主形或主聲（既云主，當然意味著論者沒有忽略其他因素，比如意義），康氏認為中國文字用目亦即重視視覺因素，而外國貴耳亦即重視聽覺因素，這些意見都給人啟迪。不過康氏論述中也有不少籠統含混之處。比如以篆隸行草說外國文字，比如中國文字、外國文字的籠統劃分。倒是黃紹基《廣藝舟雙楫評語》（崔爾平注引）之說較之義理更為暢達：

> 外國以聲為主，而形從之；中國以形為主，而生從之。唯其主形也，故形日繁而聲日少。然字母一變，則渺不知為何語。若中國今日上讀兩千年以上之鍾鼎文，尚可得十之六七，此猶可曰古篆隸真遞流迭嬗也。至埃及古文，其流失絕矣，然西人亦尚能推見梗概，非主形何由得此？故行遠以聲為便，垂久以形為便。其實諧聲一例，與字母配合，體異而用同。且古書兩字合音者，不勝枚舉，

〔註17〕康有為：《廣藝舟雙楫》之《原書》，崔爾平注，上海書畫出版社，2006年，第28頁。

　　但積久不能不偏形耳。〔註18〕

　　黃紹基以埃及文字為例，指出了外國文字也有「主形」的特質，這個說法有一定的道理，然不夠嚴謹。埃及文字「主形」是有特定歷史語境的，隨著與北方民族的接觸，埃及文字最終放棄了其「主形」的特點，逐漸拼音化了。要而言之，這些學界前輩儘管都強調了中國文字的特殊形，但尚未能從字母和文字兩大書寫系統的差別這一角度深入剖析漢字的特質。我們上文對文字、字母之別作了說明，對中國文字與西亞北非的分流也作了探究，在康、黃等前人論述的基礎上可進一步深究漢字的特質。

第二節　漢字的特質與華夏取象思維的成形

　　就漢字與字母系統的分野而言，字母系統遵循音—義結合之任意性的理論。按照索緒爾語言學，文字體系有兩類，表意和表音。而他的研究僅限於表音體系，特別是「以希臘字母為原始型的體系」。〔註19〕這就為理解漢字的特質留下了空間，為了進一步明瞭表音和表意的這個差別，意即文字系統和字母系統的差別，還是回到索緒爾所說的那兩個特性上：其一、音義結合具有任意性；其二，書寫只是記錄語音，本身不產生意義。

　　第一，索緒爾所說的語音符號與意義之間的聯繫時任意性，為了保證其理論的嚴密性，索緒爾特別論證了擬聲詞。那麼，漢字是怎樣的情形呢？實際上，漢語中普遍存在的「聲訓」現象恰恰證明語音符號和意義之間的聯繫不是任意性的。聲訓的一個原則是「凡從某聲，即有某義」，儘管此論有極端之嫌，但卻揭示了某方面的真理。這就意味著，音—義之間的關係乃是固定的，但是這種固定並非是一開始在語言劃分思維的雲團時的任意聯繫，而是基於相當深刻的外在聯繫。比如：揚、陽、洋、漾、祥等一系列以「江陽」為韻尾的詞彙，有博大、張揚、宏闊等含義，乃是因為這個音給人以此類的心理印象。反之，烏、雨、苦、堵、谷、暮、霧等則帶有低沉、壓抑、陰鬱等心理印象。推而廣之，在漢語語言系統中，聲音實際與意義相關。基於這種關聯，漢語在訓詁上有聲訓的傳統。這種傳統的思想根據是因聲求義，本來是漢朝經師解釋字義的方法之一，漢劉熙《釋名》將此法運用到極致。所謂「以

〔註18〕康有為：《廣藝舟雙楫》，崔爾平注，上海書畫出版社，2006年，第28頁。
〔註19〕索緒爾：《普通語言學教程》，第38頁。

聲為書，遂為經說之歸墟，實亦儒門之奧鍵已」。〔註20〕這種緣聲求義的方法被後來者所繼承，五代大小徐尚能據篆形推聲訓以解字義，然二人之後，宋代王聖美、王觀國、王安石、陸佃等闡揚右文說。〔註21〕所謂右文說實乃早期聲訓的反動，它重視聲符和意義之間的關聯，〔註22〕但宋人右文說以楷書字形為據解釋字義，因遭人詬病。清代樸學興起，才重新激活其價值，經戴震、王念孫、段玉裁、王引之、朱駿聲、沈兼士、章炳麟、黃侃、楊樹達數代學人弘揚，最終和西方語言學合流，成為語言研究尤其語源學研究的重要方法，產生了諸如朱駿聲的《說文通訓定聲》、章炳麟《文始》、王力《同源字典》等諸多名著。比如其中朱氏論其方法則是取許君九千之文「類而區之，以聲為經，以形為緯，而訓詁則加詳焉」，他認為諧聲之學「一文之聲定，而眾字之所從得聲者悉定」。〔註23〕依據諧聲或者右文說的思想，凡從某聲，皆有某義，何況所從為同一文字？但是，不要將其錯誤地等同於索緒爾的聲音—意義任意聯繫的語言學觀點，索緒爾語言學肇基於西方拼音文字系統，其將字形視為毫無意義的符號，切斷字形與意義的關聯，而單純重視聲音。因聲求義的思想卻並不忽略字形，字形對意義也起了相當大的規約作用。這種思想將漢字的形音義三者統一起來，可謂傳統小學之集大成。但聲訓在西方語言中幾乎是不可能的，因索緒爾強調了音—義關聯的任意性，這種聲音上的關聯是違背索緒爾任意性原則的。關於聲訓的道理，後文詳之。

漢字存在大量形聲字，以往認為其核心是標音。近年來，趙平安通過詳細考察，駁斥了以往那種認為漢字趨於表音的理論，認為「從漢字結構的改造過程看，漢字的表意趨勢比我們過去認識的要大得多，而表音趨勢要小得多。甚至可以說，漢字的表意趨向比表音趨向要大」〔註24〕。這從側面可以說明，漢字在傳達意義功能方面，可以繞過音的環節，而直接表意。因此，漢字並非索緒爾所說的音義結合的符號。傳統造字系統中，與表音最為密切的是形聲字。形聲字有形、聲兩個偏旁。形旁乃是對字意義的限定，而

〔註20〕（清）王先謙：《釋名疏證補》，中華書局，2008年，第2頁。

〔註21〕劉又辛：《「右文說」說》，《語言研究》，1982年第一期。

〔註22〕參白化麟：《「右文說」是對早期聲訓的反動──關於「右文說」的再思考》，《安徽大學學報》，1988年第三期；黨懷興：《重新審視「聲符」──宋元「右文說」的起始與發展》，《陝西師範大學學報》，2007年第六期；等。

〔註23〕（清）朱駿聲：《說文通訓定聲》，中華書局，1984年，第3頁下欄、上欄。

〔註24〕趙平安：《新出簡帛與古文字古文獻研究》，商務印書館，2009年，第207頁。

聲旁則有兩種功能，一則表聲，一則也對其意義做適當的補充。傳統研究籠統地稱之為半形半聲，但現代最新的研究成果，將形聲字的構造分為「聲義擴散性字母」（所謂聲旁）和「字義擴散性字母」（所謂形旁）兩類。而這兩類：1. 就分工而言，前者參與到新構型的形音義中；後者則參與形、義，與音無關。2. 就表意而言，前者意義外延較強，而後者則其限制意義類別的功能。3. 就構造新字的作用而言，前者為主，後者為輔。〔註25〕這就充分說明即便表音功能強的形聲字，其表音也是為表意服務的。結合以上的觀點看來，形聲字的聲旁是卻更多地借其自身之「形」來表意，從而也不是純粹的表音符號，更不可能是與意義建立任意聯繫的記錄符號。

　　第二，索緒爾提到漢字乃是第二語言，但語焉不詳。之所以漢字能充當第二語言，恰恰是通過寓意於形的途徑，從而獲得和聲音等同的效果。漢字的形成經歷了「取象」「聚象」「寓象」三度成熟，乃逐漸形成一套以形為基礎，以音為形式，形音一體化的文字系統，這套文字系統與語言系統密不可分〔註26〕。而以形寓義、借形表義乃漢字常常用手段。這主要分為兩種情況：其一，漢字字形本身承載意義，如日、月之象形、尖、甭之會意等，例子甚夥，不需贅舉，因漢字本義取象為基礎，而文、字皆與物象相關。換言之，外在物象決定意義。其二、怎麼寫也影響意義表達，書寫樣式、書寫手段和書寫材料本身也是意義的載體，漢字的意義並不拘泥於文字本身，更不用說受限制於字音了。這尤其體現在書法、篆刻等藝術領域。乾隆有枚印章「宜子孫」，但此章「宜」字字形較之其他兩字為長。這枚印章的真正含義是「長宜子孫」。「長」這一含義並未體現在語言的記錄符號上，而是寓之於字形之中。這種以書寫形式表達意義的情況廣泛存在於漢語書寫系統中（比如漢代「年」「命」末筆拉長，表示「長年」「長命」之義）。當然，字形之長短並不一定對應意義之長短，當視其具體情況而定。古代信件、公文等在寫作上都有一定格式，比如長輩、君主都另起一行切、高出原文兩格，其實也是通過書寫格式表達尊崇之意。而書法和篆刻正是通過形象創造意義的典型。索緒爾認為書寫系統僅僅記錄語音，與意義無關，他首先將漢字等「表意系統」排除在外，而只研究表音體系。這是一個明智之舉，然索緒爾的原則不能濫用到對漢字的研究上來。今天，則更應當在廣闊的視野下重審索緒爾遺留下來的問題。

〔註25〕鍾如雄：《轉注系統研究》，商務印書館，2014 年，第 92 頁。
〔註26〕鍾如雄：《轉注系統研究》，商務印書館，2014 年，第 13～15 頁。

綜上所述，漢字書寫體系實際上是以取象為根底、以表意為趨向、以表聲為輔弼的一套全息文字系統。音—義結合之任意性的理論不具有普適性（這恰恰是索緒爾的核心），從漢字系統考察，字形和書寫形式也產生意義。漢字、漢語互相闡明、互根互用，漢語意義依賴於兩條途徑，眼睛—大腦（觀形探義）加耳朵—大腦（聞聲會意）的雙向模式。索緒爾理論憑藉西方語言傳統建立，其言文一致的字母書寫系統走的是耳朵—大腦的單線路徑。這兩種路徑因此對應於兩種不同的思維方式，這也在很大程度上制約或影響了其文明形態、歷史進程和行為模式。要而言之，漢語和西方語言觀的差別在於，字母書寫系統與語言系統是分離的還是一致的。西方言—文一致使書寫系統不必提供意義，僅僅作為記錄工具。而華夏言—文分離的傳統，書寫本身也產生意義。在這個角度上，中、西思維方式是分道揚鑣的，這影響到書法傳統的成形。

饒宗頤（1917～2018）指出，「漢字源於圖畫，始終一脈相承，沒有間斷；文字主要還是表意，輔以聲符表音……文字的社會功能，不是口頭語言而是書面語言，在這種情況下，文字與語言是游離的。不像西亞，文字必須與語言結合。為了方便才發明字母來記錄口頭語言，才可取得語、文必須一致的效果。」[註27]楔形文字最初也是寫—繪於陶土之上，以象形為主，而後漸漸由寫畫轉變為按壓（由於其採用的蘆葦筆側面呈三角形，按壓在泥版上就呈現一頭尖一頭鈍的楔形），其「取象」的視覺功能遂爾蛻變為表音符號。例如，表示植物的符號最初為象形，蘇美爾人賦予其音值 mu，並藉以表達與之同音「年」和「名字」「我的」等詞。同時還有語法意義，用以表示第三人稱的陽性前綴（蘇美爾語有性數格位的變化）。[註28]楔形文字系統普遍使用假借原則，楔形符號逐漸趨向於表音功能，從而與漢語系統分道揚鑣。而漢字言文分離，採用形意系統的書寫，這種文化傳統以培養閱讀能力為主要手段，從而大大地開發視覺潛能，而對思維的模塑起關鍵影響。自柏拉圖以降，西方採用言文一致的記錄系統，書寫處於被支配地位，被視為記憶的羈絆和障礙。漢字為單音節語言（這與蘇美爾語相似），大體上一字一音，而文字的構造又以形聲字為主。形符主視覺，而有圖像性的美感，而聲符主聽覺，與

〔註27〕饒宗頤：《符號、初文與字母：漢字樹》，商務印書館，1998 年，第 182～183 頁。
〔註28〕饒宗頤：《符號、初文與字母：漢字樹》，商務印書館，1998 年，第 38 頁。

語音又維持一定的聯繫。這種制度使得漢字不像蘇美爾人的楔形文字，一味追求言文相合，從而導致文字被語言所吞沒的結果。〔註29〕而言文一致遵循同一律的「二元」型思維，言文分離模塑的則是另外一套思維方式，而這套思維方式就是「取象」型的思維。

要而言之，漢語和西方對待書寫系統的差別在於，字母書寫系統與語言系統是分離的還是一致的。西方言—文一致使書寫系統不必提供意義，僅僅作為記錄工具。而華夏言—文分離的傳統，書寫本身也產生意義。這兩種路徑因此對應於兩種不同的思維方式，這也在很大程度上制約或影響了其文明形態、歷史進程和行為模式。拼音系統最終模塑的二元思維，形成了邏格斯主義或者語音中心主義的傳統。而文字系統模塑的思維方式與此不同，它遵循獨特的立象以盡意的思維傳統。正是在這種分野的基礎上，書寫意識和這一套思維方式緊密結合才得以產生璀璨的書法。和西方字母之重視音不同，漢字的形對於意義的表達至關重要。漢字以聲旁表音，似與形無涉。然按其實際，聲旁亦有表意功能，不純為了表音。黃承吉云「諧聲之字，其右旁之聲必兼有義，而義皆起於聲，凡字之以某為聲者，皆原起於右旁之聲義而製字，是為諸字所起之綱。其在左之偏旁部分（或偏旁在右在上之類皆同），則即由綱之聲義分為某事某物之目。」〔註30〕這歸納出兩大原則：一、漢字因聲部而孳乳，而其聲旁必有意義。二、偏旁起著分門別類的提示作用。進而言之，聲旁也是形之一種，歸根結蒂仍是寓意於形。從這一點而言，漢字意義的表達不能脫離具體的象。這種立足於象的思維方式就是《易經》所謂「立象以盡意」，我們稱之為取象思維。取象思維遵循比附推論的邏輯方法，是《易經》的根本方法論〔註31〕，也是中國獨特的思維方式，在醫學、哲學、文學、藝術等領域發揮著重要作用，成為中國文化的精髓。例如，「以形正名」「以象測臟」等取象方法在中醫理論體系中的巨大成功〔註32〕，對醫學的發展意義重大。它是直觀的體道方式。〔註33〕觀物取象比類體道的思維活動不同於西

〔註29〕饒宗頤：《符號、初文與字母：漢字樹》，商務印書館，1998 年，第 183 頁。

〔註30〕清黃承吉：《字詁義府合按》，中華書局，1984 年，第 75 頁。

〔註31〕于春海：《論取象思維方式——易學文化精神及其現代價值討論之一》，《周易研究》，2000 年第四期。

〔註32〕任秀林：《〈黃帝內經〉建構中醫藥理論的基本範疇——取象》，《中華中醫藥雜誌》，2008 年第九期。

〔註33〕王前：《中國傳統科學中「取象比類」的實質和意義》，《自然科學史研究》，1997 年第四期。

方的邏輯，這種分歧也體現於書寫系統中。拼音系統遵循音（所指）義（能指）任意結合的原則，這個原則成為索緒爾語言學的核心主張。而文字系統則完全不能用於這一原則。如前所說，漢字的意義受制於形，漢字的音也受制於形，形才是漢字的根本。這套書寫系統實際是以取象為根底、以表意為趨向、以表聲為輔弼的全息記錄系統。

理解了這一點，就可以懂得聲訓的原理。聲訓主張「凡從某聲，即有某義」，「古人用物多取名於音近，如松之言容，柏之言迫，栗言戰慄（見《公羊》文二年何休注），桐之言痛，竹之言蹙（《白虎通》：『竹者，蹙也。桐者，痛也。』），著之言耆（《白虎通》：『著之為言耆也，久長意也。』），皆此類也。」〔註34〕取名於「音近」，大致類似於西方語言學的字謎原則，但卻不能等同於字謎原則。漢字物象和語音之間的關聯構成穩定的、綿延的、系統的關係，與西方的任意性原則不同。因此漢字能夠大量使用聲訓，而西方語言中只是零星出現（比如《奧德賽》9.366 Οὖτις 之類）。這其中的原因在於，漢字（進言之，文字系統）以形聲共同承擔意義的表達，而拼音系統僅僅依靠聲音。由於拼音系統需要通過聲音的差異來區別意義，故拼音系統聲音趨於繁複，一音一詞，需要通過性數格的變化來區分意義。而文字系統因形聲共表，表聲的部分功能可由表形部分分擔，因此其表聲多區域簡略，往往一形多音，故此文字系統大量存在多音字現象。

我們認為，正是這種取象思維方式和成熟的書寫意識的完美結合，催生出獨特的華夏書法。從這一角度也就對上文所說的文字系統中何以只有華夏才有書法有了更深切的認識。古老的文字體系，蘇美爾文字、埃及文字以及瑪雅文字，它們是否也遵循上文所標舉的取象原則？它們無疑也有取象的底色，從比較文字學的視野看，這些古文字都適用於「意符、音符、定符」這套三書理論。〔註35〕埃及字符具有形音義功能，也有類似於漢字那樣的一符多音現象。〔註36〕其意符表意、音符表音而定符起歸類作用，這與漢字的運作機制實質上完全相通。上述幾種文字，一形多音多義的現象較為常見，這也正是不專倚聲音、而寓意於形的特徵（如楔形文字一符多音現象乃多族借用

〔註34〕清馬瑞辰：《毛詩傳箋通釋》，中華書局，1989年，第390頁。
〔註35〕周有光：《比較文字學初探》，語文出版社，1998年，第166～168頁。
〔註36〕王海利：《失落的瑪阿特：古埃及文獻〈能言善辯的農民〉研究》，北京大學出版社，2013年，第263頁。

「音訓」的產物；且未聞其有聲訓別義之法，而是繁複其形，至有一詞數符、一符累畫，疊床架屋，不耐其煩）。不過，這些文字並沒有催生出書法，原因在於其並沒有將取象這一因素推闡發揚，並沒有將其提升到宇宙觀的、價值論的高度。另外一個原因，便是上文所提及的，就是書寫意識的滯後。因此，這些文字儘管有書寫意識，也有取象的因子。然而卻並沒有二者的完美結合。只有華夏才具備高度發達的取象思維、成熟的書寫意識，從而成就了書法。這是最根本的原因。

第三節　立象以盡意與古典書法傳統

　　取象思維乃華夏獨特的宇宙觀，它不同於西方的二元論。何以言之呢？這原因基於本書上文所討論的字母系統語言學與漢字象形系統語言學的分野。這一分野相應地也是思維系統的分野。這一分野的關鍵在於如何看待二元論。西方二元論在近百年才得到糾正，海德格爾以 dasein「此在」的概念試圖打通世界與存在的二元對抗，而過程哲學試圖以變化的有機宇宙思想來解決上帝與萬物的主客二元僵局（與惠施「泛愛萬物，天地一體也」、荀子「天人交相勝」抑或董仲舒之「天人相副」庶幾有相通之道），至今，西方二元論問題並沒有很好的解決。形音義三合的漢字象形系統對應於另一種思維方式。道理如前所論，因為形音二分，字母系統記錄的語言對需要通過聲音的曲折變化來區分詞義，故而形（字母）的數量是一定的，而聲音的變化卻是極其繁複的。職是之故，西方語言系統總是帶有某種程度上的語音中心主義。而漢語系統則是形音義三合，形和音都具有標誌意義的功能，相輔相成，區分意義的任務並未單純落到音的頭上，故而漢語多以單音的形式存在而能有聲訓這一手段；也因此漢字需要通過字形的變化來區別意義，故而漢字字數孳乳浸多，成千累萬。言—文的這種不同也就模塑了不同的思維方式。

　　張東蓀（1886～1973）指出中西語言的根本不同，前者為姿勢言語，後者為意思言語。因為西方語言作為意思言語有主謂結構（這是聲音變化在句法上體現的結果），亞里士多德的邏輯學就建立在這種句法關係上。按照張氏理論，從主謂結構中的主語推導出主體，本體論即由此胎息而出。主謂結構中，從 to be 繫詞因其含有「存在」的意思，遂而能轉為名詞 being。To be 有自在（「存在」之存在）的含義，所以西方名學遵循嚴格的同一律，這個同一

律乃西方名學的基礎〔註37〕。因為遵循同一律，所以西方思想必須二分（如善與非善）。故而二分觀念在西方思想史上根深蒂固。西方哲學的傳統形態恰恰是討論從 beings 到 being 的超越，也就是現象與本體、世界與存在這個二元關係的。

古漢語與此不同，張東蓀謂之姿勢語言，即以情感、狀態、趨勢等傳達意義。這個名稱我稱之為情境語言，即通過還原或賦予語言一個語境理解其意義。〔註38〕比如「君君臣臣父父子子」，現代語言學家仿照西方語法，歸納為名詞動用，實際「君君」只是兩個名詞疊在一起，而通過語調變化表達警醒、提示的含義。理解這一點最直接的辦法是還原或再造談話語境。張東蓀指出漢語無主謂結構以及曲折變化（因為不需要通過聲音的曲折來分辨意義），遂而語言上無主體，也就無本體論；並且沒有與 to be 相對應的繫辭，從而也就不是同一律名學。古漢語「者……也」等結構與 to be 繫詞並不相同，乃是標示兩個名詞之間的關聯，張先生稱之為「相關律名學」，這種相關律名學遵循的是一種橫向的類比思維，其原因是因為中國象形文字。張東蓀認為柏拉圖主義的「相」（他譯為「意典」，音義雙關）乃是自我存在的，從而西方思想以探究本質為要務，而中國文字因象形之故，只要探究象與象之間的關係就夠了〔註39〕。張先生的見解甚是精當，然猶有言之未詳和可商榷之處。張氏以為西方遵循同一律名學，因而有二分世界觀；並據此推導出西方的本體論，此點甚確。但是以中國語言遵循相關律名學，其直接原因在於象形文字，其說仍含混。根據前文的分析，象形文字乃是一種形音義「三合」的文字，這種文字走的是二合一的路子。也就是說，「取象立意」或「觀象玩辭」只是獲得意義的一條路徑，還有一條「聆音察理」的路子。故而，漢語在獲得意義方面乃是形—音互參的。因此，相關律只是說明了漢語思維構造的一個方面。另外，張氏以西學本體論、宇宙論、人生論為參照解說傳統思想也義有未當。

〔註37〕 張東蓀：《思想言語與文化》，《中國近代思想家文庫・張東蓀卷》，中國人民大學出版社，2015 年，第 455～456 頁。

〔註38〕 《尚書序》孔穎達疏：「存言以聲意，立書以記言」「書者，舒也……書者，如也……寫其言如其意，情得展舒也。」「書者，庶也，以記庶物。」（參見唐孔穎達注疏：《尚書正義》，《十三經注疏》，中華書局，1980 年版，第 113 頁上欄。）漢字正是漢文化共同體舒展情感、記錄事情的工具。

〔註39〕 張東蓀：《思想言語與文化》，第 460 頁。

　　龐樸指出，中國人思維結構乃是「一分為三」〔註40〕的，而所謂一分為三乃是在「一分為二」的二元論基礎上的超越。一分為三又有三種表現形式：第一種為雙照，就是在矛盾雙方基礎上的肯定性統一。比如，「一陰一陽謂之道」，陰陽乃是對事物的二分，這是陰陽對立的第一層次。陰中有陽，陽中有陰，作為對立雙方的陰陽兩面互相包容對方中的因素，這是陰陽互涵的第二層次。陰陽二面互相倚待，在大化流行的道的層面統一為一體，這是第三層次。陰陽互根互用的這種形式為雙照。第二種形式則為雙非。就是以對矛盾雙方的否定表達絕對。比如《心經》裏的「不生不滅，不垢不淨，不增不減」。生—滅、垢—淨、增—減這些二分對待仍執著於「有」，這是第一層對待關係。用否定方式由此悟入「空」觀，即「不生、不滅」（前文所謂「諸法空相」）才能破除對「有」的執著，從而消除了對待。這是第二層。但是，不論講生滅的執著於「有」，還是講「不生不滅」的執著於「空」，都仍然是有所執著，有對待。因此必須超越「空」「有」二端，到達非二非不二的第三境地。由此一步步推演開來，到達言忘慮絕的涅槃境界。此乃第二種形式。最後一種則是合，就是矛盾雙方受制於二者共同作用而出現的第三方。比如名家有「雞三足」之論：「雞足一，數足二，二而一，故三。」數足為左右對待的兩足，為發揮作用的實際的足，也就是功用之足。這個「二」乃是第一層次的對待二分。但是無論左、右兩足都統一於「足」這一共名，這也就是體的層次。而行動之所以能夠成功，乃因為第二層次的「足」（足之體）協調第一層次的「足」（足之用）的結果。體足與用足合而為三。

　　龐先生的一分為三論，姑且稱之為「三合」論。這種思維結構與漢字的使用有深層結構上的一致性。形—音乃是一對矛盾體，這是一種一分為二的矛盾。在漢語中，形音又互涵互證，形中有音（比如「右文說」，字形有標示聲音之功能），音中有形（比如聲訓，通過聲音關聯來暗示物象），形音都對意義的指向有提示作用。這是矛盾雙方的第二層次。形—音通過交相為用，共同指向意義，這是在更高層次的統一。〔註41〕從這個角度看，思維結構和語言在結構上的同一，其原因正如張氏理論所說，乃是漢語採用了象形文

<hr />

〔註40〕龐樸：《一分為三論》，《龐樸學術思想文選》，上海古籍出版社，2013 年，第385～390 頁。

〔註41〕「倉頡之初作書，蓋依類象形，故謂之文；其後形聲相益，故謂之字。文者，物象之本。字者，孳乳而浸多也」參見許慎《說文解字》，中華書局，1963 年版，第314 頁下欄。字為形音孳乳的結果，其根基在於作為「物象之本」的「文」。

字。只不過，我們不盡贊同張氏，其以西方認識論為框架，將華夏思維視為不遵循同一律的、橫向聯繫的相關律名學。他認為華夏思維只需注意象與象之間的關聯即可，而注重意象關聯僅僅是一種表象層次的理解。依據龐氏之說，華夏思維乃是一種基於「一分為三」的三合思維。這種思維並非不遵循同一律，而是以相關律主導同一律。反過來說，西方也並非沒有相關律，而是以同一律主導相關律。比如，有無。從同一律的思想看。非有即無，非無即有，二者乃矛盾體。但正如我前文所說，中國思想在此基礎上又發展出非有非無、若有若無等觀念，且以後一種觀念為主。所謂無可無不可、似與不似之間等等，都是類似表達。而考慮「象」對這種思維方式的模塑作用，我們也可以稱之為「取象思維」或「象物思維」，這正是軸心時代中國和古希臘思想的分野。〔註42〕

　　這個根本差異對書法之為書法意義重大，以二元認識論的哲學進入傳統書論難免圓鑿方枘。這種思維方式滲透到華夏文化的骨髓，本書自然無力面面俱到。僅就書法思想略窺一斑。取象思維最經典的表達就是《易傳》的「立象以盡意」，象與意如陰陽二儀，相摩相蕩、互根互用，書論多由此生發，從「書為心畫」「書，如也」到「法古」「法自然」，乃至「尚法」「尚意」「尚韻」之爭，無非都是這一根本理論的具體生發或闡釋而已，此論貫穿於華夏書法史的主軸，至於現代，方始以形式等西方美術理論等代之。為了對取象理論有更深切的理解，下文我們結合該理論對傳統書論作一大致鳥瞰，而後進一步反思當下書法的走向。

　　「立象以盡意」是《易經》的命題，也是華夏先民觀察天地萬物、把握宇宙大道的基礎理論。華夏知識和思想的基本獨特理路或基礎質素乃因法象天地推闡而來，〔註43〕象為天地自然之法象，意為宇宙萬物之心理，象與意

〔註42〕中國是雅斯貝爾斯所謂的「最古老的高度文化」中唯一延續下了的，而漢字則是諸採用所謂「意音文字」（此稱謂值得再酌）中唯一發生過精神革命的文字系統。世界歷史上出現的文字系統盈千累萬，要麼自行消失了（比如古印度的哈拉帕銘文和瑪雅文字），要麼蛻變為以表音為主的系統（比如埃及聖書字系統、蘇美爾楔形文字系統），要麼被其他文化滅絕。有些文字系統雖然存活下來並且也發展出高度發達的文化，卻沒有出現哲學變革（比如我國納西族的東巴文）。軸心時期的其他幾家如印度、波斯、希伯來、希臘等文明都是採用拼音系統，唯獨漢字是個例外。這是一個值得深入討論的文化現象。

〔註43〕葛兆光：《中國思想史》（第一卷），復旦大學出版社，2001年，第19頁。

二字，宇宙萬物人生百態言盡於此。在傳統書論中，書法誕生之初即與象有關，《說文解字‧序》「倉頡之初作書，蓋依類象形，故謂之文；其後形聲相益，即謂之字。文者，物象之本；字者，言孳乳而浸多也。」〔註44〕類，法也，與象義得相通，依類象形猶言歸納物象、總結字形，它絕不是簡單的描摹一切物象，而是經過了抽繹和歸納的過程，是以方說「文者，物象之本」。納西人文字創製「森究魯究」，意為「見木畫木，見石畫石，乃以圖像的方法寫成文字」〔註45〕。就其大旨而言，倉頡造字與「森究魯究」有可通之道；就其差別而論，納西文字相對忽略了對「物象之本」的抽繹。這種差別也恰恰可移用以說明漢字和西亞、北非及瑪雅文字的差別。《說文解字》本為輔弼經學而作，其「始一終亥」的編撰框架、「一貫三為王」等具體解說，散發出濃厚的思想氣息，它絕不僅僅是一本純然的文字學而已（今天的學科建制但視其為語言學史料，而鮮及其價值奠基意義）。華夏文字有種與生俱來的思想品格，這與單純作為記錄工具的字母體系、與重實用的楔形文字體系、重象而輕意的埃及和瑪雅文字皆有所不同。是以史前文字雖然吉光片羽，而每每一字千金、意蘊無窮。這也就是何以華夏文字抒情性、寫意性特徵強於寫實因由，儘管史前沒有「立象以盡意」的明確表達，然而無妨此種觀念昉自史前。從賈湖、雙墩等一些列文字符號來看，無論其書寫材料、書寫目的如何，取象立意的特徵始終如一（即便雙墩遺址中有大量象形符號，然而也僅僅是勾勒輪廓，重神韻而輕形似）。域外文字書寫都過於依傍物象，注重形象的逼真（如埃及）或描摹的細膩（如瑪雅），這些文化將文字看作外物的化身。換言之，它們更加側重於文字所代表的外界之物的力量（宗教信仰），卻不曾將重心轉移到文字本身。而華夏先民，自始以來就將文字本身看作是獨立的存在，文字是意與物兩端融合的產物。《易經‧繫辭》：「古者庖犧氏之王天下也，仰則觀象於天，俯則觀法於地，觀鳥獸之文與地之宜，近取諸身，遠取諸物，於是始作八卦，以通神明之德，以類萬物之情。」《說文序》：「黃帝之史倉頡，見鳥獸蹄迒之跡，知分理之可相別異也，初造書契。」八卦之道與文字相通，文字也是象天法地、觀鳥文獸跡、取人身與物態的結果，能夠上通神明，下達萬物，而重要的是其中的「分」（似可比勘於

〔註44〕（漢）許慎：《說文解字》，中華書局，1983 年，第 314 頁。
〔註45〕方國瑜編撰、和志武參訂：《納西象形文字譜》前言，雲南人民出版社，2005
年，第 37 頁。

希臘文的 μοίρα)「理」。

立象盡意的思維模式為傳統文化之根脈，象、意為古典文化中的大詞。與象含義相通的就有法、類、比、師、則（就取法意義而言）、似、如、擬、效、仿、若等等，要之著重於物與物之間的關聯、相通、相仿，從而以一種「道通為一」「道無往而不在」的態度觀看天地萬象，從而有效避免了主客、物我、現象本質之類的二元割裂，從而也就沒有諸如「道成肉身」等等的糾纏。與意相通的詞語則有心、志、理、道、性、則（就法則意義而言）、神等等，要之側重於天地宇宙雖然萬象紛陳，畢竟有所匯歸，而這一回歸併非西方言路中的強使人同（例如基督教的非歸上帝即入魔道），而是「攻乎異端斯害也已」又「一以貫之」的「大同」，持此博大的大同，乃有「無法之法」「不變之變」等宏通之論。在此，再強調一遍中外思維模式的不同。西方理論中的圖畫文字（pictography，pictogram）與「圖像」有關，然而這裡所說的「圖像」和古典漢語中的「象」並不存在語義淵源，儘管都可能與書法或文字的起源有關。漢語中的「象」以虛靈恍惚為特徵，它與「物」互根互用，與「形」相輔相成；西方語言中的「圖像」（或圖畫）以複製為特徵，它因傾向於寫實性而根本不能脫離實際之物而單獨存在。〔註46〕圖像與圖像的不同，前者「惟恍惟惚」、若有若無，處於似與不似之間，也就孕育著無窮開顯的可能性；而圖像總有一個原型的、前形態的模本，圖像僅僅是這個模本的複製和影寫，它受這個原型、模本的支配，圖像與原型之間乃是一種支配與被支配的、決定論的二元關係。這就決定了埃及、西亞文字的不能完全獨立。

准此，華夏書論雖然如滿天星斗異彩紛呈，庶幾可會通為一。當然，此處僅僅著眼於通會，而絕非強同。從「立象以盡意」而演為「書者，如也，舒也，著也，記也」〔註47〕（「書」字並不定義，視其具體語境而斷，或謂書籍，或謂書法，皆無不可），正是貫通象、意兩端的判斷（《詩》曰：「惟其有之，是以似之」），進而則為「書為心畫」，心猶意也；畫猶象也。這兩端可以說明

〔註46〕趙鴻雁：《圖形圖像概念辨析》，《今日印刷》，2013 年第六期。本文使用了托馬斯·米歇爾的「圖像轉向」理論，但是本文並不僅僅停留與米歇爾意義上討論「圖像」問題，米歇爾在多部作品中 picture、image、icon 的語用進行了探討。對於這些含義，讀者可參考米歇爾的著作。本處引用側重於圖畫的「複製」特徵。

〔註47〕張懷瓘：《書斷上》，載張彥遠纂輯、劉石校理：《法書要錄校理》，中華書局，2021 年，第 359 頁。

何以華夏書法將人格修養視為一個關鍵問題。至於書論發達，則由物象高下之形推書法避讓趨就之勢，從「象」衍而出「勢」（如崔瑗《草書勢》、衛恒《四體書勢》），豐富了傳統書論的思想。天生烝民，有物有則，宇宙萬象，皆有一定之規，由立象盡意而推導出作書遵法還是尚意之爭，「尚法」「尚意」因此成為傳統書論兩大流別。有取象而推導出「師法自然」，由盡意而推導出「師法古人」，是以書中又有「法古」「法造化」之爭。張懷瓘合意象為一體，而宋人從意的盡與不盡，又推闡出尚「韻」之說（韻，有餘意也）。理學發展，「理」又取代「意」成為書論的關鍵詞。要而言之，「立象以盡意」之所以具有如此大的包含性，乃是因為其為華夏文明奠基時期的「元思想」，從而又很強的衍生能力和豐富的闡釋角度。

我們強調此點，並不是以此論取代特定歷史階段的書論，而是基於中外文化的比較，從這一角度掘發華夏書法的特色。從「立象以盡意」的思想角度，就可以對時下流行的書法理論進行全新的思考。

第四節　餘論：「形式」理論和當代書法的發展

現代書論是以古典書論體系的塌陷和西學體系的引入為其開端的。書法之所被納入藝術領域，最關鍵的一個轉折乃是其實用根基被抽掉，而與此同時古典文化的瓦解、語言表達的轉型進一步削弱了書法生存的環境。書法成為一門現代藝術之後，最重要的成果乃是引入形式理論，這套話語成功地將其納入到世界藝術的領域中予以照察。以「藝術理論」而不是書齋式的學術研究來作為現代書法理論的立足點成為現代書論的得意之筆，得意於書法成功地從寫字提升為「視覺藝術形式」。[註48]學術立場、學術術語的更新確為書學帶來了不少新變，然能否體貼地、同情之理解地把握書法藝術，卻仍成其為問題。

現代書法理論史的起點何在，如史家言它肇端於清末、發軔於清王朝壽終正寢這一時期，而不以某年某月為具體斷限。[註49]形式問題被引入到書法研究實乃中國現代學術譜系建構的一環，我所知道較早引入形式論以探究書法問題的是王國維（1877～1927），他認為：

〔註48〕陳振濂：《中國現代書法史》，人民美術出版社・河南美術出版社，2009年，第140頁。

〔註49〕朱仁夫：《中國現代書法史》，北京大學出版社，1999年，第2頁。

　　　　一切之美皆形式之美也，就美之自身言之，則一切優美皆存於
　　　形式之對稱、變化及調和。至宏偉之對象，汗德雖謂之無形式，然
　　　以此種無形式之形式能喚起宏狀之情，故謂之形式之一種無不可
　　　也……一切形式之美，又不可無他形式以表之，唯經過此第二之形
　　　式，斯美者愈增其美。而吾人之所謂古雅，即此第二種之形式。即形
　　　式之優美與宏壯之屬性者，亦因此第二形式故，而得一種獨立之價
　　　值，故古雅者，可謂之形式之美之形式之美也……繪畫中之布置屬第
　　　一形式，而使筆、使墨則屬於第二形式，凡以筆墨見賞於吾人者，實
　　　賞其第二形式也。此以低度之美術（如法書等）為尤甚。〔註50〕

　　王國維區分了兩種形式，其一是有材質的，不過按照他的說法，這種有
材質的藝術品（如雕塑繪畫）之所以美乃在於其形式。另一種是無材質的，
這也算一種形式，其美感源於形式之形式。書法乃是第二種意義上的。王國
維受康德哲學的影響，其談論形式不免帶有某種西方哲學的色彩，他將書法
之美歸於形式之形式，其實是對形式論的進一步推闡。而這種推闡又不完全
是西方式的，王國維最終解釋，形式之形式所傳達的美乃是古雅之美，這就
是以此以西學解說中國固有觀念的嘗試，是其「取外來之觀念，以固有之材
料互相參證」的學術方法的一次展現。就方法論而言，王國維的形式論無疑
具有道夫先路之功，與他同時代的鄧以蟄（1892～1973）則直接將形式理論
引入書法，而不是像王國維那樣順帶涉及。

　　鄧以蟄在《書法之欣賞》中寫道中國書法「字之於形式之外，所以致乎
美之意境也」，這與他對書法的認識有關，首先他認為書法乃「完全出諸性
靈之自由表現」的純粹美術，「所謂書乃心畫，蓋毫無憑藉而純為性靈之獨
創」。〔註51〕鄧以蟄受黑格爾、克羅齊等思想影響甚深，將書法納入到現代
學科建制中予以理解。但其形式理論卻並非純粹西方的，而是結合了傳統理
論予以闡揚，他將傳統思想中的書為心畫的理論和性靈說結合，同時又吸納
了西方哲學的「表現說」，從中西結合的角度給書法以「形式」的評騭，這種
看法無疑具有相當大的啟發意義。

〔註50〕王國維：《古雅之在美學上之位置》，載《王國維遺書》（三），上海古籍書店，
　　　　1983年版。
〔註51〕轉自甘中流：《中國書法批評史》，人民美術出版社，2016年3月，第582～
　　　　584頁。

等到中國美學家宗白華、朱光潛等先生則進一步對書法作了探討，如宗白華所言，書法具有「形線之美」「每一個字佔據齊一固定的空間」結成有血肉的「生命單位」的同時又構成一個「八方點畫環拱中心的空間單位」，而這種空間單位「不由幾何形線靜的透視的秩序，而由生動線條的節奏趨勢以引起空間感覺」，乃是一種「力線律動」的空間藝術。〔註52〕強調書法的線條特徵，以為精美的書法只傳達它自身的結構和線條美的論點在現代書論中乃是主流，其中皆有形式論的影子。

通過幾位傑出學者的闡揚，形式幾乎成為現代書論的主要理論資源，不過未能盡善盡美。反觀王國維，他的形式之形式難免帶有形而上學的色彩，當然就當時歷史條件而言，這無疑是一大進步；而今天我們卻必須對此加以反省。如果忽略了書法創作者主體的情感因素，忽略了書法內容本身，單純的形式之形式能否達到其古雅，實在啟人疑竇。相較而言，鄧以蟄的理論於形式之外拈出性靈，注意到更多的非形式的因素，就要深切體貼得多。至於宗白華從空間的高度解釋書法，可謂高屋建瓴之論，不過宗論仍將書法落實到「力線律動」，似乎於書法實際還是未達於一間。其說可視為將書法定義為線條的藝術的開山祖。這個定義顯然並不符合傳統書法的實際。書法的核心問題並不在線條還是平面，唯筆軟則奇怪生焉的道理眾所周知，所謂「奇怪」無非是說書法作品中點線面交相輝印、變幻無方。書法家書寫線條的粗細變化往往造成面與線條的對比，比如《蘭亭序》《祭姪稿》中涂抹的部分，顯然不能僅僅看作是線而是面；而這牽絲若與普通線條相比，也能構成面與線的對比。從更早期的書作看，傳世金文中不乏使用面的例子，例如《大盂鼎》中「天」字的第一筆、「王」字的末筆，都刻意加粗，以形成對照。這種例子絕非特例而是大量存在的書寫現象，至於草書中書家有意造成潑墨、飛白等效果，則更是面的使用。因此面與線、一維或二維等側重於外在形式的觀察，並不能真正把握書法的實際。這說明中國書法並不能以面的或線條的藝術一言而決，應當深入其精神表達的深處，書法藝術植根於傳統世界觀。宗先生指出了書法之「生命」「空間」的雙重因素，卻仍然立足於形式論探究形線問題，其論不免白璧微瑕。

中國現代書論背後站著康德、克羅齊以及康定斯基等「形式論」的思想

〔註52〕宗白華：《中西畫法所表現的空間意識》，載《美學散步》，上海人民出版社，1981年。

家們，如果說早期創論者尚能體察到中西文化差別之異，而有意識地實現中西會通（比如王國維之古雅論、鄧以蟄之性靈說、朱光潛之生命單位與空間單位雙元論），那麼隨著對西方形式論的深入接納，書法界難免出現食洋不化從而削足適履的流弊，實際以形式論介入書法伊始這種弊端已然初見端倪。形式的泛濫導致了對書法精神內涵的削弱，現代學人將大量精力耗費在對書法的形式剖析上，而恰恰忽略了其所存在的生命意識和精神意涵，其立論表現則是書法理論上的支離破碎。例如，在「書法是什麼樣的藝術」「書法藝術有什麼特徵」等問題下，就有各種主張。或主張八特徵：以漢字為對象、以筆墨為工具、以線條為基礎、以結體為支撐、以節奏為韻律、以技法為手段、以精神為寄託、以自然為追求。〔註53〕或主張三特徵：線的變奏、勢能的圖式、心、手、眼的妙合與情、意、形的統一。〔註54〕或主張書法形態的多質性和綜合性；將其特徵概括為空間─時間性的形式、抽象性、抒情性。〔註55〕各種理論從不同層面提出了相當精闢的見解，然大多限於就事論事，且有支離破碎之嫌。有論者甚至將書法提升到文化自覺和自信的高度，視漢字為民族根基，而為東西文化之基本區別。書法是漢「文字「的書寫藝術，遵循一定的書寫法度，從而表達作者情感的藝術。〔註56〕在某種意義上，它被視為中華文化的符號。〔註57〕儘管此種看法具有相當的深刻性，然猶未能說明何以漢文字方為書法，何以書法成其為藝術？

書法不是某種本質論觀照下的對象化之物，以二元論切入書法勢必圓鑿方枘，治絲益棼。萊辛（G‧E‧Lessing，1729～1781）在決定論的二元觀念下展開其理論，詩歌和繪畫看做對立的藝術形式，前者與時間有關，而後者是空間的藝術。〔註58〕現代書論將書法視為空間藝術，顯然深層觀念上是萊辛理論的某種移植，這在一定程度上雖然能揭示書法的某些特徵，卻對書法的整全理解並無裨益。對一副草書作品的評價往往有所謂行雲流水之論，這當然並非側重於書法的空間特質，而是說其有《清明上河圖》《富春山居圖》

〔註53〕王亞：《論書法的六個基本特徵》，《中國書法》，2012 年第十二期。

〔註54〕萬書元：《論書法藝術的基本特徵》，《東南大學學報》（哲社版），2006 年第五期。

〔註55〕凌斌：《書法藝術本體基本特徵芻議》，《書畫世界》，2010 年第四期。

〔註56〕張顥瀚：《中國當代書法的幾個基本問題》，《藝術百家》，2013 年第一期。

〔註57〕武晶：《中國書法：中華文化的耀眼符號》，《大眾文藝》，2016 年第五期。

〔註58〕〔德〕萊辛著、朱光潛譯：《拉奧孔》，商務印書館，2013 年，第55～60 頁。

等長卷一般的「移步換景」的時間特質。

我們認為，形式論的根本癥結在於其形式—內容的二元論世界觀，而中國書法恰恰是與此相異的世界觀觀念下的產物。當下書法理論的誤區卻恰恰是西方藝術論的某種移植和借用，這種移植和借用若不割除其本質主義的成分，便難以達到對書法問題的真正理解。諸如追問「書法的本質是什麼」「書法究竟是一種什麼藝術」，這些判斷已經預設了，書法有其本質，或者書法就是某種藝術。提問者若非對「本質」抑或「藝術」所賴以生存的思想土壤作徹底批判和反思的話，那麼就不可能達成對書法的真正有效的理解。由此理論而衍生出來的諸如「書法是線條的藝術」「書法是綜合藝術」當然也就不能對書法有任何真正的啟迪。在此，我們並不是說，「藝術」「本質」等術語不能用於書法批評，而只是強調，批評者持有何種思想立場實為關乎書法未來發展的重大問題。立足於現代的、西方的理論立場介入書法，當然完全可以構建一套批評體系，因為西方知識論已經無孔不入，一切社會的、自然的現象都可以納入到某種特定的知識論體系中去。然而物極必反，從反思的、溯源的古典立場，也會得出與此完全不同的認識。其所以啟筆者疑竇，根本在於其思考的角度乃是立足於現代書法理論出發評騭古典傳統，而缺乏對現代藝術理論的批判。要而言之，其分析仍然是本體—現象論的，是以一種認識論的態度看待書法傳統。理解書法問題，必須將其和傳承書法的實踐者關聯起來，即從從事書法活動的共同體加以理解，這個問題方為懇切。書法乃是中國傳統人文精神的一個體現，最為重要的問題並不是給定技術的熟練，而是觀念和要求的發展歷史。這是理解「藝術」的首要問題。〔註59〕一切觀念最為基本的有兩個，就是物我關係和人類社會之間的關係。前者屬於自然哲學範疇，而後者屬於政治哲學範疇。西方藝術史上，貫穿始終的一個根本問題便是認識自然和認識你自己，因此所謂希臘短縮法的發現、明暗對照法的使用、科學透視法的進展乃至實驗藝術，都是在最簡單的「畫其所見」這個原則的支配下不斷更替著。〔註60〕這是認識論支配下的藝術觀，這種藝術觀以希臘哲學的本體—現象的二元世界觀為底色，以主體—客體、內容—形式、道—肉身等各種支配性的二元論為皈依。繪畫的形式背後，是人體或建築或自然等

〔註59〕〔英〕貢布里希著、范景中譯、楊成凱校：《藝術的故事》，廣西美術出版社，
　　　　2008年，第44頁。
〔註60〕《藝術的故事》，第561頁。

「原型」，形式論依照一套先驗的規則（要麼認識自然，要麼支配自然），這種規則可以把握或處理其對象，中國書法的原型在哪裏，中國書法要支配或把握何種對象？

故而，形式論雖然能夠局部解決問題，然而卻不能解答深層次的問題。然而，古典傳統既然不復存在，現代學術體系又方興未艾，書法之未來走向既不能是完全復古的，又不能時完全趨時的。尋求一種不古不今、不中不西的路徑乃是合乎中庸之道的。書法如何發展？實則，形式論孕育著極大的轉機。

形式論因其抽取了書法的一切內容，而具有極大的可塑性和包容性，可以在此論的基礎上思考華夏書法的世界化問題或域外文字的書法化問題。傳統書法由於實用根基的喪失，必須思考如何繼續發展的問題。既然現代學術譜系將其納入藝術領域，那麼如何和相關藝術溝通就是必須面對的問題，而在形式理論下，這種會通存在可能性。這一方面觀念表現為觀念的轉變，另一方面表現為書寫領域的擴張。例如現代派書法（如古干、王冬齡、曾翔等）所作的努力，乃是基於觀念的；而納西書法、彝文書法等少數民族書法（如吳頤人之採納西文）的出現，乃是書法領域擴張的結果。由此，突破「漢字是書法的唯一載體」的觀念，將書法視為一種純粹的形式主義的藝術，無疑也是其未來發展的可能趨向；而思考將埃及、蘇美爾以及瑪雅等古典文字吸納到書法領域中，無疑具有十分重要的意義。

然而，在倡導形式論的同時，必須堅持華夏書法的民族特色，儘管領域擴大了，觀念有所調整，卻不能將其作為西方藝術論的附庸。這就必須割除形式論背後的本質主義的主張，這種決定論的藝術觀阻礙了對於性靈自由的創造，它將藝術形象束縛於某種先驗的永恆不變的原型之上（比如繪畫之講究逼真），很可能落入到純粹強調技法和設計的窠臼之中（例如超現實主義繪畫），儘管也能達到眩人眼目、動人心魄的效果，卻與華夏書法的本源特徵背道而馳。論及此，我們仍舊要回到華夏書法何以為「華夏」或曰「中國性」的問題上來。

第三章　書寫─契刻：華夏印章──
書法之「中國性」問題

　　書法本源問題的核心在於，書法何以是「中國」的，上文我側重於字母—文字之分探討了華夏文字的起源，討論了中國文化與西方文化之分野，討論了漢字的特質，討論了中國書法得以形成的基礎。而今，立足於此一分野，本書將進一步討論書學之「中國性」問題。

　　葉舒憲先生在《文學文化》發刊詞將「中國性」列為其四大專題之一，其論以「文化基因」為研究前提和預設，並由此指出「中國性」必須具備三個條件：1. 年齡在 5000 歲以上（地地道道的來自大傳統的元素）。2. 奠定華夏文明的核心價值或影響到其核心觀念。3. 必定與神話信仰相關。葉先生根據這一判讀，初步確認，有三種物質材料的五個對象入選，每一個都值得做認知考古學和神話學的專題研究：（1）陶器。包括三類：彩陶圖像系統、小口尖底瓶以及陶鬲。（2）骨器：骨卜 5000 年（西北）；龜卜 3500 年（中原）；卦卜 3000 年（渭河流域）。從史前占卜的大傳統傳承，看殷商甲骨文和周易的由來。（3）玉器：玉禮器符號象徵系統，組合起來相當於中國人的無字聖經。〔註1〕此論有一理論背景，即大小傳統和 N 級編碼論。葉先生此論乃其多年研究心得，將其「玉文化首先統一中國」說向前拓展了一大步〔註2〕，因

〔註 1〕 李繼凱、葉舒憲主編：《文化文本：一場認知革命》，《文化文本》第一輯，商務印書館，2021 年，第 3～17 頁。
〔註 2〕 葉舒憲：《玉文化先統一中國說：石峁玉器新發現及其文明史意義》，《民族藝術》，2013 年第四期。

此為文學人類學學界所關注。此說無疑對於探究文字產生之前的「華夏」有重要參考意義。對於葉先生的理論框架，我完全贊同。然於其所提出的三個條件，我則略有不同看法。這三條中第二條乃是一核心條件，即「奠定華夏文明之核心價值和核心關鍵」，而第一、第三條乃推衍的產物。第一個條件，葉先生似乎認為，五千年乃是「華夏核心價值」及其影響的「核心觀念」的奠基期，這是一種新型的「軸心」時期理論。關於此，葉先生有多年的研究心得，之所以以五千年為斷限，當基於「玉教」理論立說，然是否五千年以下便不再有「核心價值」和「核心觀念」的產生？這其實是值得討論的。比如，在以文字為基礎的小傳統視域中，佛教（禪宗）是否也充當過「核心」價值和觀念？這或許應當作為一個問題提出來。因果觀念並非五千年以上固有，而是來自於佛教（當然，華夏之崇因果有《易傳》之「餘殃餘慶」說的底色）。然據我粗淺的觀察，這一觀念浸潤到華夏生活的方方面面，說明「小傳統」亦有可能反哺「大傳統」（「大小傳統」在葉氏理論的意義上使用），而為核心價值觀念肇基或曰重新賦義。葉先生因將華夏社會認定為「神話中國」，從而提出迥異於西方理論的，具有中國特色的理論判斷。無論贊同與否，我們皆應對葉先生的理論創新勇氣表達欽佩之情。「神話中國」說應當是葉先生關於「中國性」之第三條的理論源泉之一。他提出「中國性」必須與神話信仰相關，在其自身的理論體系中是自洽的。「神話」亦是我思考「中國性」的理論起點，然我不甚贊同葉先生將「神話信仰」列為「中國性」的充要條件之一。就「小傳統」的視野來看，倫理或日常生活而非信仰或神聖生活方是文獻傳統的第一關注。當然，傳世經典有可能被儒家聖賢重新整理過。問題是，不正是孔子「刪述《六經》（《樂經》亡佚而樂教貫通於整個小傳統）」方始改變了華夏生活方式之軌跡嗎？或者說，「刪述《六經》」實乃華夏「核心價值」之奠基事件。即便孔夫子的傳統乃是「小傳統」視域的，然而它至今仍是中國人生活方式的基礎和參照，不能將孔夫子的傳統排斥在「中國性」之外。進而討論孔夫子的傳統是否和「神話信仰相關」？「相關」這個詞可能略顯籠統，它僅僅能夠揭示關係，卻無力表達對事物作用、價值和意義的認知。一切日常事物皆帶有神聖的面相，一切理性皆無從脫離信仰，問題在於如何認識理性與信仰、神話與日常（姑且將這兩組詞視為對待關係）？應當如何就此提問呢？若說：問題在於神話與信仰何者為第一性？或曰，神話究竟奠基與日常之上還是日常奠基與神話之上？那麼，提問者已將神話或者日常預設

為「第一性」，這就仍是一種決定論的、反映論的思考方式，也就仍在西方「邏各斯中心主義」的思考畛域之內思考問題。如此提問題，則不免邏輯上的弔詭。為了避免此種弔詭，是否可以問：神話與日常之間是怎樣的關係？或許，這樣提問更能接觸到生活的真實面相。西方學者喜歡談邏各斯出於秘索思，《聖經》、「荷馬史詩」為其文化奠基。秘邏二元論構成西方文化的基質。〔註3〕——換句話說，西方文化的源頭是秘索思、是神話——然這一理念卻不能套用到中國文化上來。三代之學一脈相傳，《六經》為華夏文化的奠基文獻，它殊無「秘索思」之類的其他源頭，它自身就是源頭。然《六經》談人倫多於談鬼神，重教化甚於宣信仰，闡心性而罕說靈魂，倡天道而鮮論彼岸，《六經》不乏「怪力亂神」的內容，而其最終指向在於理性和倫常，與域外指向宗教信仰迥然不同。如果以《六經》為核心的「小傳統」乃是「大傳統」滋溉的結果，則此一大傳統雖「必與神話信仰相關」，「神話信仰」卻絕不是目的，而只是倫常和教化的手段和方式。

　　在此，我想在葉先生提出的「中國性」之三綱之上略作補充調整。第二條乃是三綱的鈐鍵，即奠定華夏文明的核心價值及其影響的核心觀念。而第一條則由此拓展，即其斷限在五千年，似不宜排除其後繼文明中匯入華夏文化的「支流」且反哺華夏文明者。第三條乃由「神話中國」而拓展，在我看來，「神話中國」乃華夏文化之表象，其內裏實為「日常中國」、「倫常中國」、「心性中國」甚或「理性中國」。華夏價值應當落實於器物層面，葉先生所提出的五種器物之外，或當另有其他物品亦能充任「中國性」之表徵物。本書所關注的，便是作為華夏文化特絕傳統「詩書畫印」中的書法和印章。中國傳統文人有所謂雅好，其極致追求者講究詩書畫印「四絕」。詩固屬華夏文明之核心價值，我國有詩國之名，其朔甚久。《詩經》中之《頌》多可溯源至於商周，浸假而為楚辭、為漢樂府，為唐詩宋詞，為元曲，其脈絡十分清晰。這是文字的詩，口頭的歌謠其源當不晚於葉先生所謂的五千年之限（當然這是推論，不能實證）。書畫皆可溯源於史前，也與葉先生的五千年斷限相銜接。前文所舉的河南賈湖、安徽蚌埠雙墩、浙江餘杭良渚等刻畫符號以及海岱地區龍虯莊、丁公陶文等，皆可視為書法之濫觴，而彩陶紋飾及圖繪史前更是

〔註3〕陳中梅：《Mῦthος 詞源考——兼論西方文化基本結構（BSWC）的形成及其展開態勢（上、下篇）》，載於陳思和、王德威主編：《文學》（2013 年春夏卷以及秋冬卷），上海文藝出版社，2013 年。

比比皆是，如甘肅秦安大地灣地畫、河南臨汝閻村的《鸛魚石斧圖》為其中的翹楚，多為美術史家引用。由此而言，詩書畫作為「中國性」的表徵形式，都能溯源到五千年，與葉先生的判斷融通。「四絕」之中唯有印章最為棘手。自米芾、吾丘衍、趙孟頫倡導於前、文彭、何震發煌於後，明清時印章一變而為篆刻，成為與詩書畫並駕齊驅的文人案頭之事。然相較於後三者而言，篆刻—印章其源卻不能上溯到葉先生所說的五千年。難道要將其排斥在「中國性」代表形式之外？如此，恐與事實不符。書法與印章又是一種二而一的孿生關係，相較於書法問題而言，印章的起源問題顯得更加撲朔迷離。如何理解印章—篆刻之「中國性」因此乃成其為一個問題。印章問題本身又極為複雜。傳統中通常視為華夏獨特之藝術，且隨著對域外文化的理解日益深入，乃知印章實際為一世界性的文化現象，不為中華文化所專美。華夏印章與域外印章獨立發生還是有文化聯繫，這又成為華夏印章來源的懸案之一。若不對這兩個問題進行解答，則無從切入印章的「中國性」問題。為此，我下文將逐步展開對印章問題的討論。

　　自日人新關欽哉創華夏印章西來說已降，關於華夏印章起源問題的討論成一極為重要的問題。近年，在中華文化復興的大背景下，對這一問題的關注可謂如火如荼，因之 2016 年在杭州西泠印社召開國際印學研討會，會後結集為《篆物銘形：圖形印與非漢字系統印章國際學術研討會論文集》一書，此書在印界以視野之開闊、討論問題之前鋒而產生不小的影響，西泠印社作為世界印壇的領袖，以恢弘的世界視野，開啟了華夏印學研究的新天地。此次集會，打破了長久以來印章自源於中國的迷思。一時之間，似乎華夏印章源於域外已是不爭的事實。這一「事實」隨著全球化深入，越來越形成某種程度上的「共識」。然則，華夏印章起源的問題果真不需要重審，而作如此定讞嗎？雖然從年代的先後來看，華夏印章的出現晚於西亞，然起源時間的早晚並不能作為印章西來說與否的理由。因為西來印章如何影響華夏印，目前尚未能勾勒出令人信服的傳播線索。如何認識華夏印章與域外印章的關係，如何勘定華夏印章的世界地位，是印界偶有涉及卻又未能徹底解決的理論問題。就此而言，華夏印章西來說仍成其為問題，華夏文字印的異軍突起，則更是問題的重中之重。本人不揣譾陋，立足於上古世界文化交流這一背景，針對華夏文字印的起源發表個人粗淺的看法，以期拋磚引玉。

第一節　陶籌、滾印與楔形文字

　　西泠的集會以「圖形印」和「非漢字系統印」為其主題，所謂圖形印云云，乃由尋常所謂肖像印一名拓展而來，而「非漢字系統印章」一望而知，指的是以其他文字入印的文字印。其所以設立如此名目，要在將域外諸種文明所涉及的印章包括進來。這一概念至少突破了兩個觀念。第一，印章並非僅限於文字，此點易於理解，華夏印章譜系中有肖像印一目，即非文字。第二，印章非止於華夏一家所有，這一點或許多數人相對陌生，即他種文字亦有入印者（屬於華夏印的有滿、蒙、契丹等文字，域外的則有楔形文字、埃及文字以及希臘文、拉丁文等）。這足以說明印章體系的博大。按照林乾良之論，世界印章體系可分為近東、歐洲系及中國、日本系兩大體系，就其特色而言，前者以圖形為主，而文字（字母）為輔；後者以文字為主，而圖形為輔。而前一體系又以近東為主，後一系又以中國為主。〔註4〕不過近東印章較之中國印章流行早上兩千年之久，這就造成一種印章西來東傳的印象。然則華夏印章果然為西來之物嗎？欲探明華夏印章的源流，需對近東印章一脈作一定的瞭解。

一、滾印、文字源於陶籌

　　就形制而言，近東印章約略分為兩系，一為平印，一為滾印。平印的出現又早於滾印。考古工作者於敘利亞境內出土前七千紀左右「帶戳記的封泥」，泰半或為飾物抑通靈之物，而前六千紀中期兩河流域亦多使用壓印圖案，〔註5〕然問題是，飾物、法器等等是否具有獨立的印章品格？此類印跡和以手指、腳趾壓印以宣示物權，能否皆視為印章的起源呢？從漫長的生物演化歷程而言，壓印行為乃是與生俱來的本能，所謂「鳥獸蹄迒之跡」從廣義觀點視之，無一而非壓印。以法器或飾物等在黏土上留下印跡，與無意間在雪上留下指爪痕固然迥乎有別，但法器或飾物印跡雖然成「章」卻並不能目之為印。何則？因印章乃是一自成體系的整體文化機制，把握印章的基本理念，當以某種特殊的文化信仰和心理動機的參與為其鈐鍵。或者說，需經過特定的心靈或意識的過濾。法器或飾物雖不能說未經過心靈，但「跡」本身

〔註4〕林乾良：《中西印文化概論》，載《孤山證印：西泠印社國際印學峰會論文集》，西泠印社出版社，2005年，第217頁。
〔註5〕于殿利：《人性的啟蒙時代：古代美索不達米亞的思想和藝術》，故宮出版社，2016年，第356頁。韓回之：《他山之玉：域外高古印特集》，西泠印社，2016年，前言。

卻不夠構成其第一因素，其所在意的仍是飾物之美或法器本身的法力，壓印本身或者印跡本身僅止於展現裝飾或昭示法力的附屬手段。准此而言，飾物也好，法器也罷，並不具有印章的獨立品格，單就印章形成獨立品格且具有一套可操作的文化機制而言，不能不首推蘇美爾人所創造的滾印。然西亞滾印的產生與其文字的出現同源共派，對滾印的探究不得不追溯蘇美爾文字的起源。在西亞傳統中，滾印和文字的產生皆與其物資管理制度密不可分。理解此一點，有必要援引丹尼斯・施曼特—貝瑟拉（Denise Shmandt Besserat）的陶籌理論，從起源處探究陶籌、印章、文字三者之間剪不斷、理還亂的錯綜關係。

丹尼斯・施曼特—貝瑟拉考察了藏於世界各大博物館的陶籌，提出文字起源於陶籌的理論，並展開對前此的文字源於象形說的批判。〔註6〕陶籌論主要採納考古證據，勾勒出陶籌由樸素而複雜的變化（論者將無線性標記的成為樸素陶籌，而將帶有線性標記陶籌成為複雜陶籌），指出封球、印泥在由陶籌而文字中起了關鍵作用。照她所論，陶籌的形狀和早期刻畫符號之間多有相似指出，而且兩種記錄系統之間存在延續性。〔註7〕陶籌與計數、記帳和農業相關，而顯然與商品交換毫無關係。〔註8〕傳統觀點認為，貿易是文字起源的經濟基礎。貿易催生文字的觀點也被移用於華夏文字起源的闡釋（比如，何崝先生即將貿易視為通行文字形成的前提）。若陶籌說成立的話，則文字起源問題便不得不重審，滾印的起源則是陶籌論的一個副產品。陶籌說理論建立在對西亞文化背景和物資管理制度的全面考察之上。至於說，印章和文字之間的關係，則並非單純的直線衍生，而是盤根錯節至為複雜。從烏魯克、推羅、蘇薩等地出土的印章來看，其與斜面碗和陶籌一樣，都是諸侯（蘇美爾語之 EN）公共權力的象徵。這說明在早期的經濟制度中，印章僅是可能的而非唯一的權力憑信；也就說明，印章並未能居於經濟活動領域的主導地位。然此時的印章，卻大多以壓印的面貌出現，正如前文所強調的，在滾印和文字產生之前，壓印已經作為管理手段開始使用了。只是，早期壓印是否有憑信功能，卻有待進一步考證。

〔註6〕〔美〕丹尼斯・施曼特—貝瑟拉：《文字起源》，王樂洋譯，商務印書館，2015年版。
〔註7〕《文字起源》，前引，第21頁。
〔註8〕《文字起源》，前引，第49頁。

　　這說明，早期印章或曰壓印與文字無關，這點在陶籌論中，並不是什麼重要的觀點，然對於我們理解華夏文字印問題卻具有相當重要的意義。西泠集會之所以將圖形印和非漢字系印作為討論的主題，殆由我們持有一種無文字不成印章的文化集體無意識，雖則禹域境內有肖像印一派，然長久以來卻不登大雅之堂，輕圖像重文字一定程度上說正是華夏印的潛在傳統。其代表人物如趙孟頫便以古雅與否作為貶斥圖形印的標尺。〔註9〕西亞早期印章與文字的關係乃是疏離的，這一現象對於重審文字與印章的關係無疑為他山之錯。依丹尼斯之說，印章和文字真正的關聯是以陶籌為媒介的，滾印和文字都是陶籌制度下的產物。滾印的產生是印章變革中一大事件，這次印章變革以封球和垂飾的使用為前提。原來，陶籌充當了記錄、計數等與農業或管理相關的功能，最初存儲陶籌的手段有兩種，即封球和垂飾。所謂封球，即以黏土做成中空的球狀容器，將陶籌放置於其中，後又封上。所謂垂飾，則是實心的紡錘形的黏土塊，中間有孔，使用時將陶籌穿成一串，進而繫於垂飾之上。要言之，垂飾和封球的主要功用便是存出陶籌，而陶籌的功用又是為了管理物資。因此，為明瞭存儲的陶籌數量，通常便會在封球和垂飾表面壓印，壓印的目的是為了確認封球內的數目，或者標記垂飾上的陶籌。這種為了明確陶籌數量的壓印方式，既是文字的由來，也是印章之所起。壓印方式有多種，要麼用陶籌在封球上壓上印記，要麼以小木棍或者筆壓印出符號，要麼以拇指壓印。當然，出壓印之外，也有的直接將陶籌鑲嵌在封球上，或者黏土乾透之後再行刻畫。然無論陶籌的印痕還是筆劃的壓印標記，都成為泥版文字的源頭。〔註10〕丹尼斯這裡主要講文字的起源，但壓印本身卻也是印章的起源。按照陶籌論的理論框架，印章和物資管理的經濟制度相關，壓印成為有意識的方式，後文將看到，滾印的出現更是作為成套的制度固化下來。

　　後來，為了追求效率，人們簡化了程序，索性直接用泥版代替封球，用壓印的二維記號代替陶籌。這樣就出現多有壓印有二位記號的壓印泥版，壓印泥版的年代要早於象形文字的年代達兩個世紀。〔註11〕這就說明，最早的

〔註9〕孫向群：《復至太古，從心出發——以趙孟頫貶斥圖形印為例談復古與篆刻藝術發展模式》，文載《篆物銘形：圖形印與非漢字系統印章國際學術研討會論文集》，西泠印社出版社，2016年，第480～488頁。

〔註10〕〔美〕丹尼斯·施曼特—貝瑟拉：《文字起源》，王樂洋譯，商務印書館，2015年版，第78頁。

〔註11〕《文字起源》，第84頁。

文字乃出於陶籌的壓印記號，而非描摹物象的象形文字。象形文字乃是第二位的、後起的產物。那麼，象形文字又是如何產生呢？象形文字大多源於帶有線性標記的複雜陶籌。〔註12〕這樣，陶籌就對應於兩種書寫，由樸素陶籌而來的壓印方式，由複雜陶籌轉化而來的象形文字。明乎此，對於早期泥版何以呈現凸面（比如現今正在國家博館展出的大英博物館所藏的古樸泥版）便不難理解，這些泥版保留有其前身封球的特徵。另一方面，對楔形文字之何以呈楔形也就有了全新的理解，即這種楔形並非是黏土和筆的特性所致，這恰恰是對封球上的壓印痕跡的傚仿。

　　壓印泥版和封球表面的印章不惟類型相同，風格也多有相似，而且主題也多有吻合。這就說明封球和壓印泥版之間是由同樣的人員來運作的，印章與當時行政管理制度的發展相關，它與複雜陶籌、封球、垂飾以及度量衡系統一道構成經濟運行機制的重要環節，在封球表面，通常壓有一枚印章，而兩枚和三四枚印章並用的情形，可能代表不同管理者的簽名，比如記帳者、管理者、監督員和主管。〔註13〕西亞早期的樸素陶籌固然從屬於特定的經濟目的，雖然開始有意為之，卻畢竟尚屬草創，未能形成一套相應的文化運作機制。滾印的出現將用印製度化，滾印成為文化整體機制的必要組成，在此意義上滾印乃是第一批真正意義上的印章。

　　滾印產生的動力乃對前此所用壓印方式的改良，通過前文論述可知，文字和印章產生於陶籌壓印的行為，然印章的產生要早於文字（文字需要對陶籌進行二維轉化）。文字產生之前，印章主要功能有二，一以記錄，一以交流。〔註14〕文字取代印章，乃是本著簡便和經濟原則。文字出現之後，印章並沒有隨即廢棄，而是和文字一道，成為管理者有效控制物品的工具。比如烏魯克時期的泥版便同時有文字（表示神明的符號）和印章（管理者）並用；〔註15〕在後來的發掘中，泥版和印章被線繩綁縛在一起；〔註16〕在亞述殖民地出土的盒式泥版的封泥最下面，即印有滾印印紋。〔註17〕這些例子足以說明，文字和印章是配套使用的。相較於文字而言，印章有一目了然的效果，

〔註12〕《文字起源》，第 108 頁。
〔註13〕《文字起源》，第 162 頁。
〔註14〕《文字起源》，第 147 頁。
〔註15〕《文字起源》，第 157 頁。
〔註16〕拱玉書著：《西亞考古史》，文物出版社，2002 年，第 90 頁。
〔註17〕《西亞考古史》，第 92 頁。

因此作為經濟往來、行政管理和文化交流的手段，往往有畫龍點睛的功效。何以滾印後來居上，成為西亞印系的主流樣式呢？這原因便在於，滾印能夠通過滾動，在壓印物表明產生連續印跡，這樣便可更有效地複製和確認信息，同時，滾印上刻畫的場景也會信息交流帶來新的可能性。〔註18〕准茲而言，滾印的產生或許是在陶籌的基礎上改良，將圓錐的陶籌略加改造，即稱為小圓柱，而平壓的方式也就隨即變成滾動的壓印方式。而後，蘇美爾人又將圖像植入滾印印面之上，從而奠定了西亞印系的基礎。作為記錄信息的方式，滾印側重於以圖像傳達意思。然文字產生之後，圖文之間卻又互相補足，如阿卡德王國建立者薩爾貢一世及其孫子的時期的兩枚滾印，即以西亞文字和圖像雙雙入印。〔註19〕然整體而論，西亞滾印要麼有圖無文，要麼圖文兼具，而絕少見只有文字沒有圖像的，即便加喜特王朝時期，滾印上喜用長篇銘文，卻也仍不抹煞圖像。當然平印中有以文字入印的，然數量極少。就其功能而言，西亞文字印僅作為圖像印的補充而已，要麼表明持印者的身份，要麼則兼有「物勒工名」的功能。文字和圖像之間關聯鬆散。一言以蔽之，滾印乃是以圖像而為其靈魂的。以圖像為其靈魂的滾印傳統，和西亞的宗教觀念、社會功用和文化體驗息息相關。美索不達米亞的宗教傳統較強，他們敬畏神明，然卻很少在內心深處形成對神明的精神信仰，從而另一方面也是相當世俗化，生活在自我的精神世界之中。〔註20〕這種態度和華夏傳統的「敬鬼神而遠之」有一定程度的契合。儘管在亞述時代之前，其題材偏向與宗教和神話題材，卻又極有生活情趣，而與中世紀基督教的宗教圖像差別甚大。滾印是其記錄生活情境和宗教觀念的最佳媒介，日神沙馬士、月神辛、戰神伊士塔爾、諸神馬爾杜克等不同時期、不同地域的神明都在滾印上有所反應。滾印也是西亞人身份的象徵，據希羅多德《歷史》（卷一，195）記載，在巴比倫每位有地位的人都擁有一枚自己的印章，這印章與手杖一起，皆為出身高貴的標誌。不過，從西亞傳統而言，上到王者、祭司，下到士兵、商人乃至於奴隸，皆有一枚或多枚印章，印章不獨為權貴階層所有。就此而言，印章在西亞幾乎相當於身份證明，丟失印章必須作掛失處理，否則將導致信譽

〔註18〕《文字起源》，前引，第163頁。另參 Gwendolyn Leick, *Mesopotamia: the invention of the city*, Allen Lane the Penguin press, 2001, p.41.

〔註19〕 W. H. Ward, *the seals cylinders of western Asia*, the Carnegie Institution of Washinton, 1910, p.20.

〔註20〕于殿利：《巴比倫法的人本觀》，生活‧讀書‧新知三聯書店，第207頁。

受損。〔註21〕正是由於印章的普遍應用，印章製作業乃成一獨特的產業，滾印刻工先刻畫圖案，留出空白，待買主購買之後再刻上文字。也就是這個原因，印章的圖像內容有大多時候和文字並不能互證。

二、楔形文字與壓印傳統

按照陶籌論，楔形文字成形過程經歷了壓印泥版和象形文字兩個階段，象形文字源於帶有線性標記的複雜陶籌。象形的傳統和壓印的傳統如鳥之兩翼、車之二輪，已經密不可分。以此看，那種認為象形文字源於圖畫的理論固不足論，而必須將陶籌、滾印、文字等多種因素視為同一文化機制的產物。在這樣的文化機制下，方可釐清楔形文字和印章之間的關係，方可進一步理解華夏文字印問題，方可對華夏文字印的來源作一蠡測。

學者談及西亞文字，多從象形文字入手。最早的西亞象形文字出於烏魯克第四期，約當西元前 3500 年左右，這一時間也是良渚、凌家灘、紅山以及半坡文化的興盛期。西亞文字往往被泛泛稱作楔形文字，這是籠統地講。若詳論之，從烏魯克四期到阿卡德這一段文化時期，西亞各個城邦所使用的文字並非楔形，而是象形符號。細察其文字，雖不盡為圖像的影寫，卻一望而知為何物。如麥穗表示大麥，以三個山包表示山，以人頭形象表示人頭等等，其餘斧、鑿、船、犁等等都取法自然之象。〔註22〕這些象形文字隨體詰曲、畫成其物，與華夏、埃及早期文字有異曲同工之妙，庶幾近於「六書」傳統中的「象形」「指事」兩類文字，若參照民族志材料，則其與納西文字創製原則之「森究魯究」、「人則圖人，物則圖物，以為書契」〔註23〕殊無二致。其略微複雜的觀念，則以會意等方法結構之，基本思路仍不出六書框架。要之，因其文字多有形可象、有貌可圖，因此楔形文字一名，並不適用。有鑑於此，有人主張蘇美爾文字出於圖畫，這便是曾經盛極一時的象形文字理論，然這一理論遭到了陶籌論的反駁，按照前引丹尼斯的說法，西亞文字有兩種並行不悖的來源，一為源於壓印的相對簡答陶籌的二維符號，另一則為源於

〔註21〕于殿利：《人性的啟蒙時代：古代美索不達米亞的思想和藝術》，故宮出版社，2016 年，第 360 頁。

〔註22〕S. N. Kramer, *the Sumerians: their history, culture and character*: the University of Chicago Press, ltd, London, 1963, p102.

〔註23〕方國瑜編撰、和志武參訂：《納西象形文字譜》，雲南人民出版社，2005 年，第 37 頁。

刻寫的複雜陶籌的象形符號。因此，文字也就有壓印和象形兩種。象形文字來自於陶籌上所刻畫的圖形。這就是說，西亞象形文字並非直接描摹外物本身，而是照陶籌上的二維圖形而來。丹尼斯的說法有理有據，實可信從。蘇美爾人文字不似埃及聖書刻符精雕細刻，神形畢肖，而僅以簡化的圖形表示，或存其線條梗概，示意而已。〔註24〕這種存梗概、重神似的文字特點，恰因其範本是陶籌上的圖形而非實物的緣故。唯其文字乃由陶籌發展而來，陶籌又主要以壓印為主，刻寫為輔，故西亞文字傳統崇尚壓印而相對忽略書寫。而壓與寫正是理解不同文字傳統的鈐鍵之所在，西亞文字之被以楔形為名，恰恰是壓印傳統的產物。西亞象形文字行文大多草率，少有精心結撰之作。這可能是出於實用而急就的產物，從而相對忽略文字本身的造型，因其本脫胎於陶籌上的畫線，只要能夠有所分別，便能實現其管理物品的目的，刻畫樸略簡率本情理之中的事。正如上面所論，與刻畫傳統並行的還有一個壓印傳統，這一傳統才是西亞文字主流，楔形文字之所以為楔形，恰恰是這一壓印傳統模塑的結果。

　　大約西元三千紀中葉，亦即相當於華夏龍山文化時代、相當於埃及古王國時代的那個歷史時期，西亞文字實現了由象形向楔形的轉變。楔形文字改變了以往勾勒圖形的方式，而採取橫、直、斜、拐等幾種基本筆劃。學界通常主張，產生此種改變的原因是：西亞多用泥版為媒介，泥版因其黏性，不易於書寫迂曲婉轉的線條，而書寫橫豎斜等直線則簡便得多；故此筆劃多僵直而顯單調。加之他們所用以書寫的筆乃離析蘆葦而成，其橫斷面為扇形，在泥版上書寫則留下楔形的痕跡。〔註25〕楔形文字一名，由英國學者托馬斯·海德（Thomas Hyde，1636～1703）提出，阿拉伯世界則謂之「釘頭字」，楔或釘都是對此系字形直觀感受的比況。〔註26〕依照拱玉書的解讀，蘇美爾史詩中阿拉塔之王已謂這些字「像釘子一樣」。〔註27〕從這一角度考察，從象形而楔形的變化，文字的內在構造肌理產生了巨大的裂變。為了適應泥版書寫的需要，楔形文字即便也連斜畫也極少使用，而主要依靠橫、豎兩種筆劃。

〔註24〕于殿利：《巴比倫與亞述文明》，北京師範大學出版社，2013年，第60頁。

〔註25〕Irving Finkel and Jonathan Taylor, *cuneiform*, the British Museum Press, 2015, pp.75~80.

〔註26〕于殿利、鄭殿華：《巴比倫文化探研》，江西人民出版社，1998年，第36頁。

〔註27〕拱玉書著：《升起來吧！像太陽一樣——解析蘇美爾史詩〈恩美卡爾與阿拉塔之王〉》，崑崙出版社，2006年，第180頁。

這樣就造成了其如下演變規律：原本圓形的符號，變為方形或菱形，而後有逐漸演化為平行線，經歷此種演變，原來所象之形消泯無跡。

如下所舉的頭字，蘇美爾擬音為 SAG。1、2 分別為大約前 3000 年和前 2800 年的字形，其中頭顱、頭髮以及眼睛、鼻子、嘴巴和頸項，標示的非常清晰，使人一望而知其所指何物。3 為前 2600 年刻於碑銘之上字形，將 1、2 的字形左旋 90 度，化圓為方，將頭部簡化為三角形，其中見一短橫表示眼睛，而頸部以長方形表示。4 則是與 3 同時代的書於泥版之上的楔形文字。在泥版上書寫基本上遵循了 3 的結構，然而由於泥版的黏性和筆的原因，形成了起筆的楔形，筆劃與筆劃之間並未能實現緊密銜接，從而留下了不少空隙，但整個字尚保留有一些模糊的象形的影子。5 為新蘇美爾即烏爾第三王朝時期的書寫，年代相當於夏朝初年，基本字形和 4 並無太大變化，只是頭中間平行的兩豎、頸部平行的兩橫略有錯位，從而字勢略顯不穩。字形 6 為亞述時期，將組成三角形的頭部的兩個楔形平行放置，完全喪失了象形意味。字形 7 為經典的亞述字體，將原本表示眼睛的豎畫向後推移，放置到原本標示頭部組成的平行線之外，從而成為單純的、沒有任何表意作用的符號。

實際，這一過程將原本不規則的象形字變為規則的方塊字體，從而實現了符號的整齊劃一。此外，楔形文字演化中也對偶然相似的符號進行歸納，此種分門別類也導致其本來意義的消失。這與漢字類似，如月字旁實際包含月、肉兩個字形。這種歸類固然造成了某種混淆，卻也是使得字形朝向更加整飭的方向發展。和漢字的演變途徑類似，從烏魯克時期的古樸文字亞述時期的古典文字，楔形文字逐漸也有方塊化的趨向。

上述例子通常被用於西亞文字由象形而楔形的證據之一，蘇美爾學專家列舉有十來個例子〔註28〕試圖說明，文字從象形轉變為楔形，乃採用了有黏性的泥版之故。然而，事實果真如此嗎？這個觀點是否經得起認真檢討？實則，本論前面已經多次重申了陶籌論的觀點，象形文字並非文字的源頭，而只是其發展的過程。況乎將楔形化歸因於泥版的黏性顯然規避了一個考古事實，即在烏魯克、捷姆迭特·那色等地的古樸文字，也同樣是「書」於泥版之

〔註28〕于殿利、鄭殿華：《巴比倫文化探研》，江西人民出版社，1998 年，第 46 頁。

上的，這兩個地域出土的文字，卻也以象形的、線性的特徵為主，楔形特徵的出現發生在舒路帕克時期（西元前 2600～2500 年）。當然，和烏魯克第四期相比，舒路帕克時期是一巨大的轉折期，烏魯克時期的文本僅能理解卻無法閱讀，而此期的文本卻可以閱讀，其所記錄者又恰是蘇美爾語。〔註 29〕問題的關鍵在於，何以同樣以泥版為媒介，前者象形或線性，後者呈現楔形？認為泥版的黏性和蘆葦筆的使用，造成了楔形的特徵，顯然並不足以揭示文字演化的內在因素。字形之所以發生改變，更主要的是對待文字的習慣、觀念發生了變化。蘇美爾人的文字本來是從右到左、自下而上地記錄、閱讀方式。而法拉遺址（舒路帕克）出土的銘文則採取了從左到右、自上而下的方式。這其實表明了不同的文化傳統和習慣。烏魯克泥版大多豎行，而舒路帕克泥版則橫行，因此其文字字形旋轉 90 度，以適應不同的書寫和閱讀習慣。這期間可能包含著某種移風易俗、文化變革的歷史背景，只是書闕有間，無從考據。這一例子表明，文字習慣的成形，並不能純由書寫材料決定，而是更深刻的社會因素、文化背景綜合合力的結果。由象形而楔形的變化，乃是某種觀念的產物，我推測這與當時的社會、文化背景相關，社會經濟文化的發展需要對文字進行改革，楔形文字是改革觀念的產物，而改革意味著對傳統的革命。結合文字變革的歷史時期來說，這可能與阿卡德人勢力的崛起有關，楔形文字的產生雖不能盡數歸功於阿卡德人，但和蘇美爾、阿卡德這兩股政治勢力的角逐並非沒有關係。薩爾貢一世（？～前 2279 年）削平了蘇美爾的各個城邦，實現了兩河流域的首次大一統。其時當西元前 23 世紀，與山西臨汾陶寺、陝西神木石峁的強盛期、印度哈拉帕文化早期約略相當，從世界範圍而言，楔形文字成熟於這一時期，與哈拉帕印章文字可謂交相輝映，陶寺文字雖則鳳毛麟角，卻也是華夏文字發展史上的重要階段。這是一段世界範圍內文字的繁榮期，這種同時勃興的現象不是單純的傳播論或巧合論所能解釋。

　　然則，楔形文字的成形，顯然並不能歸因於書寫材料，或者受書寫材料並非楔形文字之所來的主導因素。楔形的成因乃在於其依託的文字傳統，而這種文字傳統正是沿襲陶籌論所暗示的壓印傳統。和象形文字並行的，尚有壓印泥版，壓印和「寫」在泥版上本自為兩種不同的傳統，即便烏魯克、捷姆迭特・那色等象形文字盛行的時期，壓印傳統也未見絕跡。文字之所以呈現

〔註 29〕Gwendolyn Leick, Mesopotamia: the invention of the city, Allen Lane the Penguin press, 2001, p.65.

楔形，黏土和「運筆」等外部因素雖有輔助之功，卻非支配因素。根本的原因在於，這些楔形乃對泥版前身所由來的封球上的壓印痕跡的傚仿。因楔形本就是錐形陶籌壓印在封球上所留下的痕跡，正如前述，泥版上的長楔、短楔以及圓形、橢圓形的符號，與封球上的印痕如出一轍。〔註30〕如右圖，圓點在陶籌系統

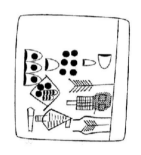

中本為表示穀物單位的符號，現在被賦予新的數值。小楔形原表示少量的穀物，先表示 1；圓點原表示大量穀物，先表示 10；大的楔形表示 60，打了圓點的楔形表示 60 的 10 倍亦即 600，等等。這些數字皆有樸素陶籌諸如錐形、圓柱、球體或凸盤狀物發展而來。數量概念乃由所要計數的物品中抽象出來，並以二維符號代表，且賦予此類符號以音值，賦予音值這一開端被視為文字的起點。〔註31〕數字為壓印的產物，而需要計數的物品符號則係刻畫而成。由此言之，楔形文字無非只是對象形文字之前的壓印傳統的復興，且進一步將此傳統發揚光大。西亞文字以楔形為主流，這表明其「刻畫」的文字傳統遠不如「壓印」文字傳統來得純正，漫長的楔形文字使用歷史中，壓印一直是其主要特色。即便材料改變了，比如雕鏤於石頭、或者「書寫」於蠟版上，他們也沒有隨材料不同而因勢賦形，更多模仿了在泥版上的壓印痕跡。重視壓印的傳統的成形，與其對黏土的體認密不可分。某種意義上，西亞文明乃肇基於黏土上的文明，而無妨視為此文明的核心和靈魂，也因此，其偏好壓印而非「刻寫」乃是固有的文化習慣。

第二節　青銅世界體系與東西印章之關聯

華夏印章與西亞滾印形式不同，幾乎全部採取壓印的方式。華夏這種印章形式究其本土淵源，至晚可以追溯到殷商七璽，晚周以來盛行肖像印，亦以壓印為主，其後秦漢封泥、唐宋官私印章，幾乎全為壓印。西亞滾印上面的內容有圖有文，且圖像為之主體。但華夏壓印卻以文字為主要形式，自華夏使用印章之處即開始有界格的意識，界格的使用顯與後世印章顯係一脈相

〔註30〕〔美〕丹尼斯·施曼特—貝瑟拉：《文字起源》，王樂洋譯，商務印書館，2015年版，第 125 頁。

〔註31〕這是西方語言學的觀點，此觀點並不全然適用於漢語。參拙論：《二分與三合：從言文角度看中西思維方式的分野》，《鄭州大學學報》，2016 年第二期。

承，儘管華夏印章亦有圖形印，但以文字為主要形式。然能否認為方形文字印章為華夏所特有？就考古資料而來，目前尚不宜下如此斷讞。壓印的方式為平印所用，而平印的歷史較之滾印遠為古老。在西亞哈拉夫文化中，已開始使用平印，說明至晚在前五千紀之前，平印已經用於行政管理機制中，較之出現於前 3600 年左右的滾印至少早了一千五百年。滾印出現之後，平印在西亞雖非主流，卻並未絕跡。因此並不能就此認為平印為華夏獨有之物。而且，在早於殷商璽印數千年之久的阿卡德時期，西亞已經有類似的文字平面印出現。這便是阿卡德王納拉姆辛時代的方形文印磚。

　　平面印章並非華夏的獨創，而是歐亞大陸上諸多文明共同體所採納過的印章形式。域外也出現過類似於華夏印那樣的方形平印，比如阿卡德王納拉姆辛（Naram-Sin，意思是「月神所護佑」，約前 2254～2218 在位）時代的文字印。印面為四方形，字為陰刻，橋形大孔印紐，年代為納拉姆辛早期，這個時期約略相當於《尚書·堯典》所記載的堯舜時期，相當於考古學上的龍山文化晚期，也是中國境內陶寺、石峁文化蓬勃發展的時期。此枚印章就外形而言，和殷商印章形制略相似，只不過其材質為陶，而殷商璽印乃青銅製品。納拉姆辛印章全為文字，和滾印以圖形為主的形制迥乎不同，在西亞印章中極為罕見，乃世界印學史上較早的文字印之一。某種意義上，此印開純以文字入印之先河。這枚印章除了其方形印面、陽文印文和印紐之外，文字布局也頗可玩味。印文分為三欄，最右一欄為納拉姆辛的名字，分兩行排列。而餘下兩欄則每欄僅有一行文字。〔註 32〕這種布局，顯然和銘文（如古

〔註 32〕Irving Finkel and Jonathan Taylor, *cuneiform*, the British Museum Press, 2015, fig. 5.

迪亞雕像上、烏爾納姆法典上的文字）有因襲關係，從而表現出印章對其他銘刻傳統的借鑒。從陶籌論的理論視野看，這枚印的製作很可能以壓印泥版為其參照。

若不是其印文為西亞文字，將其放置到華夏印章系統中，也絕難認出其為域外印章。從時代判斷，納拉姆辛印章早於殷商璽印千年之久，華夏印章是否仿製西亞此印而成？目前尚無直接證據證明華夏和西亞之間的直接文化聯繫，然與西亞有聯繫的印度河谷，卻以平印為其主要的文化特色。印度河谷是否在華夏印系和西亞印系之間充當了可能的文化橋樑？印度河谷與西亞之間的文化聯繫，乃是對出土文物進行闡釋的結果，而非直觀的證據證明。因此，對印度河谷的文化橋樑作用，也不能言之鑿鑿。但是，納拉姆辛印章和印度河谷印章之間，確有一定的隱秘關聯。這種隱秘聯繫，可以放置在世界體系甚或青銅時代的世界體系理論視野下來觀察。關於青銅時代的世界體系理論，近年來易華多有譯介，其創始者為當代考古人類學家安德魯・謝拉特（Andrew Sherratt，1946～2006）。〔註33〕這個理論以青銅技術的普遍使用為觀察點，將世界體系的初步形成斷代為5000年前，世界體系發端於西亞、中亞部分，一千年以後逐步擴展到東亞。東亞和歐洲皆為此體系的邊緣地區。就考古學論，石器、陶器、玉器、作物、居住方式等顯係新石器時代定居農業文化的繼續，然冶金、牛、羊、馬等則帶有中亞青銅游牧文化的質素。青銅時代的世界體系是觀察東亞文化傳統的有益的切入點。〔註34〕本著這一思路，我們也可以重新審視中國和西亞平印的相似性問題。

納拉姆辛時代的西亞正處於青銅時代世界體系的重要位置，這個時期也是華夏文明的發軔時期。當然，如果從「以天下觀天下」的視角，西亞文明也是世界文明的一角，全球範圍內各個地方的文明呈現出「滿天星斗」的情形，其時北非的埃及古王國、南亞的印度河谷文明、東亞的陶寺、石峁文化也都蓬勃發展。而且，印度河谷文明是以平面印章為其特色之一的。那麼，納拉姆辛印章和印度河谷印章之間——進言之，兩河流域文明與有印度河谷文明之間，是否存在某種可能的文化關係？在伊拉克首都巴格達東北的阿斯瑪爾（Asmar），古代謂之埃什努納（Eshnunna），此地為蘇美爾和晚期阿卡德

〔註33〕易華：《謝拉特：青銅時代世界體系的建立者》，《中國社會科學報》，2011年12月15日。
〔註34〕易華：《青銅時代世界體系中的中國》，《全球史評論》，2012年。

的古代遺址，上世紀美國芝加哥考古隊曾於此發掘一枚滾印，其上的大象圖
案和印度河谷的摩亨佐・达羅的平印圖案如出一轍，論者因此主張兩河流域
的蘇美爾—阿卡德文明和印度河谷文明存在相當程度的交流。〔註35〕再如，
印度《吠陀》中的神明也見於喀西特人的神譜，同時還出現於米坦尼的眾神
之中。〔註36〕從世界一體的大背景觀察，我認為這一判斷雖係孤證，卻並不
能片面否定。單純從理論上說，上古的文化地理、政治地緣關係和現在都有
所不同。如前所述，印度河谷文明興起之際，也正是華夏陶寺、石峁文化強
盛之時（這個時間和史籍上的堯舜之治相當），西亞之阿卡德、北非之埃及也
如日中天。世界範圍內幾股政治勢力的同時崛起，可能反映出世界體系運作
的某種規律。就全球史發展的大趨勢來考察，世界各文化體、政治體往往是
一榮俱榮、一損俱損，盛世則東周與波斯、秦漢與西羅馬、唐與大食、明與奧
斯曼帝國，衰世則六朝與東羅馬，宋末與歐洲中世紀，概而言之，此類歷史
現象說明東西文化相摩相蕩、互為依倚的共存關係。絲路兩端的文化自古以
來就是一體的，不因山高路遠坑深而阻絕。上述印度河谷平印和阿卡德滾印
圖案的趨同、《吠陀》與西亞神譜的相似，很可能反應了當時文化體之間的交
流關係，這種關係即便不是直接的，卻也必然以某種穩定的國際秩序、較為
繁榮的經濟秩序、相對發達的文化程度為之保障。關於東西文化之間的摩
蕩，我在上一章已多有舉證，茲不贅。由此言之，納拉姆辛平印和印度河谷
的平印之間大概不僅是巧合，而是某種文化觀念選擇趨同的結果，起碼印章
這一觀念在當時世界範圍而言乃是共享的，觀念的共享較之物質共享更為隱
秘，觀念滲透可以潛移默化，從而無跡可尋，因此即便不能排列出其考古資
料的播遷之跡，卻也不能絕對排出觀念共享的可能性。自然，我沒有確據主
張，印度河谷的平印一定出於西亞，也不能認為西亞的大象圖章一定從印度
河谷進口而來，而僅僅指出觀念共享的可能性。理解這種可能性，對於理解
東西印系的關聯當不無啟發。

　　印度河谷的印章以平印為主，其制印年代最早可以回溯到西元前 33 至
28 世紀，以黏土、象牙、石頭及銅為印章，多以幾何紋、抽象的人或動物紋
為主，也就是蘇美爾和埃及文字的發軔期，是良渚、紅山文化的勃興期。前

〔註35〕拱玉書著：《西亞考古史》，文物出版社，2002 年，第 175 頁。
〔註36〕〔英〕阿諾德・湯因比著、徐波等譯：《人類與大地母親：一部敘事體世界歷
　　　　史》，世紀出版集團，上海人民出版社，2012 年 8 月，第 92 頁。

26世紀，哈拉帕印章興起，有單純的文字印，也有圖文一體之印，和西亞滾印傳統不同的是，哈拉帕印章少見純圖像印，這說明文字在印度河谷印章中開始居於顯要的位置。﹝註37﹞印度河谷印章就其性質而言，多取方形（包括正方和長方），而印章上的圖形則凹雕，文字以陰刻，這樣壓印出來的效果便是陽文。至於其材料則或採滑石，或用青銅，不拘一格。值得注意的是其陰刻技法，和西亞滾印比較，它只是將滾筒展開鋪到平面上，或者反過來說，滾印只是將平印上的捲起來刻在圓筒上，其中凹雕技法、圖像呈現的觀念顯然存在相似性，這種相似性是文化交流所致，還是同一文化分流的產物？還是純屬巧合呢？從世界格局的大勢推論，印度河谷、西亞北非以及華夏這幾大文化集團在上古幾乎同時起步，巧合論並不太能令人信服。而可能是某種內在的文化原因將幾大文化集團聯接在一起，這種相似乃是交流的產物。職是之故，本書才一再重申，應以世界文化一體的眼光，而非某兩個文化集團單線聯繫的眼光來看待這種相似性。西亞—哈拉帕之間的共性乃是建立在世界文化互動的基礎之上，以世界的而非單向度的眼光照察之，此一問題或可有全新的理解。理解了世界文化一體，對於華夏與西亞印章、華夏與印度河谷印章之間的聯繫，乃能有更深切的體認。

如前所述，中國文化、西方文化等乃後有的觀念，上古文化為華夏文明和西方文明的發軔期，以中國文化、西方文化等介入當時形勢的討論，難免有以今例古之嫌。為此，討論上古文化，首先當破除中外的此疆彼界，而將其視為遠古世界文化的共同組成，因當時的文化聯繫、文化群體皆與後世不同。惟其如此，我們乃能以開放的、聯繫的眼光重新審視上古文化。就破除中西文化的此疆彼界來說，乃知上古華夏文明與世界本自同條共貫的一體。上古文化並非只是單線傳播，而是相摩相蕩、互相依存的文化共同體。只有立足於與相摩相蕩的文化圖景，方可對印章問題作正確的解釋。郭靜雲通過將殷商與喀西特人比附，點明馬商在漢—高加索大語系形成中的作用。﹝註38﹞此種說法實際上來源於湯因比而更加邃密。湯因比將蠻族加喜特人南侵巴比倫尼亞、希克索斯人入侵尼羅河三角洲以及克里特文明的滅亡聯繫起來，認為此乃歐亞大草原歐亞混血民族的一次能力爆發之結果，而其中重要

﹝註37﹞陳根遠：《陳根遠說印章》，榮寶齋出版社，2016年，第14頁。

﹝註38﹞郭靜雲：《夏商周：從神話到史實》，上海古籍出版社，2013年，第225～235頁。

的因素便是馬的應用。〔註39〕湯因比指出馬車乃由歐亞大草原傳入商朝，而
商文字的發明肯定受到蘇美爾的啟發。〔註40〕郭靜雲之說，當係推闡湯因比
之論而來。儘管湯因比的觀點多武斷，如謂蘇美爾必造於埃及，如謂商文字
肯定受到蘇美爾的影響，皆言之無據。不過其能從世界一體的視角觀察問
題，對於理解世界的聯繫不無啟發。印度河谷在華夏西亞溝通中為重要文化
地帶。〔註41〕印度河谷介於西亞、北非和東亞的中間地點，其與西亞有交
流，亦不排除其與東亞文化之間的關聯。上一章所列舉的棉布、鬱金香、香
料、埃及紙草都不排除由印度河谷或中亞絲路輾轉來華的可能。當然，另一
種因素就是游牧民族，按照日本學者杉山正明的世界史觀，游牧民族乃是推
動世界歷史的主要力量。〔註42〕不過，問題的關鍵在於，如本論反覆申述
的，華夏文明在形成期並沒有此疆彼界的限閾，雖然從今日的政治版圖看有
所謂的外來因素，然在當時無非都只是世界文化共同體的組成而已。正是由
於華夏文化的自我確認，才有了所謂的文化東西之分，而非先有文化的東西
之分，才有華夏文明的誕生。而對於華夏平印的使用，我們尚需進一步的證
據揭示東西印章的關聯。

第三節　印度河谷文明與華夏平印

　　從世界文化一體的角度看，上古華夏和域外的文化交流，乃是更高層次
上的世界體系內部的文化互動和觀念共享。政治疆域千變萬化，而觀念卻可
以突破人為劃分的此疆彼界。觀念會以 ἔπεα πτερόεντα「有翅膀的話語」的形
式跨域種族、地域和界限，成為人類共有的財富。何崝綜合王巍、童恩正以
及陳茜等先生之說，指出可能存在三條交通線路：經高加索、烏拉爾山脈、
西西伯利亞草原和阿爾泰山以北、外貝加爾地區的一線成為北線；經伊朗、
阿富汗、天山山脈南麓、甘青地區到內蒙陝北晉北一線稱作中線；經印度托
里茲城等地、緬甸雲南一線稱作南線。〔註43〕何先生認為北線距離過遠，不

〔註39〕〔英〕阿諾德・湯因比著、徐波等譯：《人類與大地母親：一部敘事體世界歷
　　　　史》，世紀出版集團，上海人民出版社，2012年8月，第95～97頁。
〔註40〕《人類與大地目前》，前引，第102頁。
〔註41〕何崝：《中國文字起源研究》，巴蜀書社，2011年，第480～512頁。
〔註42〕〔日〕杉山正明著、周俊宇譯：《蒙古顛覆世界史》，2016年，第51頁。
〔註43〕《中國文字起源研究》，第490頁。

大可能成為文明的持久接觸點；而南線則為間接貿易，也非直接接觸。最有可能的接觸點便是中線。其說實可信從。他所指出的中線，相當重要的接觸點便是印度河谷文明，這個文明在東亞和西亞、北非文化的交流中可能充當著重要的中介作用。

印度河谷文明恰恰以青銅印章聞名於世，其居民據說包括地中海人、源始澳語人、阿爾卑斯人和蒙古人，儘管目前尚未排比出自黃河流域到印度河流域的文化交流序列。最近，由河北師範大學、南京大學和湖北文物考古研究所組成的聯合考古隊在巴基斯坦的巴哈塔爾土墩遺址發現了大量與中國仰韶文化相似的遺存。巴哈塔爾遺址位於伊斯拉堡和塔克西拉之間，屬哈拉帕文化早期，年代大約在公元前 2800 年。這是黃河流域和印度河谷文明接觸的考古學證據之一，其接觸的渠道被認為是克什米爾地區的布爾扎洪文化，為彩陶文化西漸的證據。〔註44〕通過對宗日遺址、馬家窯遺址的農作及動物骨骼的剖析，證實了上古彩陶貿易的存在。〔註45〕華夏印章可能是彩陶貿易之路上的產物，甘青地區則是中外文化交流的前沿地帶，四五千年前中印兩大文化的交流由此而始。〔註46〕何崝先生列舉了華夏 5 進制計數法對印度河谷文明的影響，同時也輸入西域的 10、12 及 60 進制法。〔註47〕再如，哈拉帕象形文字中有一符號如下頁圖，西人不明其指謂，乃至於認為這是連綿無頭緒的繩結（這令人想起亞歷山大、齊後解連環的敘事，不過皆晚出），饒宗頤指出此像「束絲之形」，可謂獨具隻眼，他並且列舉了馬廠陶符、殷墟甲骨等符號為證，〔註48〕印度河谷文明出土印章達四千枚之多，印章上的文字，究竟屬於何方傳統，自其重見天日起便是一樁謎案。關於印度河谷文字的解讀，至今也沒有一種學者公認的觀點。有論者提出婆羅米文字為其後繼者，不過這種觀點難以信服，原因在於：其一，這種比較僅僅基於形體的相似。其二，

〔註44〕 施蘭英，水濤，向其芳，MazharAlam，湯惠生：《在印度河谷遙望河湟文化——巴基斯坦巴哈塔爾遺址發掘記》，《青海日報》，2021 年 4 月 16 日，第 7 版。

〔註45〕 崔一付、楊誼時、張山佳、李國林、李冀源、陳國科：《甘青地區馬家窯文化彩陶貿易及其動力探討》，《第四紀研究》，2020 年第二期。

〔註46〕 俞方潔、李勉：《新石器時代甘青地區中外文化交流研究——以馬家窯與梅爾伽赫文化關係為例》，《中華文化論壇》，2018 年第四期；俞方潔、李勉：《我國西南地區與南亞新石器時代的文化聯繫——以卡若文化與梅爾伽赫文化為例》，《重慶師範大學學報》，2018 年第六期。

〔註47〕 《中國文字起源研究》，第 512～526 頁。

〔註48〕 饒宗頤：《梵學集》，上海古籍出版社，1993 年，第 354～355 頁。

使用婆羅米的「雅利安人」（這是根據比較語言學構擬出的一個族群）在印度河谷瓦解後才來到南亞。其三，最早的婆羅米文字出現於前 3 世紀，而最晚的印度河谷文字出現於前 17 世紀，沒有一種說法能合理解釋此間長達 1400 年的斷裂。〔註49〕不過，印度河谷文字與華夏文化卻有著某種隱含的聯繫。這種聯繫有助於揭示華夏平印傳統的形成。

何崝先生通過細緻深入的研究，指出印度河谷文字和華夏上古刻符多有相似之處。他指出，印度河文明 400 多個文字符號中，和華夏古文明的文字符號相同或相似的總共達到 89 個之多，占前者文字符號總數的五分之一多，這就說明兩者間的文化聯繫相當緊密。〔註50〕無疑，印度河谷文明的印章應當屬於文字範疇，從今日的地域文化疆界，可能會有如下疑問，這究竟是西方文字東漸，還是華夏文字西傳呢？根據考古資料測年，年代早於印度河谷文明的華夏各遺址符號共有 39 個，而年代相當或晚於印度河谷的文字符號中，已經有 16 個字形還出現在了更早期的遺址中，再則，衍生能力極強的大系列文字也源於華夏。這就說明，這一系列相似或相同的文字是華夏文字西傳的結果。〔註51〕何崝此論，材料確鑿，引據豐富，其結論可謂不刊之論。這是青銅時代世界體系下文化層次上觀念符號共享的結果。印度河谷文明和華夏文明，只是互動的、共存的世界文化的參與部分，以靜止的、孤立的眼光，看待華夏上古文明，並不能真正領悟其為上古世界文化體系下組成者、參與者和建設者的重要地位。

實則，史前符號的東西交流互動，較之今人所知遠為複雜。不獨印度河谷與華夏有交流（當然要著眼於長時段、廣地域），華夏文明與世界其他文明之間亦有交流（直接或間接的）。從早期中西文化交流的情形看，存在一條經印度河流域而兩河流域的史前絲路，當屬可能。這條路線既是器物交流的渠道，也是觀念和符號交流的渠道。絲路兩端存在許多相似的符號，與之謂之偶合，毋寧謂之符號共享。共享的符號是理解東西文化一體的重要證據之一。饒宗頤先生對史前陶符的探討，從東西交流的角度作了詳盡而深入的掘發，甚至腓尼基字母可能傳自華夏境內的陶文。〔註52〕可為一證。

〔註49〕（加）亨利・羅傑斯著、孫亞楠譯：《文字系統：語言學的方法》，商務印書館，2016 年，第 309 頁。

〔註50〕何崝：《中國文字起源研究》，巴蜀書社，2011 年，第 550 頁。

〔註51〕何崝：《中國文字起源研究》，巴蜀書社，2011 年，第 557 頁。

〔註52〕饒宗頤：《符號、初文與字母：漢字樹》，上海書店出版社，2000 年。

Fig. 10.2. The Harappan 'endless knot' (left), and the same symbol on an historical inscription' (right).

　　商周圖形文字中有一類文字，一人跨於豕身之上，兩手各牽一匹馬。
〔註53〕中國境內的馬由西方傳來，此點毋庸置疑。然巧合的是，此種文字字形亦見於埃及，在第十七王朝卡莫斯治下有一城市為 Qis，該城市名字以埃及文字表示，字形則為一人兩手分別按住動物頸項，觀察這個動物，正是馬匹。〔註54〕埃及的馬匹可能來自遊戰的希克索斯人，這批希克索斯人傾覆了埃及第十三王朝，而開啟了其歷史上的第二中間期。而郭靜雲在分析夏商周的歷史時，正是以遊戰民族來比擬商朝的建立。〔註55〕郭氏之論容或有商榷之處，不過商人、埃及人文字符號的相似，尤其是共同涉及到了馬，這種相似性就很難僅僅歸因於巧合因素。

　　本書認為，符號之間的相似其傳播的可能性要大於巧合的可能性。但是應當注意一個顯著的不同，即商周文字人的下面增加了一個豕形，而埃及文字僅僅是人和馬兩種因素。另外，商周文字中這一符號還和其他符號（亞形框）共同使用，而埃及文字中則僅用於地名。這說明兩者的含義是不同的。符號構思的相似性，說明存在觀念共享的可能性，而尼羅河三角洲和黃河流域相距遙遠，這種相似只有通過中間渠道連接方為可能，印度河谷流域便是其上佳之選。不過也不能排斥其他途徑的可能性（比如通過草原之路）。當然，傳播論之外，也有可能埃及、中國兩個符號同源，只是目前尚未發現這一源頭。不過在西亞滾印中有一類吉爾伽美什和恩奇都馴服野獸的印章，其中吉爾伽美什站立中央，兩手各馴服一頭獅子（或是野牛等其他動物）〔註56〕，

〔註53〕字形見王心怡：《商周圖形文字編》，文物出版社，2007 年「馬部」736 號。

〔註54〕Bill Petty, *Hieroglyphic sign list, based on the work of A. Gardiner*, Museum tours Press, 2013, p.18.

〔註55〕郭靜雲：《夏商周：從神話到史實》，上海古籍出版社，2013 年，第 225～235 頁。

〔註56〕W. H. Ward, *the seals cylinders of western Asia*, the Carnegie Institution of Washinton, 1910, Chapter x, fig. 141, 149, etc.

這類印章中馴服動物的姿勢是否作為「有意味的形式」而擴散傳播，並為其他文明仿製，這種可能性也是存在的。

如上所述，華夏平印出現較西方為晚。考華夏印章的考古實物，至晚可以追溯到殷商七璽。〔註57〕此七璽中三枚傳為安陽所出，收錄於黃濬所編《鄴中片羽》初集及二集中，〔註58〕另有三枚為殷墟發掘品，於1998、2009及2010年分別出於安陽水利局院內、殷墟西南王裕口村南地M103及劉家莊北地H77祭祀坑。〔註59〕最後一枚則藏與故宮博物院。〔註60〕殷商七璽就形制而言顯然與戰國古璽、秦漢印章一脈相承。傳世印章實物大部分為戰國時期的，作用不外乎信物和佩飾兩途〔註61〕，西周印璽亦偶有發現，數量罕見。〔註62〕不過《周書》《周禮》《漢舊儀》等文獻皆有關三代印章的記錄，馬衡云「夏商之璽無見於今日，非謂吾國之璽印起於周代也」，潘天壽以為「璽印三代始之，秦漢盛之。」〔註63〕今殷商七璽為確鑿之物，而戰國印章又臻於隆盛，足證古籍信而有徵。唯夏代印章尚未發現，王蘊智、何崝等人將河南澠池鄭窯遺址灰溝H15出土的所出泥質紅褐陶戳形器，視為「我國印章篆刻的上水之源」「中國最早的印章」〔註64〕，若王、何之說可從，則鄭窯遺址所出乃夏代印章實物。不過，亦有將華夏印章起源推至新石器時代者。

上世紀八十年代，在河南舞陽出土的一枚小陶件，呈圓錐形，底部為一「十」字，與陳介祺所藏陶器「十」字拓片相似，並比照甲骨文釋為「甲」

〔註57〕我於收藏家馮鵬處曾見一枚玉質印章，或以為商印，然未詳來歷。姑錄此備考。又據1999年9月23日《中國書畫報》，紐約收藏家林行光藏有12枚商王武丁時期的印章，該報並無照片，其說亦頗可疑。參陳根遠著：《陳根遠說印章》，榮寶齋出版社，2016年，第14～15頁。

〔註58〕徐暢：《先秦璽印圖說》，文物出版社，2016年，第16～24頁。

〔註59〕王曉光：《論圖形璽起源及在殷、周初的發展——從新出土殷墟銅璽、陶墊（拍）等說起》，文載《篆物銘形：圖形印與非漢字系統印章國際學術研討會論文集》，西泠印社出版社，2016年，第217頁。

〔註60〕何連海：《故宮博物院藏獸面紋印考釋》，文載《篆物銘形：圖形印與非漢字系統印章國際學術研討會論文集》，前引，第387頁。

〔註61〕肖毅：《古璽文分域研究》，長江出版傳媒·崇文書局，2018年，第18頁。

〔註62〕《陝西渭南發現西周「玉璽」》，《新華網》，2016年7月1日。鏈接 http://www.kaogu.cn/cn/xccz/20160701/54473.html。

〔註63〕潘天壽：《治印叢談》，浙江人民美術出版社，2013年，第1頁。

〔註64〕王蘊智：《從遠古刻畫符號談漢字的起源》，《中國書法》，2001年第二期；何崝：《中國文字起源研究》，巴蜀書社，2011年，第392頁。

字。陳壽榮、林乾良、徐暢及王曉光等諸先生皆視之為印章，〔註65〕然亦有人視其為陶網墜。如其為印章的話，則華夏印章的濫觴並不滯後於西亞，甚或在其之前。結合舞陽所出土的契刻，將此「十」字文釋讀為「甲」字亦為有據。然就字論字，未免拘謹。若從更廣闊的世界文化視野看，此小件極似西亞陶籌，其上的「十」字也是東西文化中常見的符號，這種符號後為楔文所收，用以表示「羊」。但西亞陶籌通常批量使用，而舞陽僅此一見，因此其究屬何物尚難斷言。不過，以孤例為由否定陶籌論，也同樣可以此理由否定印章說和網墜說。近年石峁考古，發掘的數十件小陶件，其形制頗類陶籌，則華夏之有陶籌並非孤證。賈湖遺址所出土的小型陶件，或許正是陶籌的一種變體。陶籌是一世界性的現象，而「十」字則可能為楔文和甲骨文共同吸收。這兩者之間的聯繫，暗示了東西一體化的可能性。十字紋逐漸發展為後來廣布於亞歐大陸的卍字紋。

以世界文化一體的眼光重審華夏文明與域外的文化聯繫，則華夏與西亞、北非以及印度河谷之間，絕非老死不相往來的封閉狀態，而是你中有我、我中有你的一體化狀態。因此，在華夏文明中找到域外文明的因子，或者域外文明中發現和華夏文明的相似之處，皆不足為奇。原因在於，站在現代人的立場上，我們對遠古文化生態地圖認知可能有所偏差；還因為，對於古人交流之廣泛和活躍的估計嚴重不足。職是之故，將華夏印章視為世界範圍內的分子，從而以世界眼光窺測其起源，並非無的放失之論。人類上古便是以互相依存的命運共同體、文化共同體，重視觀念共享而非「發明權」或「版權」，才是其相處的常態。明乎此，我們可對印度河谷文明與華夏平印之間的關係作一勘測。

近年來印學界逐漸對西方印章產生興趣，有一小部分收藏家開始搜羅西亞、北非、希臘、安息等域外印章，藏品的增多深化了對域外印章和華夏印章關係的理解，有論者著文指出巴克特里亞—馬爾吉亞納考古綜合文化可能為華夏平印的源頭，而安德羅沃若文化可能是連接其於中原文化的橋樑。其證據建立在考古文物的相似性基礎之上，一則為安諾石印，一則為 Fitzgerald-

---

〔註65〕林乾良：《中外古今圖形印》，文載《篆物銘形：圖形印與非漢字系統印章國際學術研討會論文集》，西泠印社出版社，2016 年，第 4 頁；徐暢：《先秦璽印圖說》，文物出版社，2009 年，第 2 頁；王曉光：《論圖形璽起源及在殷、周初的發展》，文載前引《篆物銘形》，第 226 頁。

Huber 所謂的十字紋。〔註66〕關於安諾石印，暫且不表。至於十字紋，論者以為，巴克特里亞銅質印章上的十字紋飾和偃師二里頭出土的銅鏡、銅鉞上的十字紋相似。果然如此嗎？從此書所列舉的圖版看來，我找不到什麼相似性，即便偶有相似，我認為差異遠大於共性。偃師二里頭的銅鏡、銅鉞上的十字紋在兩個同心圓之間靠近外環的位置，做內外交錯排列，十字是作為圓環的附屬紋飾出現的。而巴克特里亞的十字則分兩種情況，一則是作為圓環的中心圖案，一則是作為作為方框的中心圖案。差別如此大的紋飾竟謂之相似，眼光未免粗疏。而且其傳播論的立場顯然乃是一種靜態的、單線論的思維。本文認為，單線傳播論殊不能解決華夏平印的來源問題，也不能正確理解華夏平印和域外印章的關係。

　　下文將涉及大名鼎鼎的安諾石印，這枚印章出土於土庫曼境內的安諾遺址，正是所謂的巴克特里亞─馬爾吉亞納考古群（BMAC）的範圍。石印通高1.5cm，橋型印紐高0.7cm，有孔可穿，印面邊長為1.3cm，厚度為0.8cm，印面右邊界打破字口，左下角略殘，字為陰刻白文，內殘留有紅色顏料，印面有劃痕，為長期使用所致。其年代可能為西元前2000年，或前1500年左右。〔註67〕但也有認為可推至西元前2300年。早在2001年，李學勤先生便對此印作了介紹，但李先生認為華夏文字與安諾石印並無關係。〔註68〕然西方漢學家如梅維恒、艾蘭以及中國學者裘錫圭等認為其與漢印相似。梅維恒並且主張以一種根本不同的方式來思考漢字的起源問題。〔註69〕所謂「根本不同的方式」，實則便是委婉地提示華夏文字西來。然則，如何看待這一提示呢？華夏印章進而文字和西方果真有淵源關係嗎？上文已提供了足夠的證據，華夏文明和域外之間聯繫不容忽視，然這並不意味著其西來東漸。發掘者希爾伯特認為此印章與阿爾丁的中亞遺址類似，其說然否？阿爾丁特佩出土的印章有兩種類型，一為本地型，一為哈拉帕類型。安諾石印絕不是本地印章，正如何崝先生所指出，安諾遺址所在的科佩特山麓地帶（包括阿爾丁）所出的印章，安諾石印實實在在是一特例。其他印章皆為青銅或赤陶製作，而印

〔註66〕韓回之：《他山之玉：域外高古印特集》，西泠印社，2016年，第16頁。

〔註67〕胡嘉麟：《從安諾石印看東亞印系的邊界》，文載《篆物銘形：圖形印與非漢字系統印章國際學術研討會論文集》，西泠印社出版社，2016年，第98頁。

〔註68〕李學勤：《安諾石印的啟發》，《中國書法》，2001年第十期。

〔註69〕星燦：《〈紐約時報〉關於安諾出土石印的爭論》，《中國文物報》，2001年11月30日。

面則多為幾何或十字形圖案，而印式多取動物之形。安諾石印材質為黑玉，符號則以直線為主，且為方形印章，與動物形根本不同。再有一關鍵點，即南土庫曼斯坦所出土文物，有刻畫符號者多類似於蘇美爾或埃蘭文字，與石印上的符號差別懸殊。〔註 70〕這說明，安諾石印的製作者並非當地居民。另一種可能性便是印度河谷文明之物，在阿爾丁特佩出土了兩枚哈拉帕印章，其印章與安諾石印一樣為方形，一刻卍字符，另一刻有兩個印度河谷符號。這說明印度河谷文明影響也及於安諾遺址。然本書所討論的這枚安諾石印卻不能歸入印度河谷印章，就印章形式而言，安諾石印卻與印度河谷印章相似。印度河谷印章主要有正方、長方和圓形為主，而印紐則有立柱鈕、鼻鈕和橋型鈕等。要而言之，其印製並無定法。就用料而言，印度河谷印章多有皂石或曰滑石（steatite），在印度河谷南部也用青銅或赤陶，顯係西亞影響。何崝先生認為就形制和印料而論，安諾石印或許仿製印度河谷文明印章。〔註 71〕這個說法是可以採納的。然安諾石印材質據云乃是所謂 black jet，即煤精或煤玉，將安諾石印放置到華夏玉文化的傳統中，其觀念的不同顯而易見。《禮記・檀弓上》以為「夏后氏尚黑」，《尚書・禹貢》「禹賜玄圭」，由此而言，使用黑玉正是華夏文化的傳統，紅山、良渚都有黑玉作品，而以黑玉為印最著名的莫過於「獨孤信」的十八面骰子印。安諾石印的年代與陶寺、石峁等相當，這個時代也被比定為堯舜時代，正是華夏文明的發軔期和勃興期，從用印觀念來說，安諾石印不妨視為華夏玉文化與印章文化的一次文化嫁接。另外，安諾石印上的符號不屬於楔形文字體系、更不屬於埃及文字體系，也不屬於印度河谷文字一系，總之，它不屬於已知道的任何文字體系，而恰恰和中國境內的陶符相同。〔註 72〕如果按照何先生的建議，讀為五個字，那麼從後於其年代的漢文傳統來讀，反倒是可以讀通的。

如下圖，第一個文字類似於甲骨文系統中的Ⅹ（五），第二個符號為「一」，第三個符號為「匚」（方），《說文・匚部》「匚，受物之器。象形。凡匚之屬皆從匚。讀若方。」第四個近似甲骨文的[illegible]（《合》28036）（帶）字，上下兩符ш和m正是「巾」字，中間的紐結更為樸素，不似甲骨文多有紋飾。最末一個為極其少用的「丨」（音滾），其上寫出的分叉乃是追求刀法的

〔註 70〕何崝：《中國文字起源研究》，巴蜀書社，2011 年，第 574 頁。
〔註 71〕《中國文字起源研究》，第 578 頁。
〔註 72〕《中國文字起源研究》，第 577 頁。

結果，不宜視為「丫」形字。《說文‧丨部》「中」字條：「中，內也。從口。丨，上下通」。這五個符號不但從陶文中能找到相似的對應符號，按照後世的漢字系統，也能夠一一釋讀。而且按照此釋讀，其意義也是完整的。五，陰陽交午也，或可通晤，相會也，交接也。一匸帶，即一筐帶，謂所交換之物，帶正是絲織品。《周易》有「鞶帶」之名。丨，上下通，說的是此「帶」的質量。當然，這僅僅提供了一種解讀的可能性，目前陶文符號極少可以釋讀者。以《說文》系統解釋安諾石印，中間還有一些環節需要補充。不過，話說回來，《說文》可通讀安諾石印，這種可能性卻也不能完全排除。

獨孤信印　　　　　　　　　　　　　　安諾石印

　　安諾石印的存在，不能不使人思考華夏印章的域外淵源。但是，華夏印章如何產生呢？安諾石印是否如何崝先生所云，乃作為貿易之用呢？丹尼斯指出，文字的出現不是因為貿易發展，作出這一斷言的證據是，壓印泥版、象形文字泥版處理的物品和陶籌相同，而且數量亦均等，〔註73〕將文字的出現歸於貿易因素，似與考古資料並不完全吻合。然印章卻可以作貿易交往中作為物資的憑信，因此對於貿易和文字—印章的關係，應當持辯證而非機械的觀點，尤其在涉及華夏印章的起源問題上，理解這點相當重要。《周禮‧地官‧司市》及《掌節》等，皆指出「璽節」的主要功能在於「通貨賄」，雖然《周禮》的年代去安諾石印較遠，然絕非空穴來風，貿易的可能性不能斷然排除。安諾石印若為華夏所仿製，則印章的形制，也自然源於域外。然而，理解華夏印章與域外印章的關係，僅一枚安諾石印尚不足以說明問題，這還必須考察華夏印章的精神血脈。

〔註73〕《文字起源》，第 153 頁。

第四節　契刻—書寫與華夏書學傳統

華夏印章就其物質層面而言，或者與域外有一定的關聯，或許如新關欽哉等所主張的，華夏印章就其性質來說乃西方傳來的。然即便印章來自於西方，仍不改其為華夏印章，更為重要的或者更為根本的問題在於對印章的理解。恰如辣椒出於美洲，而世界上最懂得用辣椒的恰恰是兩湖、江西和四川人。乒乓球傳自國外，卻號稱是中國的國球。對於事物本身理解的深刻與否，才是衡量事物的關鍵所在。華夏印章的崛起，並不因為其誕生於茲土，而恰恰在於，只有華夏才以純欣賞的眼光看待印章，這便是獨特的篆刻藝術。篆刻何以成其為藝術？對此亦當窮本溯源。本書認為，篆刻之所以成為藝術，當濫觴於華夏綿遠的契刻意識和發達的書寫意識。

一、域外印章及其書寫意識

印章對應的西文為 seal，此詞源於拉丁語的 sigillum、signum，本有圖像、標記、徵兆、跡象等諸種含義，其同根的動詞 signo 及用於在蠟版上刻象以為憑記。此種含義與希臘文的 σῆνα 含義相同，荷馬史詩中「致死的 σήνατα」（《伊》6.168）正是指的語言符號。陳中梅先生將其音譯為「塞瑪」，認為其居於連接秘索思和邏格斯，連接古老的詩和新興的實證。[註74] 就此言之，seal 文化觀念背後乃有某種世界觀支配之，這種世界觀正是經古希臘哲學闡明，即視現實世界為理念世界的倒影，而符號亦僅為理念的痕跡而已。拉丁的、希臘的傳統固然不同於蘇美爾、阿卡德已降的西亞傳統，也不同於埃及的北非傳統，然希、羅傳統淵源有自，其受到西亞北非之間的沾溉，殆無可疑。從希臘、拉丁而回溯西亞北非，雖不中亦不甚遠。溯洄求之，印章之為標記、為影像這一基本的思想觀念想來不至於走樣。

由於西亞以印章為標記、為象徵，並且有首重圖形傳統，圖形印沒有什麼書寫意識的問題。圖形是通過刻印師雕鏤而成的，是故有技巧、有刀工，與華夏並無二致，然其不同在於，彼土無所謂書寫意識的產生。進一步言及文字印章，依前所論，楔形文字源於陶籌，而後或鏤於金石，或印於泥版，要之不會有書寫的情形發生。即便偶而使用木板，也將木板上打上一層蠟油，

〔註74〕陳中梅：《〈奧德賽〉的認知論啟示——尋找西方認知史上 logon didonai 的前點鏈接》，《外國文學評論》，2006 年第四期。

以模仿泥版的功效。〔註75〕文字成型早期雖用象形泥版，終究未能佔據主流。即便象形泥版，畫的意識恐怕也是主要的，而書寫意識乃是次要的。要言之，楔形文字本身來於陶籌，偏好壓印乃是文化慣性使然，即便沒有書寫工具和介質的原因，也不大可能發展出發達的書寫意識。其後嗣用以記錄阿卡德語、巴比倫語、亞述語、赫梯語、胡俚語、烏加里特語、波斯語等諸種語言，更是主要借音，偶爾借形，因此對於文字本身更不會作多少關注，也就更無從發展出書寫意識了。壓於泥版或蠟版的傳統傳到歐洲，略有變易。《伊利亞特》中科林斯之主交給伯勒羅豐給伊利亞的信件，γράψας ἐν πίνακι πτυκτῷ「寫在折疊的板子上」（《伊》卷六，169 行），這種折疊的板子通常會塗上一層蠟，土耳其南部卡什鎮東南方烏魯布倫地區的近海打撈上來的沉船中，因兩面以合頁鏈在一起，故此謂之 πτυκτῷ「折疊的」。〔註76〕亞大山大文獻學家卡利馬科斯（約前 305～前 240）編撰有 Πίνακες「藝文總目」，此詞即為 πίναξ「登記版」的複數形式。板子上的書跡或者借鑒蘇美爾人的楔形文字，乃壓印傳統的嫡親正派，或者書寫阿拉米、腓尼基以及希臘字母，要之以金屬、蘆葦等硬筆而成，與其謂之書寫，毋寧謂之刻畫。壓印也好、刻畫也罷，總之都不能算作嚴格定義上的書寫。

　　基於上述理由，西方重語言而輕文字是古今一貫的傳統。從柏拉圖將文字僅僅視為語言的記錄手段以來，一直便是所謂語音中心論的，這套理論也是邏格斯中心論的，到近代索緒爾的語言學便是語音中心論的一次總結，而德里達的「論文字學」則是對語音中心論的一次反彈。語音中心論的形成雖不能歸因於壓印傳統，卻不能不說壓印—刻畫的傳統在某種程度上阻礙了對書寫的認知。就印章傳統而言，近東—歐洲印系以圖形印居多，文字印並未發展起來。圖形印既是蘇美蘭—阿卡德的傳統，也為波斯、希臘、羅馬等繼承，並且東傳到亞洲腹地一帶，從而成為域外印章的主要特色。當然，西亞印章也有文字印，除了前面所舉的納拉姆辛的方形橋鈕印之外，赫梯人也是使用文字印也有自身的特色，如赫梯首都哈圖沙所出土的印章，印章採圓面，環繞印面為楔形文字，而中間部分則刻赫梯象形文字。〔註77〕不過

〔註75〕于殿利：《巴比倫與亞述文明》，北京師範大學出版社，2013 年，第 80 頁。
〔註76〕〔英〕亞當·尼科爾森著，吳果錦譯：《荷馬三千年》，江蘇鳳凰文藝出版社，2016 年，第 164 頁。
〔註77〕拱玉書：《西亞考古史》，文物出版社，2002 年，第 122 頁。

其大旨不出壓印的方式。將文字印推闡到一個高峰的，乃是埃及人的聖甲蟲印章。

埃及印章以聖甲蟲印為主要形式，相較於西亞而言，埃及人將其文字發展成了獨特的藝術。埃及文字中的象形因素極為豐富，在埃及藝術品中常見聖甲蟲、連枷、權杖乃至生命符等等，本身就是文字。埃及文字可分聖書、祭司和民眾三體。希臘人將埃及文字稱作 ἱερογλυφικός，該詞由 ἱερός「聖潔的，神聖的」γλύφω「書寫，刻畫」（第一人稱單數形式）兩個詞組成，基本意思便是「聖潔的書寫」，「神聖的刻畫」，該詞實仿造自埃及詞 mdw-ntr，後者意思為「神明的話語」。現代學人主張翻譯為「聖書文字」〔註78〕。埃及文獻則稱為 τὰ ἱερογλυφικὰ γράμματα「聖書文獻」。埃及文字以 700～5000 個符號，保持了強大的象形特質，這尤其突出地體現在官方的文字應用中。〔註79〕「象形文字」「聖書字」二者實際可並行不悖。〔註80〕據統計，埃及聖書符號，古王國時期約 1000 個，古典埃及語時期保持在 750 個左右，而希臘羅馬時期則有 4000～5000 多個。〔註81〕雖然，埃及文字固然字符豐沛，謂之「聖書」，果然名實相稱嗎？究其起源而言，埃及文字最早乃是契刻在石頭、象牙、骨板等堅硬器物之上，而後才逐漸使用皮革紙草。埃及人謂紙草為 šfd，以《亡靈書》等宗教文獻、埃伯斯紙草等醫學文獻著稱於世，埃及志怪故事《遇難的水手》、人物故事《辛努赫的故事》、教喻文學《普塔霍太普的教誨》、智慧故事《能言善辯的農夫》等亦書於紙草之上。第五王朝末，紙草已大量應用，並經腓尼基人流傳到希臘，成為西方的寫作材料。據云，西文紙 paper 即由 papyrus 紙莎草而來，後者的希臘語形式為 πάπυρος，然該詞在希臘語境的具體應用中，指的是和紙草有關的食物，而紙草用作繩索、書卷時使用 βύβλος（據說來於腓尼基人的城市名，赫西俄德曾提及此詞）。中文將 Bible 翻為《聖經》，來自於另一個相關的詞語 βίβλος，專指紙莎草的內莖部分。由此，足見紙草影響之深遠。

林誌純先生指出，埃及紙草文獻極為豐富，草紙作書，宜於行草，省時

〔註78〕王海利：《古埃及「象形文字」的譯名問題》，《世界歷史》，2003 年第五期。

〔註79〕吳宇虹：《文字起源及象形文字、楔形文字、中國文字和字母文字之異同》，《上海師範大學學報》，2006 年第六期。

〔註80〕李發林：《關於古埃及文字的中文名稱問題——兼與王海利同志商榷》，《世界歷史》，2004 年第五期。

〔註81〕A. H. Gardiner, *Egyptian Grammar*, Oxford University Press, PP.88~90.

而便於用。〔註82〕林先生將埃及人的文字稱作「行草」，大概正是就「便於用」這一角度立論，看現在流傳下來的紙草文獻，較之金石銘文確實簡略，埃及人對筆墨有一定的體認，然卻仍不能說其發展出了相對發達的書寫意識。原因如上文所說：其一，埃及人卻並沒有將文字和繪畫區別開來。古埃及語中這兩個事情通用一詞 sš（像書吏操筆，執硯之形），這說明埃及人書畫觀念不分，如此也就影響了書寫觀念的獨立。其二，埃及人對待文化的態度乃是宗教生活的，由於其視文字與現實世界的關聯，如前所述，他們將文字稱作「神的話語」，有所謂尊式前置的表達，即表達神明或王室有關的符號通常放置於首位，而不管其在詞語中的功能如何。而相反，對於一些消極、否定意義的符號（如死神、暴力等）則採取「去除法」，亦即將其肢體殘損，以免危及國王或神明。視文字為神秘之物，乃是一普遍的文化心理。倉頡作書，「天雨粟，鬼夜哭」；梵文有一「天城體」Devanagari 或「城體」nagari，所謂「天」即神明（中文的大梵天，摩利支天皆此用法），說明這種書體和神明相關；北歐經典《埃達》記載，諸神奧丁得到了神秘的魯尼文字（rune），其北歐詞源 rún 即有「神秘」之意，而此種文字亦被用於算命及書寫咒文，與漢字相當。然此係字母系統，與埃及聖書體不同。對文字的宗教心理束縛了其抒情性和個性的發揚光大，這種精神也浸潤與其印章意識之中。埃及印章以聖甲蟲印為特色，有學者也將之稱為金龜子印。〔註83〕聖甲蟲為埃及崇拜的神明，其形符作🪲，音讀為 ḫpr，埃及語中有關「生成」「開始」等語義的詞皆由之衍生，聖甲蟲印章的內容以符號、紋飾及文字等，埃及純文字印章為數甚多，在橢圓形的印面上刻畫，文字組成也講求一定的章法布局，達到相當高的水平。然問題也正如所分析的，此乃以雕畫之法為印，而非以書寫為印。而華夏印章與域外印章的重要區別，主要在於文字印；華夏文字印與域外文字印的主要區別，又在於其是否有自覺或者相對發達的書寫意識。

二、華夏的契刻─書寫傳統

若說西方印章源於壓印─陶籌傳統，華夏印章則與之有根本不同的淵源。沙孟海先生指出華夏印章之所以特出，乃因為其功能上的「即表示信

〔註82〕林誌純：《古代世界史學史簡編》，見《日知文集》，高等教育出版社，2012 年，第 121 頁。

〔註83〕（新加坡）楊斌：《金龜子印中的古埃及》，文載《篆物銘形：圖形印與非漢字系統印章國際學術研討會論文集》，西泠印社出版社，2016 年，第 76 頁。

用,也作為美觀」〔註84〕。然信用與美觀大概為東西方印章所共有,非是華
夏印章專美於世界的探本之論。我以為,華夏印章所以特立於世界印壇,原
因在於其根本不同的觀念和淵源,華夏印章植根於契刻和書寫的傳統。華夏
契刻傳統形成之早,甚或先於西方第一批平印的出現。在賈湖出土的一批刻
符中,已經有書寫韻致,這批文字有人稱之為世界上最早的文字,其是否最
早的文字姑置無論,其為最早的契刻卻絕無可疑。在龜甲上刻畫符號和在泥
版上壓印符號顯然是兩種不同的文化傳統。而尤其值得注意的是,契刻的傳
統不是曇花一現,而是源遠流長,自茲以降,從賈湖到雙墩、及於良渚、龍山
而二里頭而殷墟,無論其材料是陶是石,是龜甲還是獸骨,契刻這種方式是
一脈相沿的。之所以將契刻作為華夏特有的傳統,乃在於契刻和書寫幾乎齊
頭並進,從大地灣陶符地畫、廟底溝的火焰紋圖繪、臨汝的鳥魚石斧畫以及
陶寺朱書、殷墟劉家莊朱書玉璋等考古資料來看,華夏用筆歷史相當久遠。
而且,華夏的筆與域外又有不同,西亞埃及的蘆葦筆以及金屬筆系列,和華
夏的毛筆乃是兩個不同的系統。域外用刀一如用筆,刀筆並無二致,因此乃
有寫刻不分、刀筆不別,書寫意識並未獨立出來。而華夏所用的筆乃是以軟
筆系列,所謂唯筆軟則奇怪生焉。用筆和用刀、書寫和契刻乃是兩種不同的
體驗,刀硬而筆軟,因此乃有刀筆之辯,乃有剛柔之論,乃有陰陽相濟之說。
故而,契刻和書寫的傳統實則就是刀筆的傳統,而刀筆的交相為用,適足為
華夏印章的根本特色。

　　准此以裁斷域外印章,西亞固有契刻的習慣,然其契刻更多以圖像為對
象,文字契刻模仿壓印的楔形痕跡,所謂有刀法而無筆法。埃及金字塔諸銘
文用刀,追求與所形之物惟妙惟肖,亦屬於有刀無筆之例。至如書寫於紙草
上的文字,其上品也重視文字的精工,書寫意識有相當的發展,其蘆葦筆纖
維雖可分析得極其細微,卻終究不能達到纖毫畢現的程度,不能有「奇怪生
焉」的效果。西亞北非如此,其餘諸邦,等諸自鄶而下。故此,域外書寫傳統
雖然源遠流長,卻未能如中國一樣發展為獨特的書為「心畫」(漢楊雄)「心
法」(元郝經)的筆法理論。真正有筆法傳統的,仍首推華夏。而有無筆法(舉
筆法而自然包括刀法),恰恰是中西印章所以差別的分水嶺。從刀筆之辯的觀
念看,筆法的傳統自然可以追溯到久遠的契刻傳統,而河南舞陽甲骨的契刻
符號正是契刻傳統的奠基之作。

〔註84〕沙孟海:《印學史》,西泠印社出版社,1999年,第10頁。

　　右圖為賈湖刻符，碳十四測定年代為西元前 6000 年左右之物，距今約為 8000 年之久，契刻與壓印基於不同的體物方式和審美觀念。《說文・大部》「契，大約也。從大，從㓞。《易》曰：『後代聖人易之以書契。』」甲骨文中有㓞字，乃刻木為齒之形，〔註85〕即契之所從，李孝定博考《周易・繫詞》《周禮・地官質人》《後漢書・張衡傳》指出㓞為刻齒之形，契字從刀，自是刻畫之意。〔註86〕刻木為齒，兩相契合，即有憑信的功能。書契云云，正說明契刻與書寫之間的緊密關聯。契刻有徵信的功用，而從文字著眼，不過寥寥幾刀，達到以簡馭繁、言近旨遠的功效。西語有 glyph 一詞，與漢語契刻雖可對譯而涵義不同。西人之 glyph 源於古希臘語 γλυφή，此詞著眼於雕鏤的結果。動詞 γλύφειν 則指是以某種鋒利的工具使形象凸顯出來，此一動作如同撢盡落在物體上的灰塵而露出本象一樣，拉丁語的 glubere 含義與之一脈相承。由此言之，西人之契刻重在呈現事物的立體感，而華夏之契刻側重的是心─物之間的契合。契刻而外，中西書寫所指亦各不相同。現代英語中的書寫 writing 一詞可能與希臘語的 ῥίνη 相關，其基本意思是「摩擦」，此詞來自於印歐語詞根*wrīd-「撕扯，刮擦」，發展為日耳曼語形式，《貝奧武夫》中寫作 wrītan，基本意思是「畫線，刻畫」，後來乃演變為「書寫」的意思。〔註87〕從字源推論，似乎印歐語書寫與契刻有關，古代愛爾蘭語歐甘（ogham）銘文所用符號，即由槽口和刻線構成，貌似源於契刻。〔註88〕然印歐語言乃字母系統，與文字系統乃兩回事，其符號極為有限，與華夏文字之豐厚美富不能相提並論。由於這個分野，華夏藝術乃以書法、印章和繪畫等側重於平面（實際是以簡馭繁）的藝術為其最高審美，而西方側重視雕塑、建築等側重於立體的藝術。

　　左邊四符，可以體會到其強烈的契刻─書寫意識，如最上一符，似為「目」字，兩條弧線構成一個閉合的眼眶，中間的半圓表示瞳仁，但線條一任自然，並不刻意追求字形的對稱。第三符似為一人揚手招呼之態，寫意而率性的特徵更加明顯。職是之故，有人稱賈湖刻符為最早的書法藝術，為書

〔註85〕于省吾：《甲骨文字釋林》，中華書局，2009 年，第 355 頁。
〔註86〕于省吾主編：《甲骨文字詁林》，中華書局，1996 年，第 2473 頁。
〔註87〕（加）亨利・羅傑斯著，孫亞楠譯：《文字系統：語言學的方法》，商務印書館，2016 年，第 6 頁。
〔註88〕《文字系統》，前引，第 382～3 頁。

法所由起。〔註89〕就古典書論體系的角度言之，未免推之過早；若就書寫意識之萌芽或書法理念之所起而言，此種認定卻並非無據。其與殷商甲骨多可比擬，皆用甲骨、以細線刻畫、字形取方塊形，而與巫卜相關，即便其與殷商甲骨文物直接關係，也必然有間接聯繫。〔註90〕賈湖刻符這種重神韻、輕形似、尚簡潔的寫意特徵，無疑就是華夏藝術的重要標記，後世的印章—篆刻藝術當從中吸納了不少營養。何以言之？因賈湖文化和殷商文化一脈相承，其間的繼承關係可得到考古學證據的支持。賈湖文化的走向為北辛文化、大汶口文化、龍山文化和岳石文化〔註91〕，屬於東夷文化的範疇。這一脈中，大汶口刻符又是其中最引人關注的，它同樣屬於契刻的傳統。大汶口的符號通常刻畫與陶尊之上，雖然多為象形符號，然亦有明顯的運筆、取勢意識、其字形隨物象而造型，不拘泥一點一畫的工整，比如符號◇（此字亦見於甲骨和金文），封口處常斷開，顯然乃書寫時自然運筆而成。雖然不計點畫之工拙，卻是所取物象的傳神寫照（儘管今天我們已不能盡識其所象之物）。為此，有學者將其視為「製器尚象」習俗產物而名之為物象文字〔註92〕，更有學者將其與周易陰陽哲學相聯繫起來。〔註93〕此種關聯是否切要？究理念言之，大略卜筮（或與巫術）、取象、陰陽等要素，在大汶口刻符中皆有反映，而取象、陰陽等恰是理解華夏藝術的元概念。總之，上述賈湖、大汶口等遺址的刻符乃契刻—書寫傳統的重要發展階段。

〔註89〕張居中：《八千年前的書法藝術——河南賈湖原始文字的發現與研究》，《中國書法》，2001 年第一期；劉正成：《關於文字——書法源頭的思考——考古學術研討會箚記》，《中國書法》，2001 年第二期。

〔註90〕楊曉能著、唐際根、孫亞冰譯：《另一種古史：青銅器紋飾、圖形文字與圖像銘文的解讀》，生活·讀書·新知三聯書店，2012 年，第 78 頁。

〔註91〕逄振鎬：《從圖像文字到甲骨文——史前東夷文字史略》，《中原文物》，2002 年第二期。

〔註92〕蔡運章：《大汶口陶罍文字及其相關問題》，《山東師範大學學報》，2013 年第二期。

〔註93〕倪志雲：《大汶口文化陶尊「文字」的觀念內涵與《周易》陰陽哲學的思想淵源》，《周易研究》，1988 年第二期。

　　賈湖、大汶口刻符上多工筆，雖則能作為契刻意識發達較早的證據，卻難以說明書寫意識萌蘖之早。所幸的是，有兩件出土於龍山文化時期的陶片足以作為書法意識早熟的證據。一為丁公陶書，一為龍虯莊的陶書。關於丁公陶文，我們在上一章做過介紹，此陶文是華夏書法早期草法意識的具體呈現，下圖左側即丁公陶文。其字形多為一筆或兩筆而成，而運筆速度極快，其絞轉勾連的筆意，令人聯想到《古詩四帖》《自敘帖》《諸上座帖》等唐宋名家法書的運筆。草法的出現是審美精神的一大飛躍，它應以井然整飭的書寫為之前提，從而可以推測在丁公陶文之前，海岱地區應當有較為發達的文字體系。再則，草法意識是建立在書寫而非契刻的表達形式之上，儘管丁公陶文為刻寫在陶片上的作品，但其流暢的運筆、自由的使轉是以諳熟的筆法為前提的。即便是直接在陶片上創作，也是奏刀如運筆。丁公陶文年代比甲骨文早了上千年，比印度河谷符號亦略早。與此相類，龍虯莊的陶文有左右對照的兩組，右側文字為草書，由於係對照性質，所以有學者稱之為刻畫圖文，即以左為圖右為文。〔註94〕草法意識的出現為書寫意識發達堅確不移的證據，因為連筆意識非書寫莫能為之。與龍山文化同期的印度河谷、北非、西亞等域外文字，卻大都以壓印、雕鏤、描畫、範鑄的形式存在，書寫意識並未發展起來。書寫意識與文化傳統、審美取向以及生活理念密切相關，域外之所以無此種發達的意識，原因已如上述，或是傳統使然（如蘇美爾、阿卡德）、或是宗教觀念使然（如埃及）。華夏書寫意識的發達，當歸因於契刻傳統發達之早，而書寫意識的發展，則是文化自由選擇的產物。華夏也有較為壓印傳統，如良渚之莊橋墳刻符（T104）的環形符，當係以窄邊的碗口之類壓印而成。另外，良渚符號中也有以細點組合累積而成的符號，這可以視為一種特殊的壓印。大部分符號卻是書寫或契刻而成，此類符號中的 F 形、N 形、Z 形等，皆一揮而就。如良渚博物院館藏 0098 號的一件黑陶盤上，就有一流利的 W 形符號。〔註95〕以上，皆足證華夏書寫的意識，不惟起步早，而且也是華夏先民自主的、有意識的自由選擇的結果，絕非外鑠而來。而這恰恰是華夏書法同時也是印章的靈魂。

〔註94〕饒宗頤：《談高郵龍虯莊陶片的刻畫圖文》，《東南文化》，1996 年第四期。
〔註95〕張炳火主編：《良渚文化刻畫符號》，上海人民出版社，2015 年。

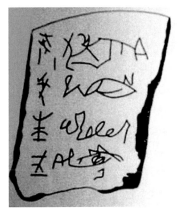

　　華夏印章之所以和域外印章不同，正如此文所論，乃是因為其繼承的是契刻和書寫的傳統，契刻和書寫並非兩個不同的傳統，而是同一個傳統的一體兩面。契刻乃是以刻鏤工具（剞劂，或刻刀）為筆的傳統，這與書寫並無二致。工具雖則不同，其理念卻相通貫，無論用刀還是運筆，都傳達出相通的精神，這便是「書為心畫」的藝術精神。此種精神與華夏先民的世界觀息息相通。「心畫」云云連接的是「立象以盡意」的宇宙觀和世界觀，恰恰是取象（或曰立象）藝術精神、而非印章的形式或質料本身讓華夏印和域外印分道揚鑣。

　　立象以盡意是華夏書法的根本精神。取象意識生成甚早，取象與書寫的結合可溯源於賈湖文化，而在雙墩刻符發展到極致。雙墩刻符從其刻畫線條和形體看，技法已相當嫺熟，刻符多以刻畫或壓劃的陰文為主，也偶有以剔刻、拍印或模印而成的陽文。〔註96〕雙墩刻符在世界文字發展史上具有重要地位，它是世界範圍內文字的超前發展，是人類文字發展的第一次飛躍，〔註97〕也是立象觀念與文字結合的經典呈現。雙墩文化全面繼承了賈湖的音樂、卜筮、農業等文化，其符號書寫也採用諸如象形、會意、指示等後世稱作「六書」的表達方式，〔註98〕在華夏書寫意識的發展方面厥功甚偉。淮河上下游的賈湖和龍虬莊文化一脈相貫，其考古序列為賈湖→雙墩→侯家寨→龍虬莊，〔註99〕這說明華夏契刻書寫意識的一脈相承。關於華夏文字最早起源

〔註96〕安徽省文物考古研究所、蚌埠市博物館編著：《蚌埠雙墩——新石器時代遺址發掘報告》，科學出版社，2008 年，第 184 頁。

〔註97〕何崝：《中國文字起源研究》，巴蜀書社，2011 年，第 248 頁。

〔註98〕徐大立：《蚌埠雙墩遺址刻畫符號簡述》，《中原文物》，2008 年第三期。

〔註99〕《蚌埠雙墩》，前引，第 415 頁。

於何時。目前尚未有定論，不過就賈湖文化、雙墩文化、大汶口文化、良渚文化、龍山文化等諸多文化發現的數以千記的刻符來看，史前華夏境內可能存在多種文字體系，殷周甲骨文金文體系乃現代文字體系的濫觴，其前身可能有多種起源。儘管對文字的起源尚屬謎團，華夏立象以盡意的書寫意識之發達卻是可以定讞的。河南賈湖、安徽雙墩和侯家寨以及甘肅秦安大地灣所出符號皆距今 9000 到 7000 年前之久，其中大地灣為彩書符號，〔註100〕說明書寫出現的歷史並不比契刻為晚。史前所出土書跡、畫跡，尚意境重神韻而相對輕神似時期一大特色，而華夏契刻、運筆的傳統發達甚早，這個傳統我姑且稱之為刀筆傳統，刀筆傳統早於斯文傳統，而斯文傳統卻為刀筆傳統作了理論奠基。華夏印章的特質，必須放入到斯文傳統中，才能得到真正的理解。

　　斯文傳統便是以《六經》《二十四史》以及諸子、詩詞所共同構成的龐大的文教傳統，是華夏思維方式之最具體化的呈現。此一文教傳統很早就奠定下「天道遠，人事邇」「敬鬼神而遠之」的基調，此種基調以反身自省、崇德尚禮、博愛篤學等人文精神為特徵，其形諸文字雖不甚早，其策源卻相當久遠。印章因此必然浸潤於這一大傳統之中，就形制而言或許傳自西域，就其精神血脈來說卻只是華夏的品格。印章體現的是刀法筆法的交相為用，而刀筆交用特為其工具層面而已，實際上傳達的卻是華夏精神重「心畫」「心法」或者「取象立意」以探天地之賾的精神，「象」恰為華夏之源始邏輯的起點。天垂象以視吉凶，河出圖洛出書以為瑞應，萬物皆有象，六經教化，皆與象通。象也者，像此者也，即以宇宙萬有為模本的懸想之物。然宇宙萬有與意象之間，即象—物表達的並非非此即彼的對立關係，而是彼此依存的對待關係。換言之，象—像組傳達出的觀念，在現象界和理念界之間並無難以逾越的鴻溝，沒有兩個世界之間的劃分。「象」因其指涉，常常與「物」氣息相通。物生必有象，象乃是物之象，二者不可須臾離。物象交融，言象必及於物，說物必及於象。《易・繫辭上》：「天垂象，見吉凶，聖人象之；河出圖，洛出書，聖人則之。」〔註101〕此處所謂象，乃上天所呈現的跡象，日月星辰等等皆可屬之。所謂「天象」正是日月星辰等「大物」，而所謂「河圖」乃是山川江海等「大物」，「象之」「則之」及「象其物宜」云云，皆與為象字的常

〔註100〕　安徽省文物考古研究所、蚌埠市博物館編著：《蚌埠雙墩——新石器時代遺址發掘報告》，科學出版社，2008 年，第 419 頁。

〔註101〕　（清）李道平：《周易集解纂疏》，中華書局出版社，1994 年。

用之例。古籍中，凡用象字，皆聯及於物。「以通神明之德，以類萬物之情」（《周易·繫辭下》）。《六經》體系乃是以取象為一脈通貫的理念，章學誠《文史通義》首立易教、書教和詩教等篇，「夫懸象設教，與治曆授時，天道也；《禮》《樂》《詩》《書》，與行政教令，人事也。天與人參，王者治世之大權也。」「象之所包廣矣，非徒《易》而已，六藝莫不兼之，蓋道體之將形而未顯者也。……《易》與天地準，故能彌綸天地之道，萬事萬物，當其自靜而動，形跡為彰而象見矣。故道不可見，入求道而恍若有見者，皆其象也。」〔註102〕依章學誠之論，象通於《六經》之教，除《易經》而外，《詩》《書》《禮》《春秋》莫不有取象之意，不惟經傳為然，諸子亦是如此。「戰國之文，深於比興，即其深於取象者也。」〔註103〕取象觀貫通於古典政教傳統之中，而理解書法—印章的傳統，也勢必應當從取象的角度予以觀察。

總而言之，就華夏印章的源頭來說，除了上舉的安諾石印之外，河南澠池所出的二里頭文化期的鄭窯陶印、商代遺址出土的七枚青銅璽，都無妨視為華夏印章的濫觴之作。中國學者如那良志、彭適凡、徐暢等先生也將華夏印章的起源追溯到陶印模。〔註104〕不過正如我們上文所說，西亞滾印出現和陶籌有關，而壓印的傳統與印紋陶之間的關係，卻並無可靠的證據。實際上，並無必要執著於印章形制本土起源說，印章無非是承載精神世界的質料而已，刻於金石、壓於泥版和書於竹帛並非問題的核心，關鍵在於對印章本身的理解和應用。只有傳到華夏，印章技藝中才灌注了刀法和筆法的思考，只有到了中國人手中，印章才發展成為獨特的篆刻藝術。這與西方之滾印、埃及之聖甲蟲印以及波斯的印珠乃有本質的不同，這個不同一言以蔽之，便是其為刀筆的藝術，或曰其為心法或心書的藝術。在方寸之間，華夏印章照見的是人自身，而非神明，亦非自然界的萬物。

〔註102〕（清）章學誠著、葉瑛校注：《文史通義校注》，中華書局，1985年，第2、18頁。

〔註103〕《文史通義校注》，第19頁。

〔註104〕那良志：《璽印通論》，臺灣商務印書館，1970年，第6頁；彭適凡：《中國南方古代印紋陶》，文物出版社，1987年，第399頁；徐暢：《先秦璽印圖說》，文物出版社，2009年，濫觴篇。

第四章 「游於藝」：「寫」與書畫的筆墨問題

　　筆墨問題通常被置入古今、中西的現代性邏輯範式中予以理解，圍繞筆墨本身之內在性及其外部的現代性語境之間的話語構建，無疑對於現代書畫實踐具有舉足輕重的意義。這個問題在中西兩種文化的碰撞交融中顯得日益迫切。在現代大工業的、全球化的語境下，筆墨如何回應時代？繪畫所遭遇的處境較之書法更為艱難，因為書法乃是華夏文化固有傳統，沒有鮮明的、可供對照的域外對照物；而繪畫則面臨西方強大的繪畫傳統的衝擊。就如何賡續傳統繪畫精神這一點而論，筆墨成為爭論的焦點。例如，拿山水畫來說，今日山水的外貌、內在氣質皆有極大改觀，靜觀的山水大多成為人頭攢動的景觀，或是被各種人工垃圾污染、稀奇古怪的各類現代建築佔據，傳統筆墨於今日山水是否仍舊奏效？針對該問題，學人的應對方案大旨不出乎「挑戰—反應」的思考模式。這一模式的核心論點，不外乎中國文明解體實因西方文化衝擊所致，而中國之選擇現代化道路恰是應對西方衝擊的方案。此種理路被廣泛應用到對政治、經濟、文化諸領域的闡釋之中，各種書畫理論亦套用這一模式。然從更廣闊的視野看來，該模式顯然並非盡善盡美，它將東西方文化雙方關係看得太死板，以一種非此即彼的、片面對立的二分立場看待中國與域外，是以其立論不免膠柱鼓瑟。實則，在全球化形勢之下，中西文化之爭似乎已無太大的意義，我們並不主張排外的民族主義，我們主張的是立足於民族立場的世界主義，畢竟東西文化已成相摩相蕩、互根互用的一體，在「文化一體」的籠罩下，反觀中國的文化現象（具體本文而言，筆墨與書畫

關係），或許能有不同的體悟和認知。那麼，筆墨如何成其為問題？筆墨代表了怎樣的傳統精神？

第一節　筆墨如何成其為問題？

　　筆墨為中國書畫所依賴的物質基礎。筆墨顧名思義包含筆和墨二物，目前中國境內所發現最早的毛筆出土於戰國晚期的，於 1954 年出土與湖南長沙左家公山楚國墓葬，有「天下第一筆」之稱。〔註1〕漢代毛筆亦有出土。墨的出現年代亦甚早，《說文‧土部》「墨，書墨也」段注：「蓋筆墨自古有之，不始於蒙恬也。著於竹帛謂之書，竹木以漆，帛必以墨。用帛亦必不起於秦漢也。周人用璽書印章必施於帛，而不可施於竹木。」〔註2〕段玉裁謂周人印章不能施於竹木，恐未然。今考古發現，秦漢封泥出土極夥，印章非「必施於帛」。然其「筆墨自古有之」之論甚精，而竹木以漆的見解亦具卓識。《南村輟耕錄》卷二九曰：「上古無墨，竹挺點漆而書。中古方以石磨汁，或云是延安石液。至魏晉時始有墨丸，乃漆煙松煤夾和為之。」〔註3〕今出土古代書跡，確有漆書者，其中最著名的則是戰國曾侯乙墓漆箱文字。〔註4〕最早的古墨至晚出現於戰國時代。〔註5〕海昏侯墓葬中有松煙墨的痕跡。戰國秦漢簡牘的大量出土，皆是筆墨早有的有力物證。實則，戰國以前墨蹟亦有發現，比如著名的侯馬盟書。〔註6〕墨蹟之最早者，可上推至殷商時代。〔註7〕如果繼續上溯，筆墨的古淵源或可追溯到新時期時代，比如出土 1980 年在陝西臨潼姜寨仰韶文化初期石硯、石質磨棒以及用朱痕跡，現藏西安半坡博物館。早於此的則有兩萬年前山西沁水縣下川文化的研磨器，亦帶有顏料。考史前地畫、陶繪，皆可能有毛筆的參與，此皆足作為筆法、墨法之研究。〔註8〕要言之，筆墨就其搭配使用來說，可謂源遠流長。然作為書畫學的觀念，論者往往將

〔註1〕 李兆志、李日超著：《中國書法與毛筆》，北京出版集團公司‧北京出版社，2015 年，第 1 頁。

〔註2〕 （清）段玉裁：《說文解字注》，上海古籍出版社，1988 年，第 688 頁上欄。

〔註3〕 （元）陶宗儀撰：《南村輟耕錄》，中華書局，1959 年，第 363 頁。

〔註4〕 武家璧：《曾侯乙墓漆書「日辰於維」天象考》，《江漢考古》，2010 年第三期。

〔註5〕 吳春浩：《墨史淺說》，《江蘇教育學院學報》，2005 年第四期。

〔註6〕 山西省文物工作委員會：《「侯馬盟書」的發現、發掘與整理情況》，《文物》，1975 年第五期。

〔註7〕 賈書晟：《殷墟甲骨文書法探蹟》，文物出版社，2017 年，第 8 頁。

〔註8〕 楊志恒：《史前石硯與書法藝術》，《美術大觀》，2006 年第二期。

其視為「藝術自覺」之後的產物，其命運如同印章一樣，本來印章誕生於三代，而印章的藝術即篆刻必待米芾、趙孟頫、吾丘衍、文彭諸位篆刻大家出世之後方能獨立門戶。因此儘管筆墨二者結合使用源遠流長，但筆墨作為一個書畫學上的核心觀念出現，卻在中古之世。儘管筆墨作為書畫學概念晚出，我們仍將古典筆墨的精神傳統視為一脈，因為，只有在早遇到現代性衝擊之後，筆墨傳統才面臨真正意義上的斷裂問題。

通常意義上的所謂筆墨傳統，指的是唐宋以來所確立的以文人宗趣為風尚、以詩書畫印為表現形式的為書畫傳統。這個傳統必待詩書畫印四藝發展齊備為之始。唐宋以來張彥遠、荊浩、趙孟頫、董其昌、石濤等在書畫領域的思辨和實踐，筆墨成為中國書畫的表現語言、審美特質。中國人注意到筆墨的無限表現潛能，是否承認筆墨，是中國和域外審美趣味的根本差異。〔註9〕筆墨精神隨時代而變化，筆墨傳統之所以在唐宋世代形成，和文化大環境亦頗有關聯。唐人書法尚能恪守法度，而自五代李建中已降，漸啟尚意之風。〔註10〕繪畫方面，北宋以前大略是寫實精神的寫照，而南宋用墨則頗雜禪意，有物重於心而趨向於心重於物。〔註11〕筆墨精神正是在「尚意」「重心」的轉向中得以確立，這種轉變就其外部環境而言，當與唐宋文化的開放、包容相關；就其內在理路來說，筆墨精神亦是傳統文化中「道」之變革相關，具有無限的審美內蘊和崇高魅力。傳統書畫的筆墨，不僅昭示時代精神，且亦與書畫家的生存狀態相關。古人使用筆墨觀念，亦往往較隨意，比如董其昌「筆墨二字人多不識……但有輪廓而無皴法，即謂之無筆；有皴法而不分輕重、向背、晦明，即謂之無墨。」〔註12〕這就只是討論筆墨的技法，本文當然首先將筆墨視為一種精神象徵。

筆墨作為一種精神象徵，體現的中國人觀照人與自然、處理人與社會關係的態度，是中國人世界觀、人生觀的映像。現代書畫尤其是現代山水畫，在賡續筆墨傳統的抉擇中，不可避免地受制於外部環境的變化。比如，西部乃中國現代化的邊緣地帶，遭受現代文化的侵蝕較少，而較多地保留山川的

〔註9〕徐小虎著、王美祈譯：《畫語錄：聽王季遷談中國書畫的筆墨》，廣西師範大學出版社，2014年，第7頁。

〔註10〕李思航：《宋初書家「第一手」李建中書法研究》，《理論界》，2013年第六期；王萬洪：《宋初書壇盟主李建中》，《地方文化研究輯刊》，2015年第一輯。

〔註11〕李霖燦：《李霖燦讀畫四十年》，中信出版集團，2018年，第211～213頁。

〔註12〕（明）董其昌：《畫禪室隨筆》，浙江人民出版社，2017年，第54頁。

元氣。現當代書畫家在創作中，亦強調筆墨修養和外部環境的關聯，主張「在體驗自然中鍛鍊筆墨」〔註13〕，這種「體驗自然」論上接黃賓虹、齊白石、李可染、傅抱石等人而又有所發展。黃賓虹以勾勒皴擦、提按轉折等方式營構意象，齊白石則以寫意花鳥疏泄性情，李可染以小尺幅寫大丘壑，從而直追宋人格局，而傅抱石則筆墨縱橫，其畫作的巴山蜀水奇肆而不失精微。而當代人之失則在於其筆墨工夫欠缺，偏重於自然景物的外在形似而忽略了精神底蘊的營造。〔註14〕現代當書畫通過弘揚筆墨傳統，並在此基礎上創造屬於自己的山水語言。

筆墨修養為理解畫家的關鍵，只有真切理解了「修養」二字的分量，方能真正懂得傳統書畫所要表達的精神內蘊。比如黃慎和任伯年被視為中國人物畫的後勁和尾聲，任氏有一幅《青藤老人臥看〈山海經〉》〔註15〕，任伯年乃海派巨擘，寥寥幾筆勾勒出一棵參天的巨柳，柳下一高枕書匣的側臥人形，此畫構圖可謂平淡無奇。不過，一旦瞭解青藤老人是何等樣人，一旦知曉《山海經》在晚晴民國之際在中國思想史、文化史上所造成巨大影響，〔註16〕此一畫作所蘊藏的巨大文化能量便豁然凸顯。青藤老人身後，乃是一淵源流長的書畫傳統，《山海經》背後，則反映出華夏文化經史傳統的載沉載浮。任伯年此畫雖意象簡單，卻包含有無限闡釋的可能性，這種無限闡釋的可能性既是對畫家「筆墨修養」的考驗，也是對深厚的傳統文化精神的激活和賦義。筆墨修養體現的是傳統的力量，只有經過賦義才會獲得相應的精神內蘊和文化價值。古代畫作中不乏這類凸顯的、抽繹了具體背景的畫作，它們只有被放還到語境中、被返置到傳統中才能得以理解，恰如米芾的《珊瑚圖》、梁楷的《潑墨仙人圖》、鄭思肖的《墨蘭圖》以及徐渭、八大等人作葡萄、魚鳥等，如果不是浸潤在此傳統中，單調的畫面並不能引人共鳴。筆墨修養的內涵必須是「這一傳統」，而不能是其他的傳統。也因此，並非一切與人文有關之物皆可訴諸筆墨，國家博物館曾和德國某博物館聯合舉辦過關於啟蒙運動的展覽，其中有一展品據云是康德穿過的皮鞋，倘若以康德的鞋入之國畫，大概不會有什麼吸引人之處，雖然鞋子也是中國畫的題材。筆墨傳統之所以拒斥

〔註13〕方勇：《答客問：當代語境下的山水畫之心性與意境》，文載《方勇畫集》，上海書畫出版社，2016 年。
〔註14〕同上。
〔註15〕李霖燦：《中國美術史》，中信出版集團，2018 年，第 348 頁。
〔註16〕羅志田：《〈山海經〉與近代中國史學》，《中國社會科學》，2001 年第一期。

康德的鞋子，恰恰因康德代表的是異質的傳統，康德的鞋和傳統文化意象（比如硯臺）荷載的文化品格截然不同。

筆墨的文化品格基於對傳統精神的繼承。西方藝術史家注意到（如高居翰、蘇立文等），中國畫傳統偏愛諸如花鳥、竹石、山水等為數不多的幾個題材，就藝術形式而言，中國畫較之西方繪畫似乎更加陳陳相因。此種批評不為無據，早期新文化運動便曾以打倒模仿的藝術為其宣傳口號。不過，百年後再來反思新文化運動，其口號難免偏激，其見識難免短淺。古典書畫傳統中，擬古、仿古、臨古、法古、師古、模古等是常用的創作手法，重繼承而相對忽視原創為國畫傳統的特點。從繪畫的層面說，這是繪畫傳統以復古為創新的手段；從倫理的層面說，這是禮讓精神在繪畫領域的推闡。畫家之師法古人而不敢自言創作，與文章家之述而不作、注疏家之疏不破注的慣例一樣，無非只是古代社會規範下共同倫理之折射。這一點不能將其固化、僵化。古人首重推陳，而後出新，看似復古，實則從唐宋到明清，繪畫名家輩出，成就斐然，如無創新，這番業績從何而來？唯其以復古為創新，因此國畫傳統才能綿延不絕，其中起核心作用的便是筆墨。筆墨為繪畫傳統的關鍵詞之一，錘鍊筆墨的原因在於，個性化的筆墨語言，乃是書畫家心性的呈現，書法以及畫作的精氣神正是經由筆墨傳達的，筆墨賦予畫作書跡以新的內涵。然筆墨傳統有其具體內涵，不能攝取一切題材，比如傳統畫家多以白菜、櫻桃、絲瓜為題材，然如果以榴蓮入之國畫，便難以歸入任何繪畫傳統。西方繪畫多有暴虐、血腥、淫邪等題材，然國畫傳統卻不能以此為題。據說唐寅多繪春宮以維持生計，然此類畫作並不能歸入文人畫傳統。即便春宮，筆墨上也大底克制、省淨。今人試圖突破古人的禁區，如黃永玉以方便入筆墨，不過批評之聲似乎多一些。李逸之以行方便為篆刻題材（雖非繪畫，其理相通），相對成功，成功的原因在於他對其作品作了雅化處理，從而使其和古典傳統交融為一體。在古典繪畫傳統的脈絡中，筆墨本不成其為問題。只有在遭遇到西方繪畫的衝擊下，筆墨方始成為一反思和審辯的對象。本文之所以強調筆墨修養，實則針對的是當下畫壇精神內蘊日漸萎縮這一現象而發。在此語境下，強化筆墨修養，能否挽救國畫精神世界的萎縮，便是筆墨在遭遇現代化衝擊下應當思考的問題。

蓋西方文藝觀念傳入中土以來，筆墨傳統遭遇到前所未有的衝擊，在中西文化交流的早期，耶穌會士所傳入的西洋畫數量有限，國畫傳統足以消解

西方的影響，因此在認識方面存在錯位和誤解，立足於「筆法」的傳統，明清易代之際的古人看西洋畫儘管描摹逼真，卻也僅僅算得形似而已，謂之「雖工亦匠」。這裡所謂「匠」當然並非藝術巨匠之「匠」，而是技藝圓熟之謂（如《韓非子・定法》之「夫匠者，手巧也」）。古人以匠氣為貶斥之詞，乃因為匠人所作過於圓熟，而圓熟在中國藝術中並非褒詞（趙孟頫的書法，亦因其圓熟而頗招非議），故不入畫品。其間雖然有郎世寧這樣試圖融通中西畫法的畫家，然也不過用用透視，添個倒影而已，其整體格調仍是國畫傳統，而就清廷畫壇來說，仍舊是傳統筆墨的一統天下，筆墨傳統並沒有什麼危機而猶自巋然不動。百年前中華文明因外來衝擊而解體，西方繪畫源源不斷地湧入，以往被視為「雖工亦匠」的那些因素鋪天蓋地而來，其來勢洶洶足以瓦解傳統繪畫的主導地位，面對此，中國畫家們不得不重新調整中西畫傳統之家的關係，筆墨問題方始成為真正的危機。1884 年，英國人梅遮（F. Major）在上海創《點石齋畫報》，蘇州畫家吳友如、張志瀛、周權香、顧月洲等參與其事，以不少篇幅介紹了西方的繪畫，諸如透視、光影、色塊等西畫手法對傳統筆墨造成了巨大的衝擊。20 世紀前半葉，南京兩江師範學堂、上海美術專科學校等將西方美術引入課堂，傳統繪畫完全置身於一全新的文化格局中。這種格局下，形成了幾種不同的繪畫傳承派別。其一，是吳昌碩、齊白石、黃賓虹、潘天壽等所代表的傳承，此派繼承的是徐渭、四僧、八怪等衣缽，走的是明清文人畫中野逸派的路子。其二，是張大千、吳湖帆、傅抱石、陸儼少、謝稚柳等為代表的路徑，他們以唐宋的古典繪畫為取法對象，師法唐宋以來的吳道子、范寬、李成、元四家、清六家等，走的是文人畫的正統派路子。其三則是徐悲鴻、林風眠等走中西結合的路子。〔註17〕西畫的強勢介入使國畫家不得不認真審視東西繪畫之間的關係問題，面對西強我弱的文化處境，重要的是如何使傳統延續下去而不至泯滅於西化的滾滾洪流之中。如何賡續本民族固有的文化傳統，如何在現代化的強勢衝擊下贏得國畫的更生？筆墨傳統遭遇到了現代化的衝擊而開始成為一大問題。

筆墨所遭遇的現代化困境主要體現於書畫領域，凡此皆係中西文化接榫進程中必然的歷史陣痛。胡適之、陳獨秀等所開創的新文化傳統將中國積貧積弱的現實歸因於傳統文化，秉持弘揚德、賽兩先生的文化目的，一度出現

〔註17〕徐建融：《現代名家翰墨鑒藏叢書──謝稚柳》，西泠印社出版社，2005 年，序言。

了廢漢字、廢毛筆的運動,廢漢字的運動未能推行下去,廢毛筆運動卻大獲全勝,毛筆從實用領域退守藝術領域。廢漢字運動雖未成功,由繁體字改良為簡化字的方案卻取得成功。這種運動的背後,乃是一股強大的現代化訴求所激發的要求「進步」並且和西方看齊的力量。固有傳統在這種力量之下出現分流,上述幾大派別便是分流的結果。齊白石、黃賓虹、張大千等人堅守傳統,無疑是在應對西方文化挑戰時,傳統自身的某種自我調整和復興,然這種復興隨著政治格局、民族文化趨向的變化,逐漸式微。它們逐漸為現代美術、國畫革命、書法革命等趨向所淹沒。新文化運動潮流中,蔡元培秉持兼容並包的辦學方針,將美育視為改造國民性格的手段之一,這與胡適的白話文運動─文學革命、梁啟超的小說界革命、黃遵憲的詩歌革命一道,皆可視為對固有文化傳統的滌蕩和更新。蔡元培的美育思想為西方美術的傳入開了無窮的方便之門。法國成立「留法中國畫家協會」,並且歸國的學生也在上海法租界仿巴黎美術學校的樣式辦學。徐悲鴻先後在南京和北京、林風眠在杭州成立美院。〔註18〕尤其徐悲鴻,以傳統筆墨為寫實性的創作,此種風格於新中國成立後被確立為經典的國畫樣式。但是,徐悲鴻、蔣兆和模式的根本問題在於,以素描為繪畫的根蒂,這就在極大程度上造成了對筆墨傳統的戕害。即便林風眠、龐薰琹等試圖對西畫的透視、立體造型以及明暗光影對照等作淡化處理,其所開創的國畫新傳統也仍然處於不斷被反思和檢討之中。隨著對西方繪畫傳統暸解的逐步深入,質言之,隨著西方繪畫傳統已經逐漸成為中國當代繪畫的新傳統,如何看待固有的國畫傳統便又作為問題浮現出來,這個問題較之以往不惟凸顯,且更加緊迫。

新時期的繪畫格局更為複雜,除了西方繪畫傳統的湧入之外,各種先鋒畫派紛至沓來,國畫傳統僅止於中國當代繪畫百家中的一家而已,其唯我獨尊的地位一落千丈。當此之時,筆墨問題是否還有意義?筆墨是否還有存在的必要?筆墨問題在 20 世紀末美術界的「張吳之爭」推到極致,這場爭論主要圍繞吳冠中「筆墨等於零」的思想、張仃「守住中國畫的底線」展開論爭。這場學術論爭分化為四大陣營,以張仃、關山月、潘絜茲等老畫家為代表的口號派,視筆墨為國畫之根基;以郎紹君、洪惠鎮、陳傳席等為代表的傳統派,立足本源對筆墨概念予以闡釋並試圖確立其於畫史之重要地位;以董欣

[註18] (英)邁克爾・蘇立文著、趙瀟譯:《東西方藝術的交匯》,世紀出版集團・上海人民出版社,2014 年,第 192 頁。

賓、趙緒成、薛永年、李兆忠、孫力軍等為代表的客觀派，表現出一種理性客觀的姿態；以吳冠中、翟墨、林木、水天中等為代表的革新派，在成人墨的內涵基礎上強調其造型意蘊。〔註19〕這場聲勢浩大的論辯，恰恰反應了筆墨問題之於中國傳統書畫的重要性。從現代性的關切審視筆墨問題，爭論雖暫時平息，卻並不意味著問題也就解決。

筆墨之於中國畫的意義何在？筆墨是一個傳統，傳統意象諸如山石、枯樹、古寺、殘碑等，皆展現了某種本源的意義。筆墨絕不僅止於勾斫擦點染等技法層面，而是通過技法展現出的畫家的文化修養和審美品格。從修養而非技法的層次重申筆墨，其在現代繪畫格局中便仍舊有探討的意義。問題的鈐鍵在於，如何闡明筆墨的本源意義？欲明瞭筆墨的本源意義，不妨先引入一銜接古今的畫論觀念「寫生」。

第二節　從「寫生」觀念看傳統繪畫精神

寫生賦予傳統繪畫以特別的意義。寫生乃古漢語合成詞，它與筆墨的關係毋庸置論，尤其體現畫家的文化修養。故宮博物院所藏《寫生蛺蝶圖》，畫家稱「寫生趙昌」，其畫內容乃自唐宋以來個案，為研究祥哥剌吉「公主雅集」、梁清標「仿宣和裝」以及「乾隆五璽」的經典個案。〔註20〕現代美術體系建立之後，隨西方美術觀念的傳入，寫生遂用以迻譯西方的 paint、draw 及 sketch 等術語。現代漢語對寫生的理解是，對著靜物或風景所作的描繪，且將其視為繪畫的基本功；這一語義變得比古典用語更加狹窄。實則，西方用語中，並沒有與現代漢語中「寫生」語義完全對應的詞語，寫生通常為具體短語的臨時性賦義，如 paint from life；copy from the life；draw, paint or sketch from nature；等等。這些短語都會帶出其所針對的具體對象，要麼是人物要麼是自然。約略可與寫生大體對應的 sketch 一詞既可以當素描講，也可以訓詁為寫生。此詞來自於希臘詞 σχέδιος，本意為「即興為之」，乃指興之所至，迅速勾勒一件作品，至於是否完成該作品則不在考慮範圍之中。此詞所指涉或為畫家之所見，或為靈感突來之所想，要之無定法。就這一點說

〔註19〕劉凱：《二十世紀末美術界「張吳之爭」分析與研究》，《清華大學學報》，2011年第三期。

〔註20〕趙昌：《寫生蛺蝶圖》，《中國繪畫名品》叢書，上海書畫出版社，2018年，導言。

來,其精神取向本來和中夏「寫生」本無什麼不同。不過,現代漢語的「寫生」一詞卻打上了濃厚的技法印跡,此種語義印跡則受制於學科分化、技能專門化等現代理念;恰恰是專門化的、技能化的現代美術教育體系,賦予寫生一詞以特指的、從而也僵化的語義內涵,寫生固化為現代繪畫體系中的某一技藝流程,這一流程要體現諸如定點透視、描摹逼真、纖毫畢現等等現代西畫理念。至此,活潑潑的寫生便成為僵化的、毫無任何靈性可言的技術手段。

引入現代性這一維度,寫生所體現的東西之分、古今之變就更其醒豁。現代寫生觀念折射出的是西方主客二元論的思維方式,而古典寫生恰恰反映的是華夏道器一體、大化流行的思想體悟。西人看待世界的方式,是預設在現象世界之外,別有一更深層的、更高級的、起支配作用的本體,本體為現象界的主宰者。這種思想發端於巴門尼德發端,從柏拉圖哲學、基督教哲學傳手一直到現代各個哲學流派。這種支配性的二元論主張被德里達概括成「邏各斯中心主義」或者「語音中心主義」,直到維特根斯坦,西方人才恍然意識到,原來並不存在一個單一的、高高在上的可籠罩一切的思想視角。〔註21〕然此種支配論卻對西方藝術的精神品格和文化趨向有奠基之功,在漫長的歷史歲月中,「如其所是」地再現自然一直是西方藝術的信條,這在文藝復興以後變本加厲。透視法、明暗對比等手段便在這期間發展起來,根據大衛・霍克尼的研究,西方偉大的藝術作品為了描摹逼真,往往借助鏡子和透鏡等各種光學儀器,這些光學鏡頭對觀看方式對繪畫作品面貌的支配性影響。〔註22〕西學繪畫需要投影裝置,日本畫家司馬江漢於1784年自製了一部繪畫投影器,藏於神戶博物館,此可作為大衛觀點的一個實物證據。〔註23〕這種遵循光學原理的、強調物理屬性的真實性的繪畫,被普遍視為一種技藝。相較與西方繪畫傳統之以二元論為其根本理念而言,華夏自始以來便沒有類似截然二分的、主客對立的世界觀傳統,從斯文道脈的邏輯起點論,華夏文明自肇基之初,便摒棄了物我對立的兩截子思考方式,而提倡一種圓融

〔註21〕 (美)羅蘭・斯特龍伯格著、劉北成、趙國新譯:《西方現代思想史》,金城出版社,2012年,第593頁。

〔註22〕 (英)大衛・霍克尼著,萬木春、張俊、蘭友利譯:《隱秘的知識:重新發現西方繪畫大師的失傳技藝》,浙江人民美術出版社,2013年。

〔註23〕 (英)邁克爾・蘇立文著、趙瀟譯:《東西方藝術的交匯》,上海人民出版社,2014年,第29頁。

的、交互的、混成的安身立命態度。然這並不意味著華夏沒有二分，而是如何看待這個二分。

華夏傳統諸如物我（天人）、道器（理器）、體用等區分地清清楚楚，只是未做兩節看。《逸周書・武順解》：「人有中曰參，無中曰兩。兩爭曰弱，三和曰強。」陳逢衡云：「參兩者，奇偶之謂也。有中曰參，則左提右挈而罔不順，無中曰兩，則勢均力敵而不相能；故兩則爭而弱，參則和而強。」〔註24〕此處雖是講用兵之法，卻也反映了中國人的宇宙觀和認識論。故《穀梁傳・莊公三年》：「獨陰不生，獨陽不生，獨天不生。三合然後生」疏：「徐邈曰：『古人稱萬物負陰而抱陽，沖氣以為和。』然則《傳》所謂天蓋名其沖和之功而神理之所由也。會二氣之和，極發揮之美者，不可以柔剛滯其用，不得以陰陽分其名。故歸於冥極而謂之天。凡生類稟靈知於天，資形於二氣，故又曰獨天不生，必三合而形神生理具矣。」〔註25〕這是講「生生」的道理，注疏所謂「萬物負陰而抱陽」句出自《老子》（第四二章），戰國末屈原《天問》「陰陽三合，何本何化？」游國恩按：「三讀為參……陰陽與天地參，然後生，與《莊》三年《穀梁傳》正合。」〔註26〕西周史觀伯陽父云，「夫和實生物，同則不繼。以他平他謂之和，故能豐長而物歸之。若以同裨同，盡乃棄矣」。〔註27〕這種體察宇宙人生的態度歸結為一點，即中庸之道。叩其兩端而竭焉，所謂執中用兩，兩端意味著不能執一端，此種中庸態度沒有給支配二元論留下發展空間。攻乎異端，斯害也已。異則奇也，奇則無偶，無偶則同，同則不能和，和則生物，同則無繼，傳統思想因此乃極力倡導和而不同。正是由於執中用兩、和而不同等思想，才有了生生不息的華夏文化精神，此種精神氣質與西方的本體論主張大相徑庭（本體論設想一絕對主宰，正是「同」而不和，所謂「異端」觀念），因此有學者將其概括為「一分為三」或「三分」論。〔註28〕中國繪畫精神歸本於此種生機勃勃的世界觀，從不以描摹「如其所是」（「是」猶「異」）為旨歸，而是注重物我相生相融，在這種體

〔註24〕 黃懷信、張懋鎔、田旭東撰：《逸周書匯校集注》，上海古籍出版社，2007年，第311～312頁。

〔註25〕（晉）范甯注、（唐）楊士勛疏：《春秋穀梁傳注疏》，《十三經注疏》本，上海古籍出版社，1997年，第2381頁上欄。

〔註26〕游國恩：《天問纂義》，中華書局，1982年，第26～27頁。

〔註27〕徐元誥：《國語集解》，中華書局，2002年，第470頁。

〔註28〕龐樸：《對立與三分》，《中國社會科學》，1993年第二期。

察宇宙人生的態度觀照下,氣韻生動、傳神寫照、生機遂成為判定華夏繪畫的術語。

立足於世界觀的區分,中西繪畫在觀照世界的邏輯起源處之不同乃顯露無疑。落實到寫生的古今分別來說,華夏筆墨傳統秉承的仍是強調「寫生」之如何「寫」的問題,而西方傳統則將重點放在了寫生或描摹的對象之物上。這種分野便造成了中西繪畫傳統之不同。寫生雖只有一個詞,卻荷載著古典與現代、中國與西方兩個層次的內涵。為深刻理解東西繪畫的本源之不同,不妨進一步回溯「寫」字所蘊含的古典語義。古典語境中,寫生所施用範圍極廣,包含山水、人物、花鳥等項。寫生有時也可謂之寫照、寫真。古語本但指繪畫成品,如南朝宋劉義慶記載顧愷之自評畫人,「四體妍蚩,本無關於處,傳神寫照,正在阿堵中」(《世說新語・巧藝》)〔註29〕唐杜甫《丹青引贈曹將軍霸》:「將軍善畫蓋有神,偶逢佳士亦寫真」,所謂寫真,照應下一行詩的「屢貌尋常行路人」之「貌」字〔註30〕,曹霸「弟子韓幹早入室」,韓幹畫作今存傳為李後主題簽的《照夜白圖》,是畫馬的傑作,據《酉陽雜俎・寺塔記上》其與王維兄弟亦有交往,「今(道政坊寶應)寺中釋梵天女,悉齊公妓小小等寫真也」〔註31〕,齊公即王維之弟王縉,韓幹作佛教壁畫,即以王縉府上的女妓等人為模特。又同書《支植下》「南康多怪松,從前刺史每令畫工寫松,必數枝衰悴」,亦是對景寫生。〔註32〕寫照、寫真、寫生云云,重要的在於如何理解「寫」,恰恰是「寫」字的使用體現了傳統繪畫的精神特質。寫乃一形聲字,從宀,舃聲。《說文・宀部》「寫,置物也」,段玉裁注:「謂去此注彼也。《曲禮》曰:『器之溉者不寫,其餘皆寫』,注云:『傳己器中乃食之也。』《小雅》曰:『我心寫兮』。《傳》云:『輸寫其心也。』按凡傾吐曰寫,故作字作畫皆曰寫。俗作瀉者,寫之俗字。《周禮》『以澮寫水』不作瀉。」〔註33〕段玉裁注疏所引《曲禮》即《禮記・曲禮上》「御食於君,君賜余,器之溉者不寫,其餘皆寫」,所引《周禮》文出自《周禮・地官・稻人》。許慎以為寫含義為「置物」,而段注乃以為「凡傾吐曰寫」,二者似不完全吻合。就字形而言,說文「置物」之訓恐非寫的本義,至如寫為瀉的本

〔註29〕徐震堮:《世說新語校箋》,中華書局,1988年,第388頁。

〔註30〕(清)楊倫:《杜詩鏡銓》,上海古籍出版社,1981年,第530頁。

〔註31〕許逸民:《酉陽雜俎校箋》,中華書局,2015年,第1814頁。

〔註32〕《酉陽雜俎校箋》,第2122頁。

〔註33〕(清)段玉裁注:《說文解字注》,上海古籍出版社,第340頁下欄。

字，其說可從。張德容則認為「與卸義同。當是古籀只有寫字，小篆乃別制卸。」〔註34〕張氏以為卸為寫之異體，與《說文》之「置物」含義相同。然罕有書證，似不若段說可信。從右文說的角度論，凡從某聲即有某義，此說雖有爭論，但以之考察大部分文字，還是行得通的。寫字見於《石鼓文》以及秦漢簡牘，作 （《石鼓文·田車》）、（《睡·法》56）等形，下部所從之舄有表聲功能（宀為形）。舄，金文本作 （《大盂鼎》）、（《弭伯師耤簋》）等形，《說文》以為「象形，鵲也」，段玉裁謂舄鵲古今字，嚴一萍排列其由武丁卜辭至盂鼎、師虎簋以至小篆等字形，以為該字係雀字之訛文。〔註35〕嚴說甚是，觀金文字形，乃鳥類伸展雙翅翩翩欲飛之象，字形對羽翅作了重點描摹，鵲上下飛鳴，靈而知來，故古人以為報喜鳥。突出翅膀，大概取其上下翩翻的特點。《莊子·至樂》有草「生於陵屯，則為陵舄。」成玄英疏以為車前草，王先謙集解引司馬彪曰：「一名澤舄，隨燥濕變也。然不知其祖，萬物化物常形也。」〔註36〕其所以有此名，大概因其草的葉子隨燥濕而變化，如鳥翅之伸縮自如。這是古人取象比類思維的反映，由鳥名而擴展到草名。按照聲符示源的規律，「寫」字既然從舄意即從鵲、雀，也就帶有其所從音符的意義。作字、作畫之所以謂之寫，含義也當與鳥翅的伸縮有可比擬之處。水在大地上因勢賦形、靈動婉轉，與鳥翅在空中自由翱翔，其理庶幾相通。鳥的上下翻飛從一處到另一處，水順勢流蕩從一地到另一地，因此寫—瀉遂有傳導、抒瀉的含義。《詩》之「駕言出遊，以寫我憂」（《邶風·泉水》）、「我心寫也。」（《小雅·裳裳者華》）皆用此一含義。書籍和文化的傳播從一人到另一人，正如水流從一處到另一處一樣綿延不絕，文化傳統正是一條河流，因此書寫、抄寫的含義便由此生發。從寫的字源看來，古人更注重其含義的靈動、圓融，寫從綿延不絕的、婉轉流動的角度，表達了華夏先祖對外物的認識。故古人作畫，每喜用「某某寫」，「寫」字初不為某一流派、某一時代所獨專。儘管寫並不等同於寫生，但寫生作為一使用於繪畫領域的動賓詞，必然荷載有寫字字源的基本含義，而不當僅止於現代語義所解釋的對物象的描摹。從對寫字的分析看，寫生指的是「我」之情緒流瀉到「物」之意象這樣一個過程，這是一個交融的、對話的而非單向的、分離的過程。黃

〔註34〕李圃、鄭明主編：《古文字釋要》，上海教育出版社，2010年，第711頁。

〔註35〕《古文字釋要》，第404頁。

〔註36〕（清）郭慶藩：《莊子集釋》，中華書局，1961年，第626頁。

賓虹云:

> 《史記》稱伊尹從湯言素王及九主之事,謂凡九品,圖畫其形。
> 《尚書・說命》篇言「恭默思道,夢帝畀予良弼,其代予言,乃審
> 厥象,俾以形旁,求於天下,說築傅岩之野唯肖。」是虞夏殷商之
> 際,民風雖樸,而畫事所著,固綜合天地、山水、人物、禽魚、鳥
> 獸、神怪、百物而兼有之,已開畫故實(今稱歷史畫)與寫真之先
> 聲矣。〔註37〕

准此,乃可以知道「寫」生歷史之悠久,其源不惟可上溯至虞夏商周,
且徑可上溯到舊石器時代,明乎「寫」之於中國畫的意義之所在,乃可進一
步論及筆墨之於繪畫的意義。

古典語境中,寫有靈動的、抒寫的含義,是外鑠之物和內蘊之我交語對
話的過程,因此古人寫生意圖絕不僅僅是描摹外在的物象,而是與自然交流、
與天地相參。中西的差異由此區別,西方之寫生通常選擇一固定位置,注重
對外物光影、體積以及形態的再現,遵循定點透視的規律。而國畫中的寫生
絕少如此僵化的方式,如董其昌等人在遊動的書畫舫上作畫、黃賓虹在開動
的火車上寫生,高劍父甚至在飛機上作寫生,這都帶有記憶寫生的特點,從
而展現出國畫與西畫不同的理念。這種理念究其世界觀而言,乃是中西對外
物不同認知和感悟所致,西人自其文化開基之初,便確立了一種二分的世界
觀,物我二分、主客對立,二元論為西方思想的主流,而中國文化的源始邏
輯則是天地與我並生萬物與我為一,並沒有這種截然二分的思想。因此,就
技法而言,西畫傳統重視的是「逼真」地再現自然,對物象描頭畫角,準確精
細,他們以模範山水為己任(當然印象派已降,此一觀念略有改變,不過其
核心理念並無根本改變,即二元論的世界觀並未動搖)。而國畫傳統重視的是
物我交融,因物象而見心性,外師造化而中得心源,而喜歡不斷重發若干種
既有的形象。唯其為心象的外化,故而對當下真實的世界完全可以攝入到既
有模式之中,呈現出看似千篇一律的創作圖景。唯其重意境而輕形象,是以
諸如明暗、光影、體積等物理現象,在繪畫過程中作了淡化的、省略處理。嶺
南畫派將光影引入傳統繪畫,而招致譏議,其原因引人深思。因此,中國畫
中的寫生問題究其根荄而言,無非只是如何呈現筆墨的一種方式罷了。就寫
生作為筆墨呈現的方式而言,它與臨摹、仿古並無二致。《酉陽雜俎・寺塔記

〔註37〕黃賓虹:《古畫微》,長江出版傳媒・湖北美術出版社,2019 年,第 9～10 頁。

上》記載「佛殿內槽後壁，吳道玄畫《消災經》事，樹石古嶮。元和中，上欲令移之，慮其摧壞，乃下詔擇畫手寫進。」〔註38〕這裡是畫工臨摹吳道子的畫作。筆墨問題較之寫生而言，更能揭示出華夏藝術的精神氣質，何也？這是因為寫生乃筆墨之用，筆墨乃寫生之體。體用不二，寫生與筆墨彷彿紙張的一體兩面。

筆墨之於國畫，恰如語言之於詩歌、律呂之於音樂，它是繪畫之為繪畫的第一義諦。古人指出，「墨之潑筆也已靈，筆之運墨也以神。墨非蒙養不靈，筆非生活不神……故山川萬物之薦靈於人，因人操此蒙養生活之權」，筆墨交相為用，不宜拆分，筆之功在於構造形象，而墨之用在於烘托氣氛。〔註39〕然這種形象、氣氛乃靈乃神，換言之，即氣韻生動、意象活潑。靈、神為古人論書畫恒用之詞，國畫最忌的便是盯住一處畫那毫無生氣之物。唯其活絡，筆墨才真正成為心性的展現。筆墨之為筆墨，還於它荷載著一個源遠流長的傳統，只有將筆墨放還傳統長河中，其精神底蘊、價值內涵才昭然若揭。西人所為繪畫史，多長於技法分析或東西比較，然讀來仍覺隔膜，原因便在於其對於傳統不能作設身處地的體會。筆墨是判斷國畫家的標誌，黃賓虹的「七墨法」，謝稚柳所鉤沉的徐熙「落墨法」，皆係畫家的心性體現。墨法本與筆法為一體兩面，故筆墨常連言，似不必強分何者為筆、何者為墨。筆法、墨法或者說筆墨，若論起本源，原只是心法而已。然心法何為？心法所在者，道統也。只有回溯到華夏文脈所由起的斯文傳統，對筆墨的理解才能更為深切。

第三節 「游」與筆墨的本源意義

華夏山水畫之所以和希臘雕塑、德國古典音樂一樣，成為世界藝術之林中的典範，恰恰在於其民族氣派、民族品格不俗。這種品格的形成，奠基於華夏獨特的道脈基礎之上。此種獨特的道脈模塑了華夏兒女觀照自然、體察人情的方式。作為華夏文化人精神歸宿的筆墨傳統，欲要繼續卓立於世界藝術之林，就不能無視這種民族方式、更不能摒棄這種方式。華夏文化觀照自然、體察人情的方式，乃是古典的、而非現代的方式，乃是中國的、而非西方

〔註38〕許逸民：《酉陽雜俎校箋》，中華書局，2015 年，第 1843 頁。
〔註39〕吳冠中：《我讀〈石濤畫語錄〉》，大象出版社，2010 年，第 27 頁。

的方式。此種方式不是普遍意義的，而是具有民族特色的。這種方式所面臨的現代性挑戰，質言之就是現代理性主義的衝擊。因此，欲賡續斯文道脈所模塑的筆墨傳統，必須對現代理性主義進行徹底的、而非敷衍的批判。之所以要批判現代理性主義，因為我們認為筆墨問題究其根本而言乃是現代性危機衍生到傳統領域的產物。而現代性危機的突出表現就是現代理性主義的危機。顧名思義，現代理性主義的核心觀念就是所謂理性，而這種所謂理性來自於古希臘的邏格斯傳統，是「邏格斯中心主義」在現代階段的表現。現代理性主義將人類定義為理性動物，而宣稱人類籍理性可以支配、改造並且征服自然。這種對於理性的盲從導致科學主義，科學主義不但將科學絕對化，同時也將科學神聖化，視科學為高於人類的本體，作為衡量事物的絕對依據。〔註40〕科學主義世界觀是一種二分的世界觀、反映論的世界觀，繪畫僅僅是其思想的「對象」。筆墨所遭遇的現代性危機即由此而來，正是由於將筆墨視為審察的對象之物、分析之物，才有各種現代派藝術的出籠，諸如書法上的形式論派、銀鹽書派以及繪畫中的超寫實派、抽象派等等。這些派別固然是筆墨之外的教外別傳，然其觀念卻無意對筆墨傳統構成挑戰。筆墨在古典文教語境中從來不是被分析、被反映的對象之物，而是活潑潑的「判天地之美」「察古人之全」的體道方式。這是由於這種二元論的理論觀照，才將筆墨納入形式範疇而有「筆墨等於零」之類的認識錯位。這種認識錯位是以犧牲傳統精神為代價的，因此應當予以根本反思和徹底摒棄。當然，我們並不主張傳統的就一定是正當的或有效的，然我們之所以大費周章地要對筆墨傳統予以重新勘測，那是因為沿襲二元論的路徑筆墨危機只可能強化抑或緩解，而不可能得到解決。之所以作出這樣的評斷，因為筆墨問題的內在危機與現代理性主義危機是共生關係。現代理性主義是西方虛無主義的前導，因其背離了古典政治的理性主義。〔註41〕對於筆墨傳統而言，現代筆墨的問題不僅僅在於其背離了古典文教傳統，而且還在於其背離了華夏文教傳統，因此更突出地體現為一種雙重的危機。此種雙重危機的表現就是，現代筆墨根本無力回應西方理論的挑戰而僅止於是西方某種理念的中國代表，現代筆墨亦根本無力回應當下社會的迫切觀照而僅止於在反映論的既有模式裏亦步亦

〔註40〕 曹志平、鄧丹雲：《論科學主義的本質》，《自然辯證法研究》，2001 年第四期。
〔註41〕 王升平：《現代理性主義與西方虛無主義的關聯——「古今之爭」視域中的施特勞斯現代性批判思想探析》，《嶺南學刊》，2014 年第一期。

趣。職是之故，我們認為就有必要重新返回古人筆墨傳統或者藝術傳統的源頭處，尋找可能的出路。筆墨對於古人意味著什麼？這裡我們應當特別關注古人的文教傳統，應當特別關注古人「游於藝」的教誨。在這種基礎上，理解傳統山水和斯文道脈的關聯，並進而理解筆墨與古典文教傳統之間的關聯，尤當重視這一「游」字。

《論語·述而》「游於藝」朱熹曰：「游者，玩物適情之謂。藝，則禮樂之文，射、御、書、數之法，皆至理所寓，而日用之不可闕者也。朝夕游焉，以博其義理之趣，則應物有餘，而心亦無所放矣。」〔註42〕所謂心無所放即孟子「求放心」的意思，從朱子思想論，「游於藝」是以通過六藝以通「至理」而滋養性情，從而涵育精神。藝當然包含筆墨之道，儘管僅止於其中一端而已，然道理是相通的。游藝和志道、據德、依仁不能拆分，因為這是古人為學的先後次序，是世界觀培養的全套手續。「蓋學莫先於立志、志道，則心存於正不他；據德，則道德於心而不失；依仁，則德性常用而物慾不行；游藝，則小物不遺而動息有養」〔註43〕游藝並非無根之木、無源之水，而是築基於道德修養基礎之上，「動息有養」正是「心無所放」的同義詞。游字的古訓，《說文·放部》以為「旌旗之流也。從放汙聲。」段注曰：「流，宋刊本皆同，《集韻》《類編》乃作旒，俗字耳。旗之游如水之流，故得稱流也。……引申為凡垂流之稱，如弁師說冕弁之斿是。又引申為出遊、嬉遊，俗作遊。」〔註44〕衡以甲骨文字形，𣃚字正像𣃚（放字，即㫃）下有一𤓾（子）形，為子執㫃之象形文字，㫃上的流迎風飄揚。甲骨文無從水的游字。〔註45〕然段玉裁已經指明旌旗之斿與游水之游的語義關聯，古文斿、游、遊三字皆從一字分化而來，旗幟飄揚則為斿，人之走動則為遊，水之流漾則為游。三者用字有別，意義則一脈通貫，皆有流蕩往復、無所底定之義。或解「游於藝」之用游的原因是「不足據依，故曰遊」（《論語集解》）〔註46〕，之所以謂之不足據依，因「藝」與道德仁相較，終究僅屬於手段層面上而，非根底所在。劉寶楠《正義》：「游於藝者，《學記》云：『不興其藝，不能樂學』，又云：『故君子之於學也，藏焉修焉，息焉游焉。鄭注：「興之言喜也，歆也。游謂閑暇無事於之游。」』然則

〔註42〕（宋）朱熹：《四書章句集注》，中華書局，1983年，第94頁。

〔註43〕《四書章句集注》，第94頁。

〔註44〕（清）段玉裁：《說文解字注》，上海古籍出版社，第311頁上欄。

〔註45〕李圃、鄭明：《古文字釋要》，上海教育出版社，第665頁。

〔註46〕（清）劉寶楠：《論語正義》，中華書局，第257頁。

游者，不迫遽之意。」〔註47〕這裡點出「游於藝」和心性修養的關聯，在古典文教傳統中，游於藝不是為了急匆匆地為藝術而藝術，而提倡閑暇從容的心態，以此不迫遽之心而上接天道。所以，游於藝所指涉的正是一流蕩不居、偃蹇遼迴的瀟灑狀態，這種狀態正合乎無可無不可的聖賢之訓，為藝術創作開啟了無窮的可能性，以今人之習用術語表達，是開啟了「藝術自由王國」之門。有域外學者從通過對石濤的分析，認為其「一畫」的觀念跳脫出三教以及任何居於自我與世界的固著關係。〔註48〕此種論斷，恐非切論。從「游於藝」的角度看，「一畫」觀念正是本土精神傳統在特殊時代的回應，至於將石濤與現代性聯繫起來，恐怕更是南轅北轍。准此而言，「游於藝」正是華夏道脈中藝術精神的最高體現。它給出一道德仁的標尺，卻又敞開了實現道德仁的無窮法門。這種文化精神，正是「生生不息之謂道」的體現，展現的是一種大化流行而又無往不可的、沉雄博大而又空靈杳渺的境界。由此而推導出了「遊心」「遊目」「神遊」「遊玩」「玩味」等文化觀念，跳脫出莊子的「逍遙遊」、《淮南子》的「汗漫遊」等奇偉之思，遊學也就成為古人教化的基本方式。這種精神方式的一個特例就是「書畫船」。〔註49〕

筆墨作為「藝」之一端，正是「游於藝」的精神哲嗣。筆墨觀念作為中國書畫學的核心觀念，恰恰是從中國人的體道處事的方法中自然衍生之物。質言之，遊藝的精神，也就是傳統筆墨的精神。此種精神在中國山水畫中表現得淋漓盡致。遊於山水原本從修養上推闡而來，山水畫之可遊可居本諸於聖賢之大道。仁者樂山，智者樂水，山水自華夏文化奠基之處，便和修養有切身不二的關係。子在川上曰，逝者如斯夫，是「智者樂水」，泰山岩岩，魯邦所瞻，是「仁者樂山」，然仁之與智，當叩其兩端，而絕不能執其一端，仁智互根互用、相互涵容，如果看得太死，論之太鑿，就難免落入片面。古人看山水，乃是「相看兩不厭」的圓融渾一的態度，古人觀念的沒有什麼主客二分、物我兩造的明晰分別，這種兩截的世界觀正是本文從根本上要反對的。「登山則情滿於山，觀海則意溢於海」（《文心雕龍·神思》），傳統中的山水早已著我之色彩，山水和人文經數千年的互相滋養，已經成為華夏道脈的表徵。「孔

〔註47〕（清）劉寶楠：《論語正義》，第257頁。

〔註48〕（美）喬迅著、邱世華等譯：《石濤：清初中國的繪畫與現代性》，生活·讀書·新知三聯書店，2010年，第359頁。

〔註49〕傅申：《書畫船——古代書畫家水上行旅與創作鑒賞關係》，《中國書法》，2015年第二一期。

子登東山而小魯，登泰山而小天下。故觀於海者難為水，遊於聖人之門者難為言。觀水有術，必觀其瀾。」（《孟子·盡心下》）。「山林與！皋壤與！使我欣欣然而樂與！」（《莊子·知北遊》）「大道泛兮，其可左右？」古人眼中的山水，絕不是可以征服、可以支配的對象之物，而是「天地一體」的存在狀態，是滋培性情、具有本源意義的存在之家。道與山水相蕩相摩，本自難解難分。所謂「山水是道」〔註50〕。人在山水中發現的是自我，靈觀道養。所以華夏先民之於山水的態度，自始便與西人不同。「水者，萬物之本原；地者，萬物之本原，諸生之根菀也，美惡、賢不官、愚俊之所生也。水者，地之血氣，如筋脈之通流者也」（《管子·水地》），雖然水為萬物本源，卻不能草率地將之與希臘人泰勒斯的水本論比附。管子的意思，原只是說水為多物仰給而已，與愛奧尼亞學派所主張的宇宙論觀念天壤之別。古人論山水，絕不會推闡到形而上的宇宙論層次，而是於山水中觀道、味象、察理、明倫，形而上之道與形而下的器須臾不離，剝離則非道。由此，遊於山水之間便帶有文脈源始的意義，這也就是山水畫為何以修養為根底的緣由，這也便是筆墨因何成為國畫的標識的原因。

明乎「游」之與斯文道脈的關聯，可進而審視山水畫之獨特特質。質言之，山水畫原本是游於藝的嫡嗣，它原是從斯文道脈流動出來之物，是以山水本自與道德文章有先天的血脈關聯。古人有書畫同源之說，書法重筆墨，故山水自然也當重視筆墨，不得與筆墨分離。書法之所以必須以筆墨為基礎，因為中國書法本是華夏先民世界觀（「立象以盡意」）與書寫意識結合的產物，此種結合為書法特立於世界的本源問題之所在。繪畫包括山水畫之所以必須以筆墨為根本，原因便在於此。否則，國畫便不能成其為國畫。明乎此，便能明白何以鄒一桂將西洋畫貶斥為「雖工亦匠」，便明白何以中西結合畫派在百年的嘗試中雖鼓努為力卻又收效甚微，便明白何以傳統書畫復興雖然舉步維艱卻又以強勁而堅韌態勢回歸，便能明瞭何以山水畫代表了了國畫的最高成就。原因只是山水畫最能體現「游於藝」之「游」的精神神髓。

要之，筆墨問題折射出古今話語在思維方式轉換中的巨大變遷。以現代性的眼光視角欣賞繪畫作品，看重的往往是出自西方的審美標準，比要麼強調它描摹是否逼真，是否遵循了西方繪畫的寫實主義傳統，要麼就是強調現代主義，諸如野獸派、抽象派一類，而對中國傳統藝術所講求筆法、神韻等

〔註50〕寒碧：《山水是道》，《詩書畫》，2016年第四期，第 190～193 頁。

等作品漸生隔膜。這是當下筆墨問題所處的困境之一。正如前文所分析,筆墨所荷載的是一種截然不同的傳統精神,筆墨之「寫」展現的是人筆合一的境界,強調物我兩忘的藝術體悟,這是一種與西方二元論的世界觀截然不同的觀物方式。此種觀物方式根植於「游於藝」的文教傳統。從「游於藝」的角度看,筆墨上接古人所提出的道、德、仁的人倫標尺,正是「生生不息之謂道」的心法抑或道統之體現,展現的是一種大化流行、與物摩蕩的和諧境界。筆墨亦是不同的人文內涵的體現,如果說西方繪畫精神展現的是對人和自然之間「理性」關係的理解(人要麼被定義為理性動物、政治動物,要麼被定義為語言動物、符號動物,而與萬物為兩截),筆墨傳統體現的則是東方式的人文觀(惟人萬物之靈,人與天地參等,而與萬物為一體)。職是之故,全球化語境下,「中西繪畫拉開距離」——比如西方重模仿的寫實主義繪畫就與重神韻強調「似與不似之間」的中國繪畫有相當距離——乃是當下回歸傳統、保持文化之自主性的主張之一。〔註51〕同樣道理,當現代人看待事物,更多自覺不自覺地就是我與自然、現象與本質、主觀與客觀、物質與精神之類一組組相對的概念,這種看待物的方式其實是西方二元論思維支配下導致的,它僅僅只代表西方是這樣認知、感知和理解世界的,但卻遠遠並非是人類看待世界的唯一的正確的方式。華夏古典傳統不同於西方,有著其自身的、獨特的民族特色,正是在這一傳統中,古人才有與西方傳統迥然相異的觀察萬物、看待人生、融入社會的特殊方式。沿襲這一思路,或許能夠為筆墨開闢一條在現代性語境下如何賡續傳統、如何回應當下時代問題的不同路徑。

〔註51〕甘陽:《「中西繪畫,要拉開距離」》,載《通三統》,生活・讀書・新知三聯書店,2014年,第63~66頁。

第五章 書學的「形式」與「筆法」

　　形式論是當代書法的核心問題，以形式進入書法乃是現代書法理論譜系建構的重要一環。通過王國維、鄧以蟄、宗白華、陳振濂等一代代學者的努力，形式等西方美學術語取代古典傳統書論術語，成為當下書法分析的重要工具。關於形式論的問題，本書第一章已有所發覆，然對此問題意猶未盡。正如本書所論，形式乃是植根於西方思維系統的觀念，在移植到中國書論的過程中，能否切實有效地實現對中國書法的同情之理解？此處則在上論基礎上，以上世紀八十年代所出現的廣西現象的書法創作和教學為一個案，結合形式問題，再做進一步剖析。

　　廣西現象是上世紀九十年代出現的書法現象。1993 年，在全國第五屆中青年書法篆刻展上，張羽翔、陳國斌等廣西書家，在參賽中極為搶眼。全國獲獎的34 件作品廣西就有 6 件，一等獎的 10 件作品中廣西的有 4 件。這些獲獎作品有一共性，即採取製作、染色、做舊等特殊加工手段，使書法呈現出很好的樣式。廣西現象顯然不是孤立的書法現象，而是傳統文化之現代際遇的一個投影。探究廣西現象之路，對於如何理解傳統文化的當代轉化無疑具有啟迪意義。比如其中代表書家張羽翔，張羽翔書法以其對形式的關切為基本內容，對形式的強調改變了傳統書論以筆法為核心的主張，因此在形式與筆法之間，乃形成一相摩相蕩的內在張力，這種張力成為現代書論所不得不面對的關鍵問題。

第一節　形式與筆法之爭

　　張羽翔的核心觀念就是將形式引入書法教學，其形式教學和形式訓練得

之於陳振濂而又有所發皇。談及「形式」，往往會被粗淺地理解為製作、染色、打蠟等表面工夫。實際上張羽翔的理解較此遠為深刻，他以為形式不僅僅指的是技術，而帶有規律和理性的因素，他甚至將其與傳統思想中「形而下者謂之器」聯繫起來，從技藝的背後發掘出甚深的傳統文化底色。〔註1〕從嚴格的學理層次討論，此論自難說無懈可擊，器與技術兩者之間似乎距離稍遠。前者乃是中國傳統哲學的基本用語，器與道相反相成，依託於「生生不息之謂易」的陰陽哲學。而後者則植根於西方思想，為 technology、technique 等一系列以 tech-為詞根的術語的漢譯，技術往往和科技相連，它源於古希臘 τέχνη 一詞，海德格爾將其視為有悖於「自然」生生之道，而與「設置」「規則」相關的人為手段。〔註2〕在稱之為技術時代的現代，對與「技術」的強調恰恰遮蔽了原初的、本真的「自然的存在」，這「自然的存在」正可以比勘為器之為物。由此，張先生以器來界定技術，難免緣木求魚。不過張先生一貫以戲謔、調侃、解構、反諷、戲擬等「好玩」的手法為書論書，他並非學理型的書家，無意於學理的建構。問題在於理解其論書態度和作書方式。縱觀「形式」之論，要在發傳統筆法之覆。張先生以為書法形式的構成內容就是漢字形象，黑白構成的書法形象。具體言之，其要有五：為線之方向、長度、位置、形狀以及質感。〔註3〕而他的核心關切則是，書法如何在一招一式一點一畫上跟傳統文化、傳統哲學掛鉤起來？而傳統的核心觀念是陰陽大道，筆法完全可以與之對應。故筆法當然可以體現書者個體的陰陽文化、對自然的看法，換言之也就是體現審美、表現方式以及個性差異。而依照張先生的書論，形式就是理解古典陰陽哲學和筆法關係的關鍵。職是之故，他教學中尤其注重形式訓練包括風格的適應性訓練。

無疑，形式理論來源於西方文化譜系，張先生教學中對典雅等傳統風格的處理，都試圖和西方藝術掛鉤。在當代學科建制的框架下從事書法事業，瞭解西方藝術史也是必經之路。他將印象派、抽象派等西方藝術理論以及行為主義都應用到其教學之中。自此言之，張先生的形式論具有世界眼光，他不僅僅關心書法的古典哲學根基，同時還探究書法形式本身是否能夠適應各

〔註1〕谷松章、樊利傑、張羽翔：《專訪張羽翔：做個很「表面」的人》，《青少年書法》，2006年第十二期。

〔註2〕海德格爾：《形而上學導論》，商務印書館，2012年，第10～15頁。

〔註3〕張羽翔：《「書法五要素」精彩語錄》，《老年教育》（書畫藝術），2015年第二期。

種不同的藝術形態，傳統書法形式中包含有開放的基因。

綜上所述，張羽翔在學理上對形式的運用實際相當複雜，它既有與「形而上」相對的「形而下」一面，又同時具有「藝術形態」的一面，同時還可能是一點一畫。可說張氏形式論中的「形式」指涉確乎相當開放。從字內工夫的點畫、結字、布局、謀篇到字外工夫的選址、染色、裝裱等一系列技藝，都可納入他所謂的形式範疇之內。形式當然不可能包羅萬象，與其說它是一種理論，毋寧說主要展示一種態度，就是書法在當代的極強適應性。形式一語只不過是教學的巧設方便，他雖然拈出形式一詞，卻又並無周洽的理論界定、不可言說、不能拘執，大有不立文字的禪機語寓焉爾。無論張先生是否有意為之，他對形式的理解和運用都帶有某種程度上的反諷特徵。西方藝術史所使用的形式一詞，就其詞源角度考慮，大都出於古希臘詞 εἶδος，即為國人所熟知的「理念」。此詞經柏拉圖哲學張皇其義，遂一躍而為西方思想史的核心觀念，朱光潛將之翻譯為「理式」，認為「『理式』近似佛家所謂『共相』，似『概念』而非『概念』，『概念』是理智分析綜合的結果，『理式』則是純粹客觀的實在」〔註4〕。陳康則將 εἶδος 翻譯為「相」，他說「理型」「理念」等譯法不妥，因其並不甚講「理（ratio）」，而「型」「念」又僅得其含義之半。〔註5〕依照柏拉圖的說法，人類的思維必須「依諸其相」（κατ᾽ εἶδος）（《斐得若篇》248D）。從古希臘傳統而論，形式云云自有其固定之含義，流衍所及，西方文化史上形式的含義大旨不出乎此，乃指被傚仿的樣板。而張羽翔在接納西方詞彙時，以近乎解構的方式使用，徒借形式之名而已。在學術理路上，尚多生澀，此點不宜苛責。現代書法處乎傳統與異域文化的夾縫之中，試圖拼殺出一條新路，談何容易。如何對比張羽翔與徐冰的新英文書法，其藝術動機和訴求則更加醒豁。就對形式的借鑒而言，張氏以西方形式理論闡揚中國書法，而徐冰則以中國書法的形式包裝英文。二人看似大相徑庭，實則殊途同歸，都是在中國文化生存空間被擠壓之下的一種戲謔姿態。只是，張先生更為嚴肅，他畢竟深入到了傳統書法的內部脈絡，他之講形式，是以關注筆法為前提的。

筆法問題主要是一藝術實踐而非理論問題。字的點畫、結構、章法、向背無往而非形式問題。張羽翔固守傳統書論，將筆法視為書法的重要問題，

〔註4〕朱光潛：《柏拉圖文藝對話集》，人民文學出版社，1959年版，第100頁。
〔註5〕陳康譯注：《巴曼尼得斯篇》，商務印書館，2008年版，第39～40頁。

甚至於核心問題；同時又立足現代學科建制之需，通過對筆劃的拆解重組建構現代書法的教育模式。他最近尤其關注畫家的筆法，自言其創作從中汲取了不少營養。比如，他注重對漲墨的運用，比如他關注林散之的筆法。張先生舉例說，林散之先生運筆往往按到筆的根部，而後從根部又回到中鋒。這一動作如何實現？他最近嘗試此種技法。〔註6〕張羽翔對筆法的關注淵源有自，體現出相當深厚的古典積澱。比如從米芾、徐渭、傅山、王鐸等人的作品中不難窺見漲墨的影子，至於林散之自筆根而回到中鋒的筆法，也可以從徐渭的狂草傑作《青天歌》等書跡中找到不少例證（如中段的「天琴」、末尾的「淚天」等字）。張羽翔關注筆法問題，服從於其形式主義立場。他立足於現代書法材料和實踐，區分了兩個傳統，即用筆傳統和筆法傳統。他指出，由二王系統為代表的傳統，走典雅、溫潤、中和的這一派書風，他謂之筆法系統。而此外的傳統，他稱之為用筆系統。張羽翔並由此出發發展出其古今法之說，他認為王羲之一脈僅止於一種風格而已，並以印學為喻，指出其地位無非相當於明清流派印而已。筆法系統包括在用筆系統之中。

　　張先生倡導筆法和用筆之說，儘管從理據上講需進一步斟酌，然就事實而論，這一劃分也有其針對性。筆法之所以成其為核心問題，恰恰與王羲之被尊崇這一書史事件相關。自二王成為書聖之後，書法漸成為諸藝之首，而筆法也就逐漸神聖化。二王書法由是成為傳統書學正宗，學書而不宗二王，猶如學儒而不讀孔孟，為文而不知韓柳。聖者，集大成之謂也，王羲之之後的歷代書家，只不過是得其筆法的一偏而已。正是由於聖的存在，才得以建立書法的譜系圖。然而問題是，隨著地下書法資料的頻繁出土，世人眼界日益闊大，琳瑯滿目的書跡使人開始質疑二王書法的正宗地位。安陽及周原甲骨、商周青銅銘文、晚周盟書、楚地的帛書、簡牘、漢晉的木牘，其書風可謂儀態萬方，非二王書風所能牢籠。傳統書法必以窺見二王堂奧為正途，如今海量書跡的出土，若拘於傳統書論，難免削足適履之誚。由此，當代書法界諸如民間書法、醜書論、現代書法等等各個流派的產生恰逢其會，皆不甘於舊傳統的自設藩籬，而試圖有所突破。張羽翔的二系統之說，自然也基於相似的文化背景。正是立足於現代的書法資料，他始將二王書風視為書法的一個流派，將二王的傳統稱之為筆法系統。實則，從某種意義上考察，中國書法史恰是尊二王與反（卑）二王的兩極張力運動，此與政治史的尊孔與反

〔註6〕筆者與周松林先生對張羽翔的訪談。

（卑）孔如出一轍。從韓愈的「羲之俗書趁姿媚」到明清之際的碑帖之爭，再到現代的流派紛呈，無非是書法史上的「道之動」而已。由此看，張羽翔的用筆—筆法系統之說，也就並非空穴來風，而是書法史運動的一個側面。張羽翔的古今之法論，在某種程度上也正是碑帖之爭這一學術理路的延續。

第二節　筆法問題的古典語境

　　張先生的筆法論包含一個重要內容，就是筆法有古今之變。這與其用筆系統、筆法系統的劃分相表裏。此說於學書者並不陌生，王羲之變古法，以妍美流麗之法代前此質樸厚重之筆，是以書史上乃有筆法授受一公案。張羽翔之所以倡導此說，乃基於當下書法新資料的日益豐厚，王羲之之前的書法用筆與二王一脈不同，筆法古今之變節點即在於此，而後世爭論無非圍繞守二王筆法與否而展開。尋源溯流，此說實與碑帖之辯脈絡一貫，氣息相通。

　　碑帖之爭主要針對的便是由二王書學所籠罩的帖派。清季中葉之後，抑帖揚碑蔚為風氣，其理由不外乎三條，「一曰法帖輾轉傳摩，失其本真，而碑猶當時故物也。二曰《閣帖》題署往往舛訛……三曰晉末石刻，猶近分隸，法帖著二王手筆，略無舊風，疑隋唐以下所偽作也」〔註7〕歷經劉熙載、阮元、鄧石如、何紹基、包世臣、康有為、吳大澂、吳昌碩、陳介祺、李瑞清等人的理論和書法實踐，碑帖問題遂而成為學書者不得不面對的首要問題。清中葉之前，碑版雖然偶有出土，不過鳳毛麟角，然隨著清中葉考據之學的繁榮，尤其晚清以來新材料的不斷湧現，對於傳統書法觀念的衝擊可謂是革命性的。以二王為中心所建立起來的帖學趣味不再能夠滿足人們的審美需要，敦煌文獻、西陲簡牘、甲骨文等呈現出來的書學現象琳琅滿目、應接不暇。如何解釋二王傳統與前二王傳統的差別並開拓新的藝術路徑呢？碑帖之爭的理論應運而出，而其核心問題恰是筆法的古今之變。清人之所以尊碑乃是因為碑為「當時故物」，而帖「略無舊風」。如何從碑回溯「當時」的「舊風」正是碑派的關切。比如楊守敬就以為三代古文「高古絕倫變化無方」，李陽冰雖然直接李斯，然而就其《三墳記》等篆而言，「已有古今淳漓之變」〔註8〕。楊氏所說的李陽冰書跡，係碑而非帖，然其仍認為有古今淳漓之變，就在於李

〔註7〕章太炎：《論碑版法帖》，載崔爾平《歷代書法論文選續編》，上海書畫出版社，1993年，第771頁。

〔註8〕楊守敬：《學書邇言》，載《歷代書法論文選續編》，第713頁。

陽冰筆法已「無舊風」，康有為一方面尊碑，而同時又大倡卑唐（實際唐人流傳下來的書法名跡，仍以碑刻為多），原因也就在於此。碑帖問題也就是筆鋒和刀鋒問題，「透過刀鋒看筆鋒」還是「通過筆鋒求刀鋒」當前仍是椿聚訟不已、未有了結的案宗。然而無論碑帖、刀筆還是古今實則不過為同一問題的不同側面，這終究屬於形而下的技藝層次，如何理解傳統藝術精神乃為鈐鍵之所在。張羽翔重提古今之法，其用意當然是針對現下書法界所面臨的問題，理解張氏固然難，理解古人何以建構筆法系統尤難。張羽翔的理論乃是古代理論的當下衍生，是以必須回溯筆法問題何以在古代成其為問題，才能真正理解張先生的書法關切。

張羽翔筆法系統論的傳統資源，大概與筆法授受圖傳統有關。現代書法界將筆法觀念之創始追溯到晉人虞喜《志林》，而後經王羲之《題〈筆陣圖〉後》、唐張彥遠《法書要錄》並為筆法傳承編制了清晰的譜系，其後不斷續譜，這就是所謂的筆法傳統。筆法授受圖將傳統筆法神秘化，謂之為神人所傳授。書論家張彥遠的《法書要錄・傳授筆法人名》云：

> 蔡邕受於神人，而傳之崔瑗及女文姬，文姬傳之鍾繇，鍾繇傳之衛夫人，衛夫人傳之王羲之，王羲之傳之王獻之，王獻之傳之外甥羊欣，羊欣傳之王僧虔，王僧虔傳之蕭子雲，蕭子雲傳之僧智永，智永傳之虞世南，世南傳之，授於歐陽詢，詢傳之陸柬之，柬之傳之侄彥遠，彥遠傳之張旭，旭傳之李陽冰，陽冰傳徐浩、顏真卿、鄔肜、韋玩、崔邈，凡二十有三人。文傳終於此矣。[註9]

此段中的「世南傳之，授於歐陽詢」中的「授於」二字為衍文，當刪；鄔肜當校勘為鄔肜。這個譜系如鍾王、如智永、如虞世南、歐陽詢、如顏真卿都有不少書跡（或摹本）傳世，這些書跡為後世習書的典範。何以張彥遠有「文傳終於此」之論呢？問題的根本或許不在於「終」，而在於「傳」，中國傳統文化中，「傳」字的分量相當厚重，它不僅僅止於師徒授受而已，而代表了歷史使命和擔當，有著相當深沉的價值和意義訴求。若放在古典文化的語境理解筆法傳統，筆法授受圖的文化內容就更其深邃，它顯然係華夏譜系敘事的組成部分。

所謂譜系敘事，就是傳承敘事，就是源流敘事。譜系敘事首先是政治意

〔註9〕（唐）張彥遠纂輯、劉石校理：《法書要錄校理》，中華書局，2021年，第21頁。

義上，同時也是思想意義上的，其淵源甚古。《周禮》有「小史」「大史」官職，司掌譜錄：「小史掌邦國之《志》，奠《繫》《世》」注：「鄭司農云……《繫》《世》謂《帝系》《世本》之屬是也。」〔註10〕大祭祀讀禮法，史以書，敘昭穆之俎簋（注：「大祭祀，小史主敘其昭穆，以其主定《繫》《世》、祭祀；史主敘其昭穆，次其俎簋」）。〔註11〕這實際就是政治譜牒，孔疏指出「序昭穆」與《帝系》《世本》譜繫傳統的關係，而《帝系》存於漢人《大戴禮記》，《世本》則有數種清輯本。此乃譜系敘事所由其的政治—思想背景，其意圖無非慎終追遠、沿波討源，以為現實秩序之合法性確立文化根基。職是之故，譜系成為維繫國家、家族的重要手段，是以國有帝系、世本，家族有譜牒，從家國而浸及於社會、文化等領域，是以佛家有「傳燈」「印心」之法，而儒家有「道統」「公案」之書。其要義在於，通過編制法統或學統譜系，確立對自家思想的文化合法性。顯然，筆法授受的傳統圖式，即由神人而蔡邕而鍾王的敘事模式，與堯舜孔孟道統嫡傳的文化心理圖式如出一轍。在古典語境下，傳燈印心、道統或筆法授受並不僅只是呈現純粹的歷史傳承譜系，在傳承表象的背後是嫡傳和正統的價值訴求。換言之，只有進入到筆法傳承系統中的書家，才是真正的書學正宗，其他的都只是旁門左道。這點顯而易見。按照張先生的理論區分，筆法和用筆乃是兩個不同的系統，而筆法系統只不過相當於明清流派印那樣的地位。這也就意味著，以二王傳統構建的書學正宗就被降低到某一種單純的書法風格的地位，而不再是中國書法傳統上的正宗。張羽翔理論在一定程度上對筆法授受有著解構作用的，當然從他的立場上來說，他並不追求理論的圓融，倒更像一種策略，通過宣揚用筆系統、筆法系統，以瓦解筆法授受圖這一脈的影響，從而為現代書學實踐掃清歷史障礙，重新開基立業。張羽翔的做法當然值得同情，也可以理解，然而從學理上卻必須進一步呵問，用筆傳統和筆法傳統之分確實能起到廓清現代書學疆場的作用嗎？用筆、筆法果其為一事還是二事？

第三節　形式論對筆法的祛魅

　　張羽翔的用筆系統之說，乃是出於對當下新出土書痕跡的新方法。既然

〔註10〕（唐）賈公彥：《周禮注疏》卷二六，《十三經注疏》本，中華書局，1980年版，頁818中欄。

〔註11〕《周禮注疏》卷二六，前揭，第828頁中欄。

筆法授受傳統確立二王正宗，那麼二王一系之外的其他便只是旁系。張先生將二王系統稱之為筆法系統，而將二王以外的系統稱之為用筆系統。這種劃分基於碑、帖之辯而更深一步，如果說碑帖僅僅著眼於書法載體的表面，那麼筆法—用筆的劃分其實便是基於形式論的、技藝觀念上的一種重新勘察。問題只在於，這種劃分的理據是否有效？張羽翔關心的是實踐效果，而我則關心其理論根基是否成立。當然，我的目的並非是反駁張羽翔，而只是試圖理解筆法問題的實質。實際上，傳統語境中，筆法無非也就是「用筆之法」的意思。趙孟頫《蘭亭十三跋》「書法以用筆為上，而結字亦須用功。蓋結字因時相傳，用筆千古不易」，這也只不過說的是筆法問題。啟功先生將結字理解為寫字結構，而將用筆等同於筆劃，遂駁斥趙說，以為結構居先，個別筆劃不會影響字的大體。〔註12〕啟功之說當然完全成立，然而這並不一定符合趙孟頫「用筆」之意。用筆者，筆法耳，就是歷代相沿的諸如九勢、八法之類，這些用筆的基本原理當然「千古不易」。用筆系統本就是筆法系統，張先生主張用筆系統包含筆法系統，此說實踐可行，理論上卻未達一間。筆法所以形成點畫的痕跡，而用筆乃所以揮運之理。筆法就是用筆之法，用筆乃筆法之用，二者乃是體用關係，實非包含關係。張先生標揭這兩種系統，意在解決長期以來二王系統的影響焦慮。既然傳統上認為二王系統乃書學正宗，而安陽書跡、青銅刻銘、西陲及南楚監督、漢魏碑版等所表現出來的二王之外的書風，如何納入到書法的現代化建設中來，這是當今不得不面臨的理論問題。張先生創出用筆、筆法系統之說，其試圖在書法上開疆拓土的意圖顯然可見。如今通過引入前二王或二王之外的異端書風，對經典書法樣式的淡化同時催生新書法樣式。以便達到創造新的書法「形式」的初衷。

這裡顯然能夠窺見張羽翔前瞻後顧、進退維谷的矛盾心態。一方面，他要離析用筆、筆法，另一方面他又將筆法歸入用筆系統，他沒有傅山關趙董那樣的決絕姿態，而是徘徊瞻眺。從個人因素上說，可能因為張羽翔書法乃從二王入手，過於決絕無異於自我否定；而更根本的問題則是，消解二王筆法無異於自掘書法藝術的墳墓。與一般的傳統書家不同的是，張先生切入中國書法傳統的角度卻是西方的形式構成理論，以西方理論介入中國文化傳統，折射的仍是兩種不同的文化理念之爭或對話的問題。從書法形式的角度切入，從而得以理解當下中國的書法，通過借鏡「形式」這一西方理論，張先生反觀

〔註12〕啟功先生的觀點，見於北師大錄製的書法課影像資料。

到傳統書法尤其「魏晉」或「晉唐」書法在「理念」上與現代相通，他就找到了進入傳統書法的路子。古今既然理念相通，張羽翔何以要另立名相呢？依他的解釋，是古今語言變遷導致現代人難以理解古語，而形式似乎就是他找到的易於為現代人所理解的一個術語。張羽翔試圖在筆法系統之外需找新的書法「形式」，而同時又對形式作了各種中國化的闡釋，比如將「禮」也視為一種形式；然而另一方面卻不得不對用筆和筆法系統進行調和。這種理論上的支絀不僅僅是張羽翔本人的尷尬，而是當下傳統文化所面臨的窘境。然而，張羽翔畢竟探索出一套可操作的現代書法教育之路，細味其理論和實踐，張羽翔之路可一言以蔽之，便是：以形式理論對古典筆法論進行現代性祛魅。

張羽翔將形式問題引入筆法傳統，通過對書法動作的拆解練習，使得書法成為一套遵循一定程序的、可操作的技藝；其培訓書法的模式與現代西醫的、現代大學的教育模式正是一脈相承。也可以說，張羽翔的書法培訓正是現代教育模式的應用。而現代教育模式的哲學根基，就是理性對信仰的勝利，換句話說，就是對傳統的祛魅。而現代性的危機也正緣於此，這種危機的主要表現就是唯機械論、人類中心論和唯科學論〔註13〕，書法被納入學科建制，本身就是唯科學論的反映。由是言之，形式之於筆法，也就是一個現代性問題。論書而侈談現代性，難免有疏闊不切實際之弊。不過，現代性之無孔不入卻是不爭的事實，避而不談不見得就真正於事有補。問題只在於，如何就具體問題給以切中肯綮的診斷？

張羽翔筆法—用筆系統的劃分，終究乃是基於技法層次。唯有立足於中國文脈或斯文傳統予以縱剖面的分析，才可能對筆法何以成為傳統書論的核心有切實的瞭解。時下市面上充斥著大量的「書法有法」之類的書法教材，各種書法速成班、提高班滿眼皆是。筆法的真精髓何在？問津者寥寥。書法一旦成為某種技能，一旦可通過固定程序或模式速成，無異於宣告筆法可以授受，這就打破了筆法傳承的神秘感。這使我聯想到關於筆墨的爭論，吳冠中先生曾有篇名文《筆墨等於零》，其大意為一句話：「脫離了具體畫面的孤立的筆墨，其價值等於零。」〔註14〕吳冠中此論一出，掀起了一場曠日持久

〔註13〕陳懷敏、高峰強：《過程、整體與和諧——後現代語境中過程哲學與中國傳統文化的碰撞及啟示》，《華東師範大學學報》，2009年第三期。
〔註14〕吳冠中：《筆墨等於零》，《中國書畫》，2005年第九期；韓小蕙：《我為什麼說「筆墨等於零」——訪吳冠中》，《美術》，1999年第七期。

的學術論戰，其波及之廣不亞於當年聲勢浩大的《蘭亭序》辯論。這恰恰反應了筆墨問題之於中國傳統書畫的重要性。筆墨問題與筆法問題關係密切。對筆法、筆墨傳統理論的質疑也好、堅守也罷，都是中國書畫從古典形態向現代形態過渡的時期必然要涉及的理論。吳冠中從「油畫中國化」與「中國畫現代化」的關切審視筆墨問題，將傳統理論予以形式化的解讀或引入到情本位上來。書法也同樣面臨類似的處境：就縱剖面言之是傳統書法現代化問題，就橫向而論則是中國書法與國際藝術的關係問題（我們避免使用書法國際化一類詞彙）。形式恰恰是理解域外藝術的鈐鍵所在。自西方文藝復興以來，西方通過對基督教等神秘主義意味的藝術傳統的祛魅，形成了現代藝術的新傳統，這個新傳統就建立在理性的哲學根基之上，實踐上的可操作、可傳授正是藝術之理性的反映。現代藝術不需要再像伊安（柏拉圖《伊安篇》）、赫西俄德（《神譜》）那樣通過神靈傳授，也無需類似於《格薩爾王傳》說唱藝人那類伏藏—識藏的曲折過程（《不動使者陀羅尼秘密法》載伏藏之法）；形式完全可通過訓練掌握，而理性便是窺破古人秘密的強大工具。張羽翔引入西方形式論，成功地實現了對傳統筆法的祛魅，筆法這個本來令古代書家頗感神秘的東西，而今昭然於天下。

張羽翔通過對形式要素的分析，將書法視為可分析、可把握的對象，從而造就了轟動一時而今餘波未已的廣西書法流派。對形式的引入，固然一方面提升了對傳統書法的理解，然而書法究竟是一種有形式的意味還是有意味的形式，〔註15〕諸如此類的預設不得不認真面對。決定了中國書法價值的是否乃形式本身？換言之，形式是否中國書法傳統的核心問題？形式與筆墨、或者形式與用筆或筆法究竟何者更為根本？張羽翔說，他願意只做一個「表面」的書家。〔註16〕然而表面背後意味著什麼？形式理論所照燭下的筆法真相是否真的大白於天下呢？

張氏以形式說筆法的做法，顯然是中西文化融合的產物。然這種融合卻完全遮蔽了中西不同的藝術起源（當然，藝術也是一種回溯式的叫法）。西方藝術起源於被柏拉稱之為「自然的模仿」，它以理念論（由此流衍為形式）

〔註15〕 此二語參寒碧：《謝稚柳陳佩秋書畫集序》，載《詩書畫》，2014 年第四輯，第192 頁。

〔註16〕 谷松章、樊利傑、張羽翔：《專訪張羽翔：做個很「表面」的人》，《青少年書法》，2006 年第 12 期。

和兩個世界的劃分為其鈐鍵，而以本質主義為其特徵。然而這種哲學容易導致如貢布里希所評論的那種後果：定義為上天所制定，而理念永恆不變，有固定的輪廓和永恆的法則，從而成為藝術哲學和象徵符號哲學所敬畏的起點。〔註17〕這種起點容易引起某種僵化的、機械的程序，從而蘊含者可能的藝術危機。以形式論說筆法，並不能真正挽救傳統書法，恰恰有可能對書法傳統造成最大的戕害。這種戕害乃是以損失書法所蘊含的斯文價值為代價。書法之能成為形式，恰恰在於它並不模仿任何既定的理念或形式，而是內宇宙的流溢，是個人修養的外化，一言以蔽之，書為心畫。這與西方藝術論是根本不同的（西方抽象藝術或與書法相關，然將之視為表現藝術也與比擬不倫之嫌）。

第四節　祛魅之祛魅：重審斯文傳統與書法

現代文化是特別理性主義的，相信理性的權力，一旦對此點有所懷疑，那麼現代社會就會陷入到危機之中。〔註18〕形式論是一種現代理性主義的展現，它以祛魅的方式將「筆法」變為一種可以操作的技藝。但是技藝能造就一大批能書的書寫藝人，卻難以成就具有創造性的書家。書史上，能夠佔據一席之地的書法家恰恰是以「筆法」而非技藝名世。筆法仍舊是極為神秘的，上引《筆法授受圖》中的蔡邕其筆法「受之於神人」，「神人」為筆法授受傳統的起點。何為「神人」？神人有兩種可能，其一是神仙，如《漢書·郊祀志上》「天子既聞公孫卿及方士之言，黃帝以上封禪，皆致怪物與神通，欲放黃帝以接神人於蓬萊，高世比德於九皇，而頗採儒術以文之。」〔註19〕公孫卿為漢武帝時著名方士，「神人」與「怪物」並列，當指神仙無疑。其二，為至德之人。《莊子·逍遙遊》所謂「神人無功」者即是，莊子形容其狀貌云：

> 「藐姑射之山，有神人居焉；肌膚若冰雪，淖約若處子；不食
> 五穀，吸風飲露；乘雲氣，御飛龍，而游乎四海之外；其神凝，使
> 物不疵癘而年穀熟。」注：「夫神人即今所謂聖人也，夫聖人雖在廟

〔註17〕貢布里希著、楊成凱、李本正、范景中譯：《藝術與錯覺》，廣西美術出版社，2012年，第86頁。

〔註18〕丁耘譯：《現代性的三次浪潮》，載劉小楓：《蘇格拉底問題與現代性：施特勞斯講演與論文集（卷二）》，華夏出版社，2008年，第33頁。

〔註19〕《漢書》，中華書局，1962年，第1233頁。

堂之上，然其心無異於山林之中，世豈識之哉！徒見其戴黃屋，佩
玉璽，便謂足以纓紱其心矣；見其歷山川，同民事，便謂足以憔悴
其神矣，豈知至至者之不虧哉？」〔註20〕

這裡描繪的是一種理想人格，不嬰於俗物，不染於塵垢，超脫於世事而
神馳天外，與日月並生，與天地為一，行動合乎天道。作為筆法授受譜系起
點的「神人」，當以第二種含義為佳，即筆法起源於與天地之道相契合的某種
理想主義。這種理想主義是天地奧秘的體現，因此以「神人」來命名之。筆法
授受系統的理想主義不是現代理性主義。它參與宇宙奧賾的探索，它開啟天
地人之間的對話路徑，歸根結底，筆法授受系統以「天地之美」「古人之全」
為最終的皈依。

而歷代書家在談論其學藝經歷時，莫不有一段奇特的參悟之路。比如王
羲之觀鵝而悟之字的寫法，張旭觀公孫大娘舞劍而悟草書筆法，文同說「余
學草書幾十年，終未得古人用筆相傳之法。後因見道上鬥蛇，遂得其妙，乃
知顛、素之各有所悟，然後至於此耳。」〔註21〕筆法授受在古典傳承中恰是
不能傳授的，因此古人往往將用筆予以神化，衛夫人《筆陣圖》曰「夫三端之
妙，莫先乎用筆；六藝之奧，莫匪乎銀鉤。」〔註22〕將用筆或筆法視為窺測
天地奧妙的手段，筆法就像上天布氣一樣，而形成風格就如大地運化一般，
筆法和天地之道勾連起來，隱藏著「六藝之奧」（六藝載天地之道）。古人又
常常以戰爭比喻用筆，書法就像攻城略地一樣需要嚴陣以待。王羲之《題衛
夫人筆陣圖後》「夫紙者，陣也夫紙者，陣也；筆者，刀鞘也；墨者，鍪甲也；
水硯者，城池也；心意者，將軍也；本領者，副將也；結構者，謀略也；颺筆
者，吉凶也；出入者，號令也；屈折者，殺戮也」。〔註23〕從這個意義上說，
筆法授受並不能通過手把手的教育而實現，所謂「得之於手而應於心，口不
能言，有數存焉於其間。臣不能以喻臣之子，臣之子亦不能受之於臣」（《莊
子·天道》）。書法之所以成為一門獨特的技藝，乃是因其「有數存焉」，數乃
惟恍惟惚之事。正是由於用筆的神秘性，古人關於書畫的神怪敘事亦極夥，
如《歷代名畫記》卷四引《郭氏異聞記》「昔建州浦城縣山有獸名駭神，豕首

〔註20〕（清）郭慶藩：《莊子集釋》，中華書局，2006年，第28頁。
〔註21〕文同書論，載崔爾平：《歷代書法論文選續編》，上海書畫出版社，1993年，
　　　　第162頁。
〔註22〕《法書要錄校理》，第6頁。
〔註23〕《法書要錄校理》，第10頁。

人身，狀貌醜惡，百鬼惡之，好出水邊石上。平子（張衡）往水邊寫之，獸入潭中不出。或云：『此獸畏人畫，故不出也，可去紙筆』。獸果出，平子拱手不動，潛以足指畫獸，今號為巴獸潭。」〔註24〕此事《百家》記為魯班畫蠡：「公輸班之水見蠡，曰『見女形』，蠡適出頭，般以足圖畫之，蠡引閉其戶……」〔註25〕（《類聚》卷 74、《御覽》卷 188、卷 750 引《風俗通》引），《三齊略記》作秦始皇左右圖海神〔註26〕（《水經注・濡水》引），《水經注・渭水》記作魯班圖忖留神〔註27〕：其敘事大略相類，要之皆突出畫家奪造化之功，乃至神明皆參與其中。

　　何以古人如此神化筆法，筆法果真如此神秘嗎？對此，作為後人，我們只能嘗試著作盡可能地理解，而不宜斷然持否定態度。何則？理由不言自明，因恰恰是神秘的筆法授受傳統為中國書史樹立了歷代傚仿的典範。張彥遠所記錄的這個筆法授受系統，在某種意義上是一種隱微寫作的教誨。後人應當以嚴肅的態度來看待這個敘事傳統，「神人」指向對宇宙的整全理解，而技法卻達不到。在傳統中國，書法是少數精英而非全體大眾的事業，如同哲學或科學一樣。它將視為真理的東西透露給少數穎悟之人，而又不影響大多數人對於普遍意見的認知與責任。〔註28〕否定或消解這個傳統，今人的藝術也就成為無源之水、無本之木。理解筆法的神秘性，應當深入到中國傳統思想的根本中，古典思想和現代思想的差別在於其保留了神秘主義的一隅之地。古人多注意到陰陽之道和書法的關係，點畫的俯仰向背、章法的黑白疏密都屬於陰陽之道，這是可以理解和把握的形式問題。而這種可把握的東西背後，卻與不可把握的神秘性相互依倚。但今人關切點畫和古哲學的關聯，卻停留在較為表面的層次，其原因就在於，淡化或消解筆法的神秘性也就割斷了書法藝術和古哲學血脈相依的內在關聯。

　　點畫何以能夠牢籠宇宙、法象天地。這其實並不難理解，只需要看看《說文》就能知道，「倉頡初作書，蓋依類象形，故謂文；其後形聲相益，即謂字。

〔註24〕　（唐）張彥遠：《歷代名畫記》，《畫史叢書》本，上海人民美術出版社，1982年，第 61 頁。

〔註25〕　（唐）歐陽詢：《藝文類聚》，《唐代四大類書》本，北京，清華大學出版社，2003 年，第 1234 頁上欄。

〔註26〕　王國維：《水經注校》，上海：上海人民出版社，1984 年，第 476 頁。

〔註27〕　《水經注校》，第 607 頁。

〔註28〕　林誌猛譯：《注意一種被遺忘的寫作藝術》，載劉小楓編：《蘇格拉底問題與現代性——施特勞斯講演與論文集（卷二）》，華夏出版社，2008 年，第 157 頁。

文者，物象之本；字者，言孳乳浸多也」(《說文解字序》)〔註29〕。因為中國文字肇始之初採取了「依類象形」的方法，文字最初乃是物象的描摹。隨著對外物理解的日益深刻，不可能一事一文，遂而有字的產生。不過文字—宇宙萬物之間的法象關係卻建立起來了。這也在某種程度上形成了中國人感知事物的方式，以「取象」思維為主導而和西方分流。〔註30〕從「取象」的角度，對於中國書法等現象的闡釋可能更加貼近古人。

由於中國哲學建立在象的關聯性而非本質主義的抑或矛盾律基礎之上，乃有諸如屋漏痕、折釵股一類的點畫評語，乃有所謂清風淡月、瑤臺散仙一類的風格之論。這不只是感悟式的評語，而是取決於中國人把握世界的特有方式，取決於我們看待萬物的態度（比如曾有關於中醫是否科學的討論，甚無謂）。從「取象」的角度，我們只能說，儘管點畫、章法等可以通過形式教學等技能手段作一定的培訓，然而筆法授受卻仍然有其神秘性，這個神秘性絕不能通過理性—對象的方式予以徹底照察，而保存這些微神秘正是斯文傳統可得進一步發揚光大的活水源頭。

中國文化傳統中，書法為小道。顏之推列之於「雜藝」，且強調書法「不須過精」《顏氏家訓·雜藝》，而今人書法大家的王羲之、顏真卿等人，本人並不因書法而自鳴，書法之所以列為小道，乃是因為有經世濟民的大道在焉。書，無非乃「游於藝」之一端而已，筆法之所以神秘，並非因為其技能，而是因為斯藝承載的精神內涵。所以書史上多以人傳書。

斯文傳統本有隱微一脈，孔子著春秋，而云「微而顯，志而晦，婉而成章」(《左傳》成十四年)，易道廣大而「顯諸仁，藏諸用」「百姓日用而不知」(《繫辭》)，大道甚夷而「惟恍惟惚」(《老子》二十一章)，古人以神道設教，「民可使由之，不可使知之」(《論語·泰伯》)……這類觀點廣泛見諸於聖人之書，歸於神秘主義而以現代祛魅精神一語抹殺，顯然過於粗暴簡單。只有立足於斯文傳統精神的內部，才能對斯文傳統中的神秘精神有所體察。斯文傳統並不將宇宙萬物視為可掌控、可分析研究的對象，而是持天人同構、物我一貫的方式。換句話說，中國人所建構的宇宙哲學並非主客二元論的，而是將人視為宇宙中的一分子，以有機的方式看待物我。這種思想傳統決定了

〔註29〕（漢）許慎：《說文解字》，中華書局，1983年，第314頁。
〔註30〕關於這一問題的深入討論，請參拙文：《二分與三合：從言—文角度看中西思維方式的分野》，《鄭州大學學報》，2016年第二期。

中國不可能出現類似於西方式的知曉一切的理性主義、分析主義態度。

《周易》「聖人有以見天下之賾，而擬諸其形容，象其物宜，是故謂之象。」這是對宇宙奧秘的把握方式，是乃有「立象以盡意」的易象表達。如果說書法可以形式主義的態度進行闡釋的話，那麼在「象」的層次上與形式主義存在某種可以溝通的可能；而不加任何反思、通過語境和概念的移植，將植根於西方文化的觀念、方法或概念視為具有解釋一切異質文化的「先天合法性」，這種態度顯然在理論上是難以自洽的。

至此，對張羽翔的書法理論和實踐就有了進一步理解的可能。筆法授受傳統自然有隱、顯兩層，這不是書法獨特現象，而是植根於斯文傳統的必然現象。書法的顯白層面乃是筆法技藝，而隱微層面則是書者的修養，是以魯公之書乃「忠憤所激發，至性所鬱結」（顏真卿《祭侄文稿》王頊齡跋語）而「神物護持」，其筆法之所以傳世乃因「德」與天地感應，這正是筆法之神秘性的原因所在。書史傳統中的書法理念（嚴格來說，書法這個詞本身就是立足於現代立場的回溯）、書法實踐以及書法教育，都與斯文傳統相匹配。而現代學科建制完全是仿照西方而來，其理念、方法都植根於西方的現代二元論哲學。因此，以一種二元論哲學切入到非二元論思想系統中，勢必圓鑿方枘。而現代中國又急於求成以便於國際對話與世界接軌，一方面以粗暴、簡單化的態度對待斯文傳統，而另一方面卻又對異域文化的觀念、理論和方法不作任何反思，以一種迷信的態度認為異質文化具有解釋本土文化的先天合法性。因此，本土傳統在現代化轉型中的削足適履、南轅北轍現象便在所不免。

張羽翔現象的便是這方面的一個特例。其書法教育、書法實踐上的成功，表明了某種現代因素的成功。然而張氏本身無論是否有清晰的意識，他對異質文化是否能夠恰切地理解本土傳統，保持有相當的警覺，這是其高明之處。就其取得的書法業績而言，他作了一件以形式存筆法的大事。張羽翔宣稱他僅僅做個表面的人，又以一種戲謔的、反諷的、玩笑的姿態授課和論書，是有感於斯文將墜而不與莊語，還是欲以他山之石挽救斯文頹弊？或者二者兼而有之？

第六章　古今「藝術」觀與井上有一及日本現代書法

　　現代學科建制中，書法通常被視為與繪畫、舞蹈等並列的「藝術」，國人對此似亦不甚深辯。殊不知，「藝術」一詞，實包含有古今中西諸維度，所謂失之毫釐謬以千里，如何釐清「藝術」與傳統書法的糾葛，如何在釐清的基礎上重新審視華夏書法的審美邏輯。對於書學而言，並非一可有可無的問題，職是之故，本書即以日本現代書家井上有一為個案，對古今之「藝術」做一分析。

　　井上有一是對中國當代書壇影響甚大的域外書家之一，他以「書法的解放」「書法是萬人的藝術」等論點為中國書界所熟悉。從某種意義上說，井上有一等日本現代書法流派對中國現代書法的勃興起了推波助瀾之功，理解中國現代派書法不能繞過此人。然井上有一又是個相當特殊而複雜的存在。論其身份，他是一位日本書家，受教於上田桑鳩，浸潤於東瀛而非大陸的書法傳統；而這兩個傳統之間偏偏是治絲益棼的錯綜關係。更為切要的問題是，井上有一的書法主張又恰恰具有極強的現代藝術特徵，他雖然出於古典傳統，卻以現代派書家的面目名世，難以將其置於傳統書論畛域進行評價，因此如何恰當地把握井上有一洵屬一道難題。理解井上有一必須以理解日本現代書法傳統為其前提和關鍵；而理解日本現代書法又必須對西方抽象藝術理論作適當的反思，同時勢必回溯日本古典書道傳統。書法、書道、藝術等等古典和現代的觀念紛至沓來，釐清這些關係乃理解書法從而理解井上有一的關捩之所在，而尤其核心的觀念乃在於「藝術」的不同指謂。

第一節　日本現代書法譜系中的井上有一

　　大陸所展出的井上有一書作，略而言之，主要有三種類型〔註1〕。其一，是傳統的臨書，以臨寫顏真卿楷書如《顏家廟碑》等為代表，此種書體儼然光明正大的廟堂氣象，井上有一把握的也恰到好處，將顏真卿寬博蕭穆、嚴正敦厚的特點發揮得相當突出。井上有一之臨顏體，與王冬齡臨寫《龍興寺碑》，都是現代書家對傳統工夫的展示。另一類別便是所謂的少字數派，包括「鳥」字系列、「貧」字系列等等，這一類書法為井上有一的創作大宗，巨幅的和紙上，或潑墨、或飛白、或絞轉、或滯澀、可謂揮灑如意而又意態橫生。再有一類便是以碳素筆寫成的漢和混合之書。這便是所謂「新調和體」。這三種書體構成了井上有一的主要面目，在一定程度上也代表了日本多數現代派書家的創作取式。而井上有一在日本現代派中，並非領風氣之先者，其所以在中國暴得大名，或當歸功於其追隨者海上雅臣和一了的大力宣介。就傳統書體而言，日本書法史也稱得上源遠流長，其自南北朝以來和朝鮮半島的民間交流，到遣隋使、遣唐使、遣宋使的頻繁滋溉，以及學問僧的東渡西來，中國和日本之間的傳統書法交往並未中斷，從傳統而言，雖則有「筆道」「書法」等細微差別；然就大體而言，中日書法本自同宗同源，一概相量並不為過。井上有一的傳統書法，並沒有什麼特別之處。即便其於顏真卿用功甚深，而較之大陸如錢南園、譚延闓等前輩書家而言，不啻寒鴉之於彩鳳。因此，若論井上有一的傳統工夫，不宜估計過高。他之作為書家的出名，主要還在於現代派書法的創作。

　　如果細析井上有一的現代派書法創作，則他在日本現代派書法譜系上，卻又並非最為出色的人物。有一儘管因少字派書家而聞名於世，此派的主要領袖人物實際上卻是手島右卿、上條信山等。尤其是手島右卿，以其「燕」「虛」「崩壞」等作品橫空出世，堪稱少字數書派的經典。〔註2〕至於井上有一，只不過少字數派書法的實踐者和跟隨者而已。至於在其創作中地位遜於少字數書法的新調和體（或謂之現代詩文體），首倡者卻是金子鷗亭。這位金子鷗亭有所謂《和體論》之作，對傳統書法以漢詩為主要內容深致不滿，而主張以日常生活的口語文、自由詩、短歌等等為表現題材。此種論調一出，

〔註1〕井上有一作品在中國大陸多次展出，最近一次為清華大學藝術博物館的《東瀛的鐘聲——井上有一作品回顧展》（2020.11.20～2021.03.28）。
〔註2〕劉斌：《「少字數」書法的觀念來源與創作》，《文藝研究》，2008年第七期。

假名書法乃成為頗受歡迎的書法表達形式。金子鷗亭因此被授予文化勳章。調和體之所以能夠被接受，根本原因恐怕和賀茂真淵、本居宣長等所謂「國學家」者流排斥「漢意」、張揚「和魂」的民族主義傾向相似。〔註3〕假名書法之被接受，正是針對純漢字書法的一種反動。要而言之，井上有一併未預於始作俑者之列，而以書法的實幹者為大陸和日本書壇所接受。論少字數書法，井上有一的成就不及手島右卿；論調和體書法，他又沒有金子鷗亭那樣的書壇首倡者地位。何以其有如此廣泛的影響力呢？除了實際的現代派書法創作業績之外，井上有一之所以廣受關注，恐怕在於他那兩句振聾發聵的吶喊：「書法是萬人的藝術」「書法的解放」。他以一種極其平民化的姿態將書法的現代性特徵推闡到極致，這便是井上有一的獨特性之所在。井上有一的存在，乃是平凡的存在，他之所以傑出，乃是平凡者之倔強的生存姿態的傑出。所謂知人乃可論事，此理可一以貫之於論書。井上有一的生平，詳細記述於海上雅臣的《書法是萬人的藝術》，此書已有中文譯本。〔註4〕井上有一是凡人中的藝術家，青年時遭遇東京大空襲，而產生精神上的極大震撼，他經歷一段抑鬱不得志的潛伏期之後，出道而與森田子龍、長谷川三郎、野口勇等結成墨人會。井上有一自感平淡、家徒四壁，而又孜孜不倦地習練書法，歷三十七年之久，其絕筆則是在得了肝癌的情況下完成。他以其書法狂人、藝術鬥士的姿態，終於成為日本現代派書法的代表人物之一。至此，我們應對日本的現代派書法作一概覽。

　　日本現代書法的興起，或追溯到二戰前的昭和八年（相當於西曆 1933年，即法西斯主義抬頭之際），以「書道藝術社」的成立、《書道藝術》這一刊物的發表為其標誌，聚集了諸如上田桑鳩、石橋犀水、金子鷗亭、大澤雅休、手島右卿等一大批年輕書家；而其真正的精神新變，則發生在二戰之後。〔註5〕所謂精神新變，因二戰的結束，傳統價值全盤坍塌，書法作為傳統文化價值的典型代表，首當其衝為革新派所關注。傳統書法何所往成為一個迫切問題，針對這一問題，遂而催生了所謂的日本現代書法。一時之間，諸

〔註3〕〔日〕本居宣長：《玉勝間》，載王向遠譯：《日本「物哀」》，吉林出版集團有限責任公司，2010 年。

〔註4〕〔日〕海上雅臣著，楊晶、李建華譯：《書法是萬人的藝術》，中國人民大學出版社，2012 年。

〔註5〕魏學峰：《日本現代書法藝術的形成和發展》，《貴州文史叢刊》，1989 年第二期。

如前衛派（上田桑鴻、大澤雅休）、少字數書派（手島右卿）、新調和體派（金子鷗亭）等如雨後春筍，占盡風騷；「奎星會」「墨人會」等書學團體相繼成立。〔註6〕現代派書法的精神導師則是老一輩的比田井天來，這位比田井天來卻堅信王羲之執筆法。〔註7〕他受業於日下部鳴鶴，日下部鳴鶴則問學於楊守敬。由此而言，所謂現代派書法實則帶有濃厚的古典傳統的底色。問題在於，現代派書法究竟「現代」在哪裏呢？

現代派之鼎足而三，而又各不相同。其中前衛派最為激進，基本上以瓦解古典傳統為己任。比如古典書法有閱讀功能，前衛書法則將文字的閱讀功能過濾而出，使其成為僅止於欣賞的造型藝術。傳統書法重視臨摹，而前衛書法則以脫離字帖、師心自用為其理論基點。最根本的是，前衛書法依託西方藝術理論，視「藝術造型」為主要目的，而大量動用了西方藝術手段，從而營造所謂的藝術空間。而新調和派則最為保守，除了和漢混寫的特質外，基本遵循了古典書道的規範。而這種和漢混寫的新調和體，其實從紀貫之的《古今和歌集》抄本算起的話，也算得起源遠流長。居中的便是少字數派，此派特徵可概略如下：就其少字數的格式而言，似可遠溯物勒工名的陶刻、金石傳統，而其直接參照便是條幅和中堂。他們以現代藝術理念出發，主張拋棄漢字的表意功能，追求點、線、構圖之獨立，從而宣洩情感。而這種對意義的拋棄，又需要從漢字形式的方向強化造型，以節奏展示書法展示書法的律動之美、以布白展示書法的空間之美。

實則，所謂現代書法，只是現代藝術運動的一個組成部分，這場運動的背後有政治環境、經濟背景和社會思潮暗中左右。20世紀三十年代，歐洲現代抽象主義畫家亨利·米肖（Michaux Henri）、美國現代油畫家馬克·托貝（Toby Mark）便將書法吸納到其創作中，可謂抽象主義的先行者，然但開風氣未成氣候。現代派書法之所以在日本生根發芽，開花結果，乃因特殊境遇所釀成。二戰對人類社會的衝擊之大世所共知，經濟凋敝而民生多艱，日本成為兩大陣營鬥爭的前哨和政治較量的棋子。傳統價值崩潰並非日本所獨有現象，而是世界共同面臨的困境。在這樣的背景下，解構的、分析的思想遂成為世界文化的主流，而抽象美術也猛力衝擊文藝界，現代書法家的理論主張和實踐與抽象藝術逐漸合流，乃以流行藝術的眼光照察書法，摩盪砥礪，

〔註6〕鄒濤：《日本現代派書法的興衰》，《中國書法》，1995年第四期。
〔註7〕王文傑：《略讀日本現代系書法》，《上海藝術家》，2010年第四期。

形成一股不可遏止的滔滔洪流，在歐美舉辦數次日本書道的展覽，引發了相當的國際關注，其中井上有一、手島右卿可謂風頭甚勁。然而，現代書法在發展過程中過也必然遭遇難以調和的尷尬和困境，這便是其對傳統質素矯枉過正，前衛書家不惟放棄了毛筆這一基本書寫工具，而代之以油彩筆、碳素筆等等；更有甚者，前衛書家連文字這一最核心的書法內容也棄之不顧，而朝向抽象符號的方向，其書法完全就和抽象藝術合流。其為主流書界所放逐在所難免。傳統乃是其不可繞過的一股力量。上田桑鳩、大澤雅休、宇野雪村等退出官方日展，便是一個極佳的說明。[註8] 這便是現代派書法的一個大致背景，也是進入井上有一書法的前提。而理解現代書法進而理解井上有一，其中相當核心的一個觀念便是「藝術」。恰恰是現代觀念的勘測下，書法才被闌入「藝術」的樊籬之中，現代書法的一系列特徵，需從「藝術」觀念才可得以廓清和理解。這便是我們需進一步考察的問題。

第二節　西方「藝術」觀燭照下的書法迷局

　　將書法闌入藝術的藩籬之中，乃有諸如以下的新變，古典書法之以實用功能而兼具審美功能的綜合特質蛻化為獨尚疏泄性情、轉移心緒意趣為目的「藝術品」。而現代派書家有賦予其所謂「藝術獨立」的名義，本著所謂「為藝術而藝術」的現代品格，按模脫墼，描頭畫角，有意義、有內涵的文字僅止於造型需要的形式素材，脫離實際內容的純視覺形式成為現代藝術的前提。以藝術的、或者說形式主義的現代立場出發，現代書法對文字的表達功能作了極為深入而大膽的挖掘，線條、墨點都被賦予形式主義的表達。既然書法僅止於形式而已，那麼何必受制於意義的拘牽，何必建立在漢字基礎之上，這便是前衛派書家以抽線畫為書的內在邏輯理路，這也是少字數派敢於以單字或僅僅使用偏旁的理由，這更是調和派將假名納入書法藝域的契機。質言之，這便是所謂以現代「藝術」切入書法的理路。這種理路實際通過兩套不同的觀念、話語、表達方式接榫而成，亦即現代書法乃是書法—藝術兩種不同的觀念嫁接而成之物。唯其為嫁接之物，現代書法難免呈現出圓鑿方枘的生硬、滯澀之弊。這種生硬滯澀的根由在於源自於中華文脈的書法與始於西學傳統的「藝術」本自殊途，以現代精確思維裁量斯文道脈，必然誤入歧

〔註8〕鄒濤：《日本現代派書法的興衰》，《中國書法》，1995年第四期。

途。〔註9〕因此，必須對藝術作現象學的還原，方能對書法傳統有體貼的把握。

如上所述，現代書法的主要理論參照便是所謂現代藝術。中國的、甚至日本的書法傳統儘管有綿延千年的悠久歷史，然而在古典價值體系框架中，並沒有現代觀念上的「藝術」質素。現代所謂藝術者，源於拉丁語 ars，有「技藝、本領、特長」等諸多含義〔註10〕，其對應的希臘詞便是 τέχνη。希波克拉底有句名言 Ὁ βίος βραχύς, ἡ δὲ τέχνη μακρή（載其 Aphorismi《格言》），拉丁文翻譯為 Vita brevis, ars longa「生命苦短，藝海長青」。ars 抑或 τέχνη 的基本含義，乃是人類所能掌握的「技藝」，這種技藝根源於古希臘羅馬傳統，為人類社會把握自然界的對象化之物所依仗的本領。這種傳統儘管奠基於宗教或說秘索思基礎之上，視世界為神明創造或神力衍生的產物（如《神譜》《變形記》等所云），然卻蘊藏了理念和現象界的主客二分的哲學萌蘗。這種二分經由文藝復興、啟蒙運動等現代性闡揚，成為現代西方世界觀的基本架構。

人類技藝先天便帶有某種神聖性質（最初的技藝比如用火、造字皆追溯到某位神明），這也是所謂文化英雄神話發達的原因（比如《世本・作篇》以及《山海經・海內經》等）。對於技藝的神賜認識尚可追溯到更為久遠的蘇美爾的史詩傳統（如史詩《恩美卡與阿拉塔之王》記載，印南娜從父親埃阿那裡騙取 me 到烏魯克，此 me 即多種技藝的集合）〔註11〕。由神學論籠罩的技藝觀與藝術尚有一定差距，儘管其間存在相當密切的文化血脈關聯。藝術之獨立乃以神學的瓦解為其前提，而無論古希臘羅馬傳統、基督教傳統，都難說有什麼獨特的藝術或曰純粹的藝術品。坊間流行的各種藝術史之類，顯然乃是回溯的結果或追認的產物。脫離宗教功能抑或實用特性的藝術必須等到「現代」意識的萌生，而現代意識萌生的一個重要因素或曰特點便是對於理性的運用，而離析、分化又與理性應用如影隨形；奠基於主客二分觀念基礎上的支配自然、改造自然等觀念，也為現代藝術提供了哲學上的依據。正是對神學傳統（此處我們並包希羅基督）的分判，乃有現代諸種學科的誕生，藝術便也赫然在列。當然，此處僅勾勒其大概，其具體分合演化情形至為複雜，非三言兩語所能描述。我談此點，意在凸顯藝術之由古典傳統逐漸分化出來

〔註 9〕寒碧：《山水是道》，《詩書畫》，2016 年第四期。

〔註10〕謝大任主編：《拉丁語漢語詞典》，商務印書館，1988 年。

〔註11〕拱玉書：《升起來吧！像太陽一樣——解析蘇美爾史詩〈恩美卡與阿拉塔之王〉》，崑崙出版社，2006 年，第四章。

的發展趨勢。至於與現代派書法結緣甚深的抽象派美術,則更是「分析時代」的產物。康定斯基所創造的「顯微鏡式」的藝術理論可謂明證。〔註12〕

然而,問題也就隨之而來,以「顯微鏡式」的分析眼光固然能夠創造出流行一時的抽象藝術,固然能夠強化對藝術的現代化理解,能否實現對古典傳統的恰切體察?能否真正進入古人的精神世界?在我看來,這顯然成其為問題。現代藝術僅止於實現自身的藝術訴求而已,卻未必有勾連傳統、理解古典的擔當。正是在這個意義上,現代藝術呼應瞭解構主義、分析主義的理論主張,從而為後現代敞開了一閃大門。然而,割裂傳統甚至離析傳統甚至廓清傳統,乃是一相當危險的藝術取徑,而現代派藝術的發展邏輯顯然會朝向這個危險之途。倘細繹其中緣由,恰恰由於現代「藝術」之分析、解構古典的衝動使然。無論抽象派的藝術,還是井上有一等為代表的現代派書家,都過分地強調了造型而相對忽略了價值內涵,從而朝向一種褪盡內容的純形式的「藝術」演進。這種趨向勢必將藝術導向一種沒有任何實際內容的無物之陣。這種無物之陣恰恰是一個「藝術」迷局。就井上有一的作品而言,形式主義的無物之陣表現已經初見端倪。此次在太廟所展出的草書如「屬」「舟」「盡」等雖然與古典傳統尚有些微關聯,然基本上已經面目全非,只生下單純的筆痕、墨漬,文字本身的意義是朝著抽空的方向發展的,作者意在強調造型或結構。就其觀念的直接來源而論,這種極其現代主義的表現手法,完全是現代藝術的產物,而與古典傳統相距甚遠。〔註13〕

要破解現代書法的無物之陣迷局,從西方現代藝術觀入手無異於作繭自縛;必須開闊視野,從非西方的、非現代的眼光反思現代藝術、現代書法。就藝術這一線而言,應當以對西方古典的反思為其前提,進而聯及其他區域。就書法這一線而言,應當以對書法本身觀念的反思為其前提。而古典傳統乃是照察現代藝術現代書法的背景。正是由於現代書法的非傳統、反傳統特質,我因此特別關注其與傳統書法之間的關係。以現代「藝術」為主要觀念基礎的書法實踐,果然將傳統廓清了嗎?現代書法能離開傳統獨善其身嗎?金子鷗亭之倡導書寫日常之詞,井上有一之以書法為萬人之藝術,是否果真意味著傳統在這裡已經不再有維繫力量?

〔註12〕羅世平、魏大海、辛麗譯:《康定斯基論點線面》,中國人民大學出版社,2003年。

〔註13〕《書法的解放——紀念井上有一百年誕辰》,2016年12月20日開幕。

第三節　斯文傳統中的「藝術」——書「道」

　　古典傳統是理解現代藝術—現代書法理所當然的背景。「藝術」乃是一現代觀念沾溉的產物，如前文所云，古典語境中的 ars 抑或 τέχνη 皆有「技藝」功能，而詳其所出，這種「技藝」乃以神學觀為之底蘊、以主客二分的世界觀為之依據。歐洲古典繪畫、雕塑等被現代人指為「藝術品」之物，泰半為神像或與宗教有關，於茲可見一斑。神明是價值意義的泉源，世俗人像往往以神靈或宗教氛圍為背景，即便文藝復興以後，布歇等宮廷豔情畫家雖旨在娛樂君王，卻也遮遮掩掩打著神明的幌子。馬奈的《草地上的野餐》之所以不見容於當世，根本原因乃是因其涉及塵世生活而觸犯了奠基於神學基礎上的道德價值體系。職是之故，勾連藝術與古典「技藝」甚或指古典「技藝」之物為藝術品無非一套現代敘事話語而已。分剖這套話語的古典淵源，乃有助於我們對藝術之現代含義的深入把握。「藝術」之為現代觀念沾溉的根本質素乃在於其世俗化特徵。但這是回溯西方藝術觀所得出的結論，若對照東方，則與此大相徑庭。東方傳統雖無神學觀之籠罩，卻也沒有現代藝術那樣的觀念。

　　日語中芸術音讀為げいじゅつ，實則擷取自華夏古典。藝術二字相連，語出《後漢書·伏湛傳》：「永和元年，詔無忌與議郎黃景校定中書《五經》、諸子百家、藝術。」李賢注：「中書，內中之書也。《藝文志》曰：『諸子凡一百八十九家』，言百家，舉其成數也。藝謂書、數、射、御；術謂醫、方、卜、筮。」〔註14〕注釋將藝、術分而言之，正是古典語境用例之常。按照李賢的解釋，「藝」正本儒家經傳「游於藝」「藝成而下」等觀念而來，而術乃側重於方技數術之類，在傳統儒家價值體系中，藝的地位高於術。然前文既已有「五經諸子百家」等字，則《後漢書》此處的藝術恐語義重點仍在「術」，李賢但注明藝術各自的本義，而並未點明其在此語境的用意。至唐人撰《晉書》乃開出《藝術傳》，序謂：

　　　　藝術之興，由來尚矣。先王以是決猶豫，定吉凶，審存亡，省禍福。曰神與智，藏往知來；幽贊冥符，弼成人事；既興利而除害，亦威眾以立權，所謂神道設教，率由於此。然而詭託近於妖妄，迂誕難可根源，法術紛以多端，變態諒非一緒，真雖存矣，偽亦憑焉。

〔註14〕（南朝宋）范曄：《後漢書》，中華書局，1965年，第898頁。

聖人不語怪力亂神，良有以也。逮丘明首唱，敘妖夢以垂文，子長
繼作，援龜策以立傳，自茲厥後，史不絕書。漢武雅好神仙，世祖
尤耽讖術，遂使文成、五利，逞詭詐而取寵榮，尹敏、桓譚，由忤
時而嬰罪戾，斯固通人之所蔽，千慮之一失者乎！詳觀眾術，抑惟
小道，棄之如或可惜，存之又恐不經。載籍既務在博聞，筆削則理
宜詳備，晉謂之《乘》，義在於斯。今錄其推步尤精、伎能可紀者，
以為《藝術傳》，式備前史云。〔註15〕

　　唐人所謂「藝術」與范曄無別。其對「藝術」的理解卻值得借鑒。這段話
包含如下重要觀點。第一，從功能論的角度點明藝術的功用，藝術的首要功
能是立足於政治角度理解的，是「先王」興利除害、威眾立權的工具。第二，
對藝術的功用又作了辯證分析，指出「藝術」有真偽之別，不能一概而論。第
三，從史學的角度對藝術的發展做了簡單回顧。「藝術」首唱於《左傳》《史
記》，漢武帝、光武帝有對其有所闡揚，然難免千慮一失。第四，對藝術的價
值進行評估，藝術雖有可取，終屬於小道。然則何種「術」才是諸史所謂的藝
術呢？從《晉書》所列舉的淳于智、吳猛、佛圖澄等人的傳記來看，《晉書》
所謂藝術，實則主要偏於「異術」，如《封神演義》姜子牙冰凍岐山、《三遂平
妖傳》胡永兒撒豆成兵一類。然儒家傳統不語怪力亂神，藝術雖有裨先王聖
道，終究不在經術大道之列，是以夫子廁之末位，「志於道，據於德，依於仁，
游於藝」；倘若不修道德，畢竟「藝成而下」。至於方望溪以藝術為經術（《答
申謙居書》之「藝術莫難於古文」），特偶爾用之而已。要之，藝字甲骨金文本
會種植之意，術本為邑中之途，種植之技，邑中之路，皆小道而不入古人經
緯之大業，亦自在情理之中。由此觀之，則古典漢語語境中的「藝術」乃以經
術大道為其參照背景，從而也難以會通現代藝術觀念。

　　從以上對藝術的審辯來看，以西方現代「藝術」觀來評騭書法，可謂牛
頭不對馬嘴，現代書法的癥結和尷尬正在於此。一方面，其以背離傳統的姿
態試圖與傳統決裂，卻又很難入於西方現代藝術的正宗。另一方面，其過度
激越的現代藝術宣言，又很難獲得傳統藝術的體貼和認同。因此，現代藝術
陷入到非此非彼、亦此亦彼的兩難境地。其經歷短暫的興盛之後迅疾偃旗息
鼓，個中道理恐怕正由於它模棱兩可的身份定位。欲破除這種尷尬的身份迷
局而開出另闢蹊徑，恐怕必須賡續其已經切斷的古典書法道脈。恰恰「藝術」

〔註15〕（唐）房玄齡等：《晉書》，中華書局，1974 年，第 2467 頁。

的古典語義為其重歸斯文傳統開啟了可能的途徑。漢語傳統中,「藝術」雖然不專指書法一途,書法卻也恰是經術大道之一脈,「六藝」古訓中包含「書」藝在內,此「書」藝正是後嗣書法、書道的濫觴。而作為日本現代書法之所從來的古典書法傳統,恰恰有「道」之名。由此言之,古典之「藝術」恰恰是對現代「藝術」觀念的撥亂反正。

　　日本自江戶時代以來書法稱為「書道」,此前則稱之「入木道」、「筆道」等。而此道與「茶道」「神道」乃一脈相貫,音讀どう,訓讀みち,實則乃取自漢語中的「道」。從入木等觀念而言,日本書法與華夏本土的文化關聯可謂深湛。書道本華夏固有稱呼,「道」「法」二字互為表裏,書法云云,並未改書道本來含義。以書道、書法為中日之別,未免數典忘祖之譏。就日本書法脈絡而言,實際步趨華夏,今所傳較古書跡,如江田船山刀銘、稻荷山鐵劍銘皆古墳時代之物,論者或以為風神近似《好太王》《嵩高靈廟》。〔註16〕後遣隋使、遣唐使入華,購入王羲之摹本甚夥,因有「入木道」之稱,唐初皇室崇尚逸少〔註17〕,彼邦也風行草偃,乃有最澄、空海、嵯峨天皇、橘逸勢等二

〔註16〕雷志雄:《日本金石舉要》,湖北美術出版社,1998年。

〔註17〕劉餗《隋唐嘉話》卷下:「王右軍《蘭亭序》,梁亂出在外,陳天嘉中為僧永所得。至太建中,獻之宣帝。隋平陳日,或以獻晉王,王不之寶。後僧果從帝借拓。及登極,竟未從索。果師死後,弟子僧辯得之。太宗為秦王日,見拓本驚喜,乃貴價市大王書《蘭亭》,終不至焉。及知在辯師處,使蕭翊就越州求得之,以武德四年入秦府。貞觀十年,乃拓十本以賜近臣。帝崩,中書令褚遂良奏:『《蘭亭》先帝所重,不可留。』遂秘於昭陵。」又《法書要錄》載何延之《蘭亭記》「右軍亦自珍愛寶重,此書留付子孫傳掌。至七世孫智永,永即右軍第五子徽之之後,安西成王諮議彥祖之孫,廬陵王冑昱之子,陳郡謝少卿之外孫也。與兄孝賓俱捨家入道,俗號永禪師。……禪師年近百歲乃終,其遺書並付弟子辨才。辨才俗姓袁氏,梁司空昂玄孫……蕭翼報云:「奉敕前來取《蘭亭》,《蘭亭》今得矣,故喚師來取別。」辨才聞語,身便絕倒,良久始蘇。翼便馳驛而發。至都,奏御。太宗大悅,……命供奉拓書人趙模、韓道政、馮承素、諸葛貞等四人各拓數本,以賜皇太子諸王近臣。貞觀二十三年,聖躬不豫,幸玉華宮含風殿。臨崩,謂高宗曰:「吾欲從汝求一物,汝誠孝也,豈能違吾心耶,汝意如何?」高宗哽咽流涕,引耳而聽制命。太宗曰:「吾所欲得《蘭亭》,可與我將去。」及弓劍不遺,同軌畢至,隨仙駕入玄宮矣。今趙模等所拓,在者,一本尚值錢數萬也。人間本亦稀少,代之珍寶,難可再見。」根據劉、何的記載,唐太宗極為珍視王羲之書法,乃至於以《蘭亭》隨葬。然《新五代史·溫韜傳》:「韜在鎮七年,唐諸陵在其境內者,悉發掘之,取其所藏金寶,而昭陵最固。韜從埏道下,見宮室制度,宏麗不異人間,中為正寢,東西廂列石床,床上石函中為鐵匣,悉藏前世圖書,鍾王筆跡,紙墨如新,韜悉取之,遂傳人間。」可見劉、何所載並非空穴來

王書風，後三人更被稱為平安「三筆」。自唐末喪亂，日本廢除遣唐使，在漢字草書基礎上，出現了假名（實際據六書的「假借」之法推闡而來），日本書法也逐漸出現所謂「和樣」書風，以與唐樣書分庭抗禮。其中小野道風、藤原佐理和藤原行成，世人稱之為「三跡」。〔註18〕由此而產生了諸如「法興寺派」「青蓮院派」等多種流派。鎌倉時代，通過經濟、宗教交往，蘇黃以及張即之的書法在日本頗受推崇，其中禪僧發揮了重要作用，乃逐漸形成南北朝和室町時代的所謂禪宗書風。〔註19〕安土桃山時代織田信長和豐臣秀吉稱霸東瀛，獎掖文化，到江戶時代出現近衛信尹、木阿彌光悅、松花堂昭乘所謂「寬永三筆」。黃檗三僧因避國難，和朱舜水一起開創了新唐樣書風。〔註20〕江戶末期，出現以教授書法為職業的行當，因此乃有所謂「書道」的產生，經由幕末三筆的過渡，到明治初期楊守敬攜帶大量六朝碑版到東瀛，日下部鳴鶴、岩谷六一及松田雪柯等共往請益；由此日本書壇漸染北碑之風，經比田井天來、西川春洞等而過渡到上田桑鳩、西川寧等現代書法，楊氏因此被尊為「日本書道現代化之父」。〔註21〕

就這個脈絡而言，日本書法與中國書法之間存在亦步亦趨的關係，楊守敬在中國書法傳統中並不算一流人物，清末民初書法名家輩出，人才濟濟。康有為、梁啟超、吳昌碩、李瑞清、沈曾值、于右任等更是開啟了中國書法現代轉型之路，日本雖有明治維新的歷史成功，書道仍寂然，嗣後遂走上軍國主義擴張道路，文化淪為政治和軍事宣傳的工具，直到二戰以後乃有現代書法的興起。然現代書法的基本理念和套路仍不出古典範疇，比如西川寧出於西川春洞，而後者問學於晚明諸位碑學大家。因這層原因，西川寧的大字橫匾、點畫頓挫，多有北碑的影響；青山杉雨喜作鳥蟲書，不難看出金石的印跡。從這一角度來看，現代書法根本上仍屬於傳統書法畛域。就文化脈絡而言，它從根本上屬於由華夏道脈所開啟的斯文傳統，而與基於西方文脈的藝術傳統殊途異派。

對西方當代「藝術」觀的審辯，進而溝通古典「藝術」與現代書法的關

風，唯「鍾王筆跡」中是否有《蘭亭》，則未知其詳。故啟後人爭辯，為書史上一大懸案。

〔註18〕韓天雍：《日本書法經典名帖・三筆三跡》，中國美術學院出版社，2001年。

〔註19〕雷志雄：《日本墨蹟舉要》，湖北美術出版社，1998年。

〔註20〕金墨：《日本唐風書法精選》，中國書籍出版社，2014年。

〔註21〕劉長春：《楊守敬——日本現代書法之父》，《作家》，2005年第十一期。

聯，從而得以從斯文道脈返觀日本現代書法，廓清當代藝術對書法傳統的歪曲和腐蝕，將其重新撥回到華夏文脈的正軌上來。

在此我重申前旨，當代「藝術」觀念僅止於現代的產物，其思想淵源的根本在於現代。是以理解現代藝術，重要的問題並不在於其藝術與否，而在於理解藝術如何和現代勾連在一起。惟其如此，才能真切把握現代書法的問題。既然藝術是現代的產物，則書法與藝術的勾連必然仍只是一個現代問題。也就是說，書法並非先天地就相關於西方現代藝術，我們必須將現代書法所賦予的「藝術」品性和書法剝離開來。剝離開書法和藝術，現代書法的問題才能看得更加深切。剝離開書法和現代藝術，賡續書法的古典血脈，從書法的縱向溯源角度探究其現代問題。

第四節　重拾斯文道脈的「藝術」傳統

井上有一書法作為萬人的藝術這一口號，顯然基於推進書法現代化的立場。書法現代轉型、書法現代化是東亞書法共同體所面臨的共同課題。日本現代書法又將書法現代化推闡到極致，同時也開啟了對書法現代化命題的深入反思。對書法現代化反思乃以反思現代性為其思想背景，而反思現代性的前提乃是對西方文化之古今裂變的反思。因此問題的癥結還在於如何看待所謂西方文化的古今斷裂。

所謂古今斷裂，乃西人出於論證現代之合法性而刻意凸顯之。著眼於斷裂來看，古今之分判若懸宇；若著眼於連續而言，古今無別，可謂同條共貫。只是現代性理論奠基於古今斷裂的視角，我此處因此特別強調古今的差異。若探究古典和現代的根本精神分野，恐怕還在於德性的位置。現代性以開創了諸如理性精神、自由平等、民主憲政等等為其主要特徵，凡此種種皆奠基於人類的理性精神基礎之上，從而與古典精神之以信仰為根基分道揚鑣。因此信仰與理性之爭被施特勞斯學派視為古今之爭的核心問題，施派政治哲學如今在中國炙手可熱，此處我不做過多引述。〔註22〕所謂信仰與理性之爭乃有詩與哲學之爭、雅典與耶路撒冷之爭等問題推演而來。其中詩哲之爭乃古希臘文化的內部問題，而雅典與耶路撒冷則是希臘文化和基督教傳統碰撞之

〔註22〕可參中國比較古典學學會編：《施特勞斯與古典研究》，生活・讀書・新知三聯書店，2014 年。

後的問題，信仰與理性之爭則是現代性萌生之後的西方文化奠基問題，從大視野而言，這些問題整體上屬於西方內部，儘管施特勞斯也著力關注諸如邁蒙尼德、阿爾法拉比等阿拉伯哲人，然仍舊基於阿拉伯人注釋西方經典的角度來理解。在這一意義上，我們說施特拉斯學派之反思現代性儘管深刻，終究改變不了其作為西方人的眼光。我的用意與此派不同，施特勞斯學派的現代性反思為我們樹立了一個樣板，提供了一個參照。從東方人的角度看西方，所謂詩哲之爭也好、雅典與耶路撒冷也罷，僅只是西方內部的問題，僅止於區域的地方性知識，必須將東方文化的命題考慮進去，現代性反思才稱得上是徹底和完善。我此處之關注古典「藝術」觀問題，其初衷便在於此。我試圖從古今之爭的核心問題引出對書法現代性的反思（現代「藝術」觀）以及德性和書法關係的（古典「藝術」觀）思考。

　　井上有一宣揚書法為萬人的藝術，值得認真審辯。所謂藝術云云，如前論乃是立足於現代而言，就是相當於抽象藝術一類的觀念。關於此，上文已經做過分剖，將書法闌入藝術乃是現代性介入的結果。從古典的角度，應當將藝術和書法剺離。剺離書法和現代藝術，是否意味著藝術觀念不能用於書法？是又不盡然，立足於古典立場，書正是經傳六藝之一，正是藝術的嫡親正派。然則，此藝術非彼藝術，就藝術的古典意涵而言，恰恰側重的是對德性的涵育。游於藝或者具體而言遊戲於筆墨者，根本宗趣在於澡雪精神、滋養性靈。古人所謂「書乃小道」，小者，是說書法本身不能作為目的；道者，謂其有安身立命之功用。就傳統理念而言，書法與「為藝術而藝術」的藝術目的論勢同冰炭，水火不容。在此，井上有一的書法觀便應當作徹底的反思和廓清，這種廓清基於對現代藝術的徹底反思和否定基礎之上。書法而為萬人的藝術，以平民精神、大眾文化的崛起為其前提，它所針對的恰是貴族的、精英的文化。這種口號指向了一種人人而書法、人人而藝術的願景。然而，這種願景果然符合書法之為書法的本然嗎？抑或，此種願景僅僅是一種策略或口號？關於此點，並不能以「然乎然，不然乎不然」之類的齊物境界來詮釋，它實實在在地表達了不同的文化立場的分野，乃是精英主義的文化立場和大眾主義的文化立場的較量。藝術觀或者純粹的藝術觀念恰恰是立足於大眾主義的產物，它著眼於民眾可以啟蒙的理論前提，以前所未有的力量擊破了貴族文化。當下正是大眾文化大行其道的時代，各式各樣的「書法」藝術正在街邊、公園、文化場館甚至官方場地上演。它以人人皆有理性從而人人

皆自由為其預設,而這種自由又是以現代啟蒙來保證的,卻從未對啟蒙何以可能作起碼的反思和批判,從未曾意識到大眾啟蒙乃以人類精神的平庸化和俚俗化為代價。啟蒙不啟蒙、自由不自由、理性不理性進而現代不現代等問題,完全掩蓋了好還是不好、典雅還是庸俗等根本性的問題。而好不好、典雅還是庸俗的分判標準恰恰是其德性內涵或精神品格。書法之「萬人」化、書法之「解放」乃以其精神品格的淪喪為代價的。這便是井上有一進而現代派書法帶來的流弊。

然而書法現代化之路就此關閉了嗎?質言之,書法之現代與否僅止於名相而已,所謂道行之而成、物謂之而然,現代僅僅是一「謂之」之物。古典和現代本自同條共貫、一脈相承,問題不在於現代與否,而在於以斷裂論的立場界定現代。摒棄斷裂論的界定立場,乃可觀察到古今中外道通為一的精神血脈之所在。從道通為一的立場看,現代書法、古典書法、日本書法抑或中國書法皆只是人之存在方式的外化之物而已,本不必此疆彼界、畛域判然。井上有一等現代書法衣缽的是楊守敬等古典北碑派的法乳,其與古典書派的血脈關聯殊難斷然分割。問題只在於破除現代—古典的執著、化解藝術—書道的墨守。然而這並不意味著「以道觀之,物無貴賤」,而是轉換觀念,以好不好的眼光重新審視現代書法。現代書法的問題在於其精神品格的卑微和沒落,其原因乃在於以「自由」之名過度釋放了人性之消極面、陰暗面。我之所以強調古今的對立,意在將古典「藝術」觀的德性質素引入對現代書法的批評,以德性取代諸如自由、理性觀念,問題便越發凸顯。

「萬物各遂其性」,性猶分也,天所分有,人率性而為,憑天分而行動,方為各遂其性。遂性乃可謂之自由。但萬物天分、有深有淺,古典遂性論不以平等為其目的。其中關捩便在於涵育德性,所謂克己復禮、所謂自反而縮,皆是以涵養德操、參贊化育為其旨歸,唯其克己、唯其自反,方為萬物遂性的不二法門。從自反、克己的修證工夫返觀當下的自由論而言,當下自由論的最大問題乃在於其以「爭」的姿態取代了自反的精神。當下自由精神的外鑠特質投射到書法上,其以普遍的張揚的、劍拔弩張的或者媚俗的、矯揉造作的面目出現,便在情理之中。這便是其精神品格下淪的原因之所在。

職是之故,現代書法欲克服其流弊,或者說欲重振書法的風操,重拾古典「藝術」精神的墜緒便是必然之途。然重拾墜緒,並不意味著單純的復古,而在於以今日之眼光重新審查古典傳統。古典傳統並非先天給定之物,而是

因時而變的闡釋之傳統。就今日之眼光看，古典傳統應當具有世界襟懷。埃及的、蘇美爾—巴比倫一系的甚至瑪雅的書寫傳統都應當納入我們的視野。重審這些傳統的目的並非獵奇，而在於對滋養我們的斯文傳統有更深切的理解。唯其以世界的恢弘眼光觀之，現代書法方能走出窮途末路，重開闊廣闊的新天地。這個世界眼光並非強加給古典傳統的，而是基於如下判斷：中國向來便是世界的中國，斯文傳統乃世界文化傳統之一大脈絡，與域外文化水乳交融、難分你我。割裂中國與域外文化的態度，與西人之割裂古今、主張西方單線發展同弊。書法傳統與域外文字傳統殊有關聯，這種關聯當然並非顯而易見，而是內在神髓上的一脈相貫。楔形文字傳統的契刻、壓印、縱向取勢與甲骨、金文並無二致，埃及文字的銘石、用墨與漢字也精神相通，而瑪雅文字的取象方塊、方圓兼濟與漢字神似。我們現在對幾大文字系統之間的關聯尚不清晰，然漢字為其中之集大成者當可斷言。兼容並包的態度如何能挽救現代流弊？蓋知世界文字的大格局，則廓然心胸，從而以更深邃、更宏觀的眼光看待書法問題，而破除漢字現代化的魔咒（主要指走向西方抽象藝術、符號化、拼音化等傾向而言）；瞭解文字的偉大意義，對漢字的存在就會更加自信，乃知文字體系曾在歷史上發揮極大的功用，從而對卓立於世的罕有的文字系統和書法傳統更加珍惜，以自覺抵制那種變亂祖宗之法的塗鴉行為。

第七章 「亂書」與書法的「裝置」問題

　　由於將書法視為現代「藝術」並且不加反省地納入西方藝術史規律之中，現代書法創作之推闡到極致，自覺地向西方藝術看齊，而通過「裝置」等手段，中國書法也逐漸打入國際市場，為歐美社會所接受。其中一個重要人物便是王冬齡。王冬齡的亂書為現代書體之一，王先生因這種書體被書壇譽廣為讚譽，亂書之以亂為名，究竟何為乎來哉，又將焉往？亂書在引發一輪熱議的同時，也留下了諸多有待探討的問題。

第一節 「亂書」釋「亂」

　　2017 年 10 月在北京飯店召開的王冬齡書學研討會上，亂書釋名是一個相當熱門的話題。張頌仁先生從反義為訓的角度，指出亂者、治也；並藉此批評了域外以 chaos 對譯「亂」的不當。亂書果然意在秩序、規則嗎？從王冬齡先生本人的創作而來，其亂書的創作有以下顯著特徵：就書寫本身而言，書家有意識打破了傳統字字有間、行行相距的章法，而這套章法自甲骨、金文以來為歷代書寫所遵循。無論橫書還是直寫，古人都得講究字距、行距，即便草書創作偶有破體、連筆，大體仍循此例。唯其遵守這一基本規則，古代書法傳統乃是可交流、可閱讀之書。王冬齡先生的書法則完全無視這一規則，其亂書打破了字與字、行與行之間的距離，而大量採取疊壓、交錯等手法，從而形成亂雲飛渡、雜亂無章的混沌之象。單就混沌之象而言，亂書顯可謂之雜亂無章之書。故此，理解亂書之所以得名，雜亂本自是其最為直觀的、也最為應然的含義。亂書者，本是無視秩序、淆亂規則之書。

然而，亂書果然無視秩序與規則嗎？亂書若果真無視秩序與規則，何以擔當得其書壇所賦予的「僅此一」書之盛名？亂書若果然為放棄法度、率爾塗鴉之作，又何以能夠引人入勝而博得眾多年輕朋友的青睞？亂書之為亂，必然有其內在的動人之處。我對於亂書並未作全面的考察，僅就個人的有限觀摩而言，王冬齡先生的亂書創作，在運筆、結字、行文、布局謀面，又嚴格遵循了古典書法的既有傳統。其草書結體泰半皆有來歷，並非如現代派書家那樣憑空臆造；其運筆成篇皆遵循了古典傳統，只是呈現為視覺形象時，表現為外在形式的雜亂而已。一言以蔽之，他的創作過程乃是「循古之道，以求亂象」。就此而言，恰恰契合了張頌仁先生的反義為訓原則，即亂書本意在求秩序，乃是一種不亂之亂，無法之法的創作。

王冬齡的亂書果然已經臻於無法之法的書學境界，從而完成了一種書法體式的革新，成為書法之現代轉型的成功樣板了嗎？是否可以說，亂書可以謂之王體，從而與蘇體、趙體等古典書體並美書林，為一代書學之軌範？是又言之過激矣。從古典書法的傳統切入，亂書仍不免局促、瑣屑、蕭瑟，而缺乏蘇、趙等經典樣式應有的雍容典雅。這種氣質上的內蘊不足，乃是由於其書寫材料、書寫方式和書法呈象的非傳統特徵。王氏之書雖然也有中規中矩的紙墨之作，然並不能代表其真正的成就。而代表其成就的，恰恰是那種在材料、形式上的非傳統乃至於反傳統之作。與傳統書法以宣紙和墨為主要創作媒介不同，王先生的書法更多的借鑒了西方藝術裝置，諸如鋼板、人體、鏡面等等為書寫媒介，同時更多地以現場表演的方式進行創作。究其使用材料之大膽、篇幅之巨侈、表達之現代等諸多方面而論，都難以將其置入古典書法傳統的譜系中進行討論。故謂亂書為王體，為古典書法之現代轉型，未免言之過甚。

然則亂書並非古典書法之後嗣，而為西方現代派藝術之代表耶？有專家從康定斯基、蒙德里安等人的藝術理論切入，置之於西方現代藝術的脈絡中，將其與西方抽象藝術關聯。〔註1〕就其抽象性、就其對西方現代藝術的接納而言，亂書或可謂之西方現代藝術之一脈。不過論其根底，卻不得不承認亂書畢竟還是從書法這門傳統技藝（在此，我暫不使用藝術這一概念）派生而來的。亂書的書寫內容乃是中國的傳統經典，如《易經》《老子》《逍遙遊》《心經》等等，而其書寫的方式，如我前文所講，又嚴格遵循了書法的內在

〔註1〕參「第三屆《詩書畫》年度展：道象──王冬齡書法藝術」沈語冰教授答問。

規則。亂書因此乃是一個迷霧之陣，理解亂書，必須循名責實，從亂書之亂尋根糾源。

王冬齡曾受教於林散之、沙孟海及陸維釗諸大書家。其亂書之「亂」當自散聖之「散」、沙孟海之重拙推闡而來。把握住這一點，我們就有充分的理由將王先生放置在中國書法傳承的譜系中來理解。就亂之何以亂的問題來說，它有其一脈相承的精神系譜。而這個系譜乃是植根於中國文化傳統內部、不假外鑠的。因此，完全可以從中國書法傳統的內在理路剖析王先生的亂書。

散聖之散書的風格，主要得意於其對傳統書學的浸淫，他在結識黃賓虹之後，受其教誨，曾有歷時八月的遊學經歷，得以觀摩歷代摩崖刻石，博綜百家。而其中王鐸的漲墨之法、黃賓虹的焦墨、渴墨、宿墨對其「散」風的形成當有關鍵意義。然這僅僅屬於技法層面，最為根本的因素乃於植根於華夏傳統的「散」之精神，這種精神自道家的「支離」、「散人」「散木」等以散的精神發其端，至於文人對散人的推崇極其盛，散人為說部及民間習見用語（如陸龜蒙《江湖散人傳》：「散人者，散誕之人也。心散、意散、形散、神散，既無羈限，為時之怪民，束於禮樂者外之曰：『此散人也。』」）延宕而至於書法，乃有旭素等「潑墨」「狂草」、魯直之崇尚古拙，米芾之譏評惡札以迄於太原傅青主，始倡「四寧四勿」的書論……這構成傳統人文精神中重要的一條線索，即以「散」「支離」「醜拙」等作為對僵化的、腐朽的既定秩序的瓦解動力。明乎此，則王冬齡的亂書何以亂，便可以得到精神譜系的闡發。其本人也正是從道家、禪宗等角度切入「現代書法」的，並將之視為和儒家精神氣局不同的「異端」。〔註2〕由此而言，亂書者，散書之後嗣，而支離精神之苗裔也。

但是，如果將亂書放置於支離—散的精神譜系中來，則必然會面臨嚴正的駁詰：亂書何所為而作？畢竟，道家的支離精神乃針對儒家禮法的極端，黃、米的革新針對唐楷的森嚴，而傅山提倡醜拙則是針對時風的俗媚。以此而言，亂書難道針對的是某種堂皇正大的氣象而發嗎？難道當代書法中果然多有堂堂之陣、正正之旗的書家者流在焉？如果亂書不是針對「治」書而

〔註2〕王冬齡著、田淵編：《王冬齡談現代書法》，中國人民大學出版社，2015年，「現代書法精神論」等文章。當然，儒家和禪道不同也僅籠統言之，若細論之，仍一脈通貫。

發，那麼其自身又胡為乎來哉？當代書壇所缺乏者反倒是正大的堂皇氣象，這也就是何以前段時間網絡上對「醜書」發難的因由之所在。這段公案的是非曲直姑且不論，現代書壇罕見莊嚴寶相，而多奇怪之作卻是不爭的事實。若說亂書乃因矯正時弊而發，恐難令人首肯。

這就暴露出亂書本身的存在意義，即亂書不是為解決書法內在發展的問題而出現，恰恰是應對書法發展的外部的文化危機而作。故而理解亂書，還不能僅僅放置於傳統書學的精神譜系中，而必須跳出傳統書學的譜系，從更廣闊的外圍環境予以把握。

第二節　書法的現代焦慮

亂書自身是個矛盾的存在體。就亂書之技法、內容而言，它更多的是恪守了古典精神的家法；而就亂書之形式、創作流程而言，它又完全是西方藝術的、反傳統甚或非傳統的。橫亙在古典傳統與現代化精神之間的，是古典技藝如何實現其現代化轉型。書法現代化是傳統文化現代化的重要部分，而文化現代化乃是當下所有知識人所面臨的相當迫切的問題。現代化的緊迫性有意無意地造成了一定程度的文化焦慮。亂書之亂，也可以理解為傳統書法在遭遇現代性時的自亂陣腳而被迫應戰，書法現代化並沒有按照傳統書學的自然發展理論水到渠成，而是被現代化潮流挾裹著步履蹣跚地前行。亂書便是這條文化現代性的崎嶇之路上的一個象徵、一個符號、同時也是一個試探，它嘗試著重新開啟一扇文化的精神之門，卻不得不採取了某種委曲求全的方式。

亂書大量採取了西方現代藝術裝置，甚至使用了人體。這完全是一種現代的、西方的理解方式。裝置藝術與波普藝術、觀念藝術等皆有一定聯繫。從上世紀五十年代開始，藝術家們試圖尋找一種新的語言、概念來重新理解「藝術」。就其廣義來說，是力圖創造一種新型藝術；就其狹義上來看，則是在探求一種新型的藝術表達方式。〔註3〕裝置藝術在九十年代益發具有自覺性，注意到立體空間和媒介較之平面繪畫傳承語意所不可替代的直接性、明確性和生動性。裝置藝術改變了傳統的題材─技法的繪畫習慣，也改變了在

〔註3〕謝豐、陳小文：《走出架上繪畫──略談美國當代裝置藝術》，《美苑》，1993年第二期。

二維平面中製造三維幻覺幻象的審美模式。〔註4〕王冬齡的書法在某種意義上看，就是一種裝置藝術。他的書法是當代書寫新型形態，草書精神的當代實驗。〔註5〕問題的關鍵不止在於如何理解裝置，還在於如何理解藝術。藝術的現代理解乃是以對古典的革命為前提，這也就是西方史論家所喜談的西方文化斷裂論。正如貢布里希所指謫的，在 13 世紀之前，藝術與可見世界的聯繫是微弱的，而 17 世紀時的藝術家們仍然需要在神意指導下揭示世界的結構。〔註6〕儘管貢布里希的藝術史過分強調了逼真的效果，然而尚未以機械論的眼光來約束藝術。但隨著牛頓時空觀的引入，科學對藝術日益顯示其強大的干涉力量，機械論的科學世界觀逐漸取代了宗教世界觀成為藝術的主導力量，隨著啟蒙運動的深入，世界日益被理解為某種機械的、給定的、可供把握的認知對象，與之照應的藝術觀則是反映論，藝術也逐漸以「效法自然」為其目的，存在也被理解為 θέσις「設計」「裝置」，從而遮蔽了其本源的 φύσις「生生不已」，〔註7〕對世界的理解從生生的存在轉變為遵循某種既定的宇宙秩序的存在；而這種秩序，並非希臘人所謂的諾莫斯（nomos）、印度人所謂的梨多（rid）以及古埃及人所謂的瑪阿特和中國人所謂的「道」「理」那種秩序，乃是經由現代啟蒙的、有科學證明過的、放之四海而皆準的、亙古不變的鐵律。這條鐵律以真理為旗號、以科學為驗證手段，從歐洲擴張到全世界；它並且跨越其自身的疆界，成為人類一切精神領域的判官，在這條科學鐵律的狂飆突進下，人類的智慧節節敗退，而且又錯誤地將理性等同於智慧，以貌似心智提升的進化論主張宣稱人類的偉大。藝術之所以借助於裝置，恰恰折射了精神對於外鑠材料的依賴程度之深。

　　無裝置而不藝術的局面的形成，乃藝術之「現代」的一大標尺。王冬齡先生的亂書在應對西方現代藝術的語境下，不得不採取裝置。然而，裝置能否內化為書法藝術的成分嗎？裝置果然能夠觸及到書法之為書法的本源問題嗎？在我看來，這相當成其為問題。裝置之與書法的結合，與其說是書法本

〔註4〕高嶺：《裝置藝術在北京》，《美術觀察》，1996 年第三期。

〔註5〕姜丹丹：《書寫的力量與生命的轉化——論王冬齡「亂書」實驗之當代性》，《文藝研究》，2019 年第一期。

〔註6〕E‧H‧貢布里希著、楊成凱、李本正、范景中譯：《藝術與錯覺》，廣西美術出版社，2012 年，第 135～140 頁。

〔註7〕海德格爾著、熊偉、王慶節譯：《形而上學導論》，商務印書館，1996 年，「形而上學的基本問題」。

身的需要，毋寧說是書法融入「藝術」尤其「現代藝術」的權變之策（而「藝術」恰是擷取自西方文化傳統、以語境移植的方式硬性切入而來的）。這種權變之策就其效果而論，當然已初見成效。王先生的展覽在全球範圍的巨大影響，亂書之為各大藝術館列入藏品便是證明。不過，效果良好並不意味著問題也就相應地解決了。我在此仍然要追問，王冬齡的亂書是否已經完全以書法的姿態和西方藝術裝置密合無間了？換言之，彼等所認可的究竟是書法之為書法，還是裝置之為裝置？抑或，彼等所認可的是裝置之為書法，還是書法之為裝置？這仍舊是一個最為本源的、最為基礎的問題。

從書法之與裝置結合的角度理解，亂書其實已經完全拋開了傳統的內在精神，而尋求與域外文化的妥協。職是言之，亂書因此乃是傳統書法的終結者（《國語‧魯語下》「其輯之亂曰」韋昭注「撮其大要為亂辭。」《楚辭》每有「亂曰」，謂一曲之終）。這種終結乃是以對傳統世界觀的否棄為代價的，它完全放棄了書之為書的文化本源。理解此點，就必須從世界觀的角度介入書之為書的本源問題。華夏書法傳統的確立，乃是書寫傳統與世界觀結合的產物，而華夏世界觀又與現代西方世界觀存在本質的差別，它沒有一種主客二分的支配論衝動，而是一種觀象取物的、萬物一體的有機論（當然，古典希臘和印度以及中東、埃及、瑪雅之間的世界觀也與現代世界觀不同），正是這種理論照徹下，乃有所謂「書，如也」「書為心畫」等古典書論的產生，就其本源意義而言，書法之道終究以涵泳性情、模塑人格為其根本，這便是儒家所謂的「游於藝」，它是內在具足的藝術觀，而沒有把握自然、支配世界的訴求。傳統對於書法的理解乃是性靈論的，強調書法的生生不息的有機內蘊。惟其如此，無論鏤之於龜板、鑄之於鼎彝、琢之於玉石還是書之於竹帛，都貫徹了物我交融、生機不息的思想觀念（比如，摩崖書法和林木一體，而龜甲、鍾鼎則有通靈告祖之功，竹木本身即有機物，而紙則有壽千年之美譽）。書法乃是古人和社會、和天地萬物溝通的生活方式。現代藝術裝置則將書法從生活本身剝離出來，成為一個獨立的、可掌控的「對象之物」或曰「藝術品」。書法一旦成為對象之物，便切斷了其與古典精神的血脈關聯（必須說明，古典書法並非不「藝術」，而只是並非「純藝術」）。而書法之成為裝置藝術，僅僅是表面現象而已，其內在的精神斷裂才是問題的根本之所在。正是在這個意義上，亂書乃始有傳統書法藝術之終結者的意義。

亂書之以終結者的面目收場，正是因為傳統書法遭遇現代之後所面臨的

危機。這種危機究其現象而言，是兩套不同的藝術形態之間如何接軌、對話問題。亂書以折衷的方案似乎解決了傳統書法的現代轉型問題。這種解決的方式乃是以西方之裝置的新形式容納中國書法的舊傳統。從裝置的角度而論，因其書法內容而不能認其為現代藝術；而從書法的角度而論，因其現代裝置形式而又不能認其為古典書法。亂書因此呈現出一種不可言喻、不可表詮的特徵，因此呈現為一種 neti……neti（「非此……非此」）的「非書」（書「非書」大概可從此得到說明）表象，這種不可表說、不可論定的「非書」之書，只能以否定兩邊的雙遣方式（既非裝置，亦非書法）予以把握，是一個沒有實際內容的「無物之陣」的迷思，而這種無物之陣的迷思恰恰是亂書何以引人入勝的奧秘之所在。在此，我們或許能夠窺破文章開篇所提到的疑問，即亂書之不可讀而何以又有強大的吸引力。

就亂書之為無物之陣的迷思而言，恰恰 chaos 為其最傳神的英文對譯。從詞源而言，chaos 來源於古希臘語的 χάος 卡俄斯，為古希臘神話原初大神，而 χάος 和 χάϜος、χάσκω「裂開」以及 χάνδανω「包容」有共同的詞根，χαῦνος「空洞的」由此派生。由此可推斷，卡俄斯具備容納、空洞等特徵，他是個無底深淵。他黑暗而陰冷（《神譜》814），類似於天地之間的 χάσμα「空洞」。〔註8〕由詞源來看，chaos 所指涉的乃是原初的、包容的、空無的那種「亂」象：雖是原初，而實則已經預示著開端；雖然包羅萬有，而實際又空無一物；雖然為一巨大虛空，卻偏偏又萬象森羅。這種 chaos 式的「亂」，乃類似於道家的「恍兮惚兮，其中有物；惚兮恍兮，其中有象」的境界。藉此，我們就得以理解王冬齡的亂書何以以「道象」為標目，這兩者之間原本存在內在邏輯理路上的關聯。

能否由此判定，亂書藝術乃由亂而窺象，並因象而見道，成為當下大道的載體？是又不然。我們不準備像柏拉圖的阿伽通那樣將一切美好的評價一股腦兒地拋向亂書，而是本著盡可能真誠的原則，表達個人真實的想法。我以為，儘管道象以探本尋源、回歸天地之大達為其根本訴求，王冬齡的書法—裝置仍不免呈現出蕭瑟、衰颯之風。他試圖盡全力拉進古典中國和現代西方，書法傳統和現代藝術的距離，然書法—裝置本身卻並未收到令人滿意的效果；其最大的痼疾在於內蘊的匱乏。亂書以傳統經典為主要內容，以書法

〔註 8〕West, M. L. ed. *Hesiod: Theogony*, Oxford: Oxford University Press, 1966, 123 行注疏。

為表達手段，無論傳統經典和書法都無疑是內蘊極為渾厚的；西方裝置藝術當然也自有其鮮活的藝術土壤。然而這兩者或許離之則雙美、合之則兩傷。太廟的展覽會上，亂書《易經》的巨鏡置入古建之內，並沒有真正收到和諧一體的效果，而刺眼的方整的鏡面與柔和的楹柱、典雅的屋頂恰恰構成強烈的反差，這種反差給人以一種鮮明的藝術馬賽克之感。它隱喻了現代藝術僅止於生活碎片這一嚴峻的事實。和亂書同時展示的地書也同樣存在類似問題，書法表演並非當代書家的發明，也並不能作為書法現代化的標誌（張旭、懷素都有書法表演的履歷），關鍵的問題在於，地書以「藝術」的形式來展示，並且也從而成為新聞相繼報導的素材，那麼，書家的地書與公園裏的老大爺們地書之間的分野何在？

據我看來，無論藝術馬賽克還是地書之所以給人以衰颯蕭索之感，根源便在於其抽空了書法傳統長久形成的尚典雅、崇情懷、重韻味的古典內涵，而屈意迎合平民化的、大眾化的現代藝術精神。舉例言之，古典書家的創作，乃內在具足而不假外鑠的，是活潑潑的生命的當下流露，如《蘭亭序》之天機自得、《祭侄稿》之沉鬱痛切、《寒食帖》之黯然銷魂、《丹楓閣》之意圖光復、《張翰帖》之志在歸隱等等，皆與書寫著當下的心境相關，唯其發乎天倪，乃能得自然旨趣；因此能收到不假外物而萬物具備的效果。反觀之，當下藝術不免刻意太甚，而精神反覺蕭索寡味。當然貴族精神的喪失，士人氣象的萎縮，不能歸咎於王冬齡先生。實際上，王先生有著宏偉的抱負與擔當，他以弘揚書法、以書法走向世界、創造「現代書法」為己任。

回到亂書問題上來，亂書之現代轉型的委曲求全，恰恰在於其以平民精神稀釋古典精神，恰恰在於其在兩極之間的左支右拙。亂書的亂乃是彷徨無所倚的雜亂，乃是莫可名狀的焦慮（亂我心）、乃是對古典精神的回望和總結（亂詞）、乃是試圖跳出古典傳統的奮力一搏（如董仲舒之「亂」孔子之書），乃是對太初混浩之氣的追溯，同時又不得不對當下生活作出猝不及防的回應，是對現代斷片生活的反省。

如何反省當下的藝術？我以為必須賡續傳統書法的精神血脈。

第三節　書法的古今論爭

白謙慎致力於討論書法經典何以成其為經典的問題，自清代碑學衝擊經典體系以來，民間書法便成為書家汲取的資源。而對稚拙、支離的推崇便成

為瓦解古典經典體系的一大理由。普通人「有意趣」的字能否成為經典也成為一個問題，也因此，平民和精英的關係成為當下的探討熱點。平民化成為當下藝術的趨勢之後，平民精神是否也就成為當下藝術的標準？〔註9〕白謙慎所提的平民—精英因素顯然十分重要，不過我們更關注的是古今之變格局下書法將何去何從。從籠罩的而非局部的視野勘測，書法由古典而現代、由典雅而平庸的趨勢是顯然的（從國博的「古代中國」而「復興之路」走一遍，看看歷代要人的墨蹟，就會感觸深刻）。而平民化大眾化精神的泛濫，又以現代性的開啟為契機。何以言之？因為現代教育以「理性」的平等為其根本預設，在這種預設之下，一切人平等地參與到一切社會生活領域方成其為可能。現代哲人根據自然、根據某些自然權利設計了普遍社會的方案，人被視為具有某種自然天性，某種永恆不變的本性。〔註10〕由於永恆不變的本性，因此普遍參的社會就被認為是可能的。

正是由於這種普遍參與理念，現代化的設計方成其為可能。現代藝術無論其實際效果如何，其以人類的普遍參與為前提乃是不言自明的。博物館、展覽館便是最顯豁的證明。鑒於現代藝術以人人參與為其前提，平民精神、大眾旨趣便是其題中應有之義。因此，作為現代西方藝術的裝置而言，其背後潛在的欣賞者便是所有人。而中國古典書法乃是士大夫的藝術，換言之從本質上隸屬於精英階層，它以小範圍內的士人為其預設的欣賞者，從而也就牢固地堅守文人意趣（這和詩歌、文人畫乃是同樣的道理，故小說被納入經典研究之前，古代士人恥於為說部者流），從未指望所有人的參與。一言以蔽之，古典書法與現代西方裝置之間的問題，便是如何調和士人趣味和平民精神之間的巨大罅隙。然而這兩者顯然難以根本調和，強行調和，勢必以損傷古典精神為其代價，這也就是書法現代轉型中必然遭遇的瓶頸。那麼，以平民精神為旨趣的藝術就不能達到古典藝術的高度嗎？換言之，現代書法轉型不能夠達到人人皆羲獻的水平嗎？如果人人皆羲獻，何以反有現代書法造成的古典精神的萎縮之論呢？這其實觸及一個根本的問題，即人人皆羲獻何以可能？這個問題恰恰對現代藝術的定位作了根本定讞。

〔註9〕 白謙慎：《與古為徒與娟娟髮屋》，廣西師範大學出版社，2016年版，第十四章。

〔註10〕 李永晶譯：《我們時代的危機》，載劉小楓主編：《蘇格拉底問題與現代性——施特勞斯講演與論文集（卷二）》，華夏出版社，2008年，第10頁。

　　西哲指出，古典作家認為智者和俗眾之間存在一道鴻溝，這是人類的一個根本事實，無論教育如何發展，此一事實不會得到根本改變，思想為少數人的權利。而現代啟蒙運動則拒斥了這種區分。〔註11〕這種區分雖然是政治哲學角度上的，對於理解現代書法創作中古典精神的萎縮這一現象是有啟發的。多數人與少數人的區分恰恰也是中國古典精神的一個重要方面。儒家自「有教無類」（《論語・衛靈公》）推闡為「人皆可以為堯舜」（《孟子・告子下》），似乎預設了大眾啟蒙的可能性。然而，實際上，儒家又明確主張「唯上知與下愚不移」（《論語・陽貨》），明乎君子、小人之別，從而關閉了大眾啟蒙的可能（儒家經傳多以蒙、氓為訓，可窺一斑）。在傳統思想中，君子、小人是一根本的區分，智慧屬於少數的君子，所謂智愚之別，朱熹《近思錄》錄張載之言云：

　　　　凡物莫不有是性。由通、蔽、開、塞，所以有人物之別：由蔽有薄厚，故有知愚之別。塞者牢不可開；蔽者可以開，而開之也難；薄者開之也易，開則達於天道，與聖人一。〔註12〕

　　依照程朱理學，智愚之別在於性之開啟與否，人「性本善」，下愚只是自暴自棄的結果。然其落腳點仍舊是，這一區分是一個根本區分。朱子的觀點也是古典思想家的共同觀點。在這一點上，中國思想家與西方哲人並無二致。

　　這個分別不獨《六經》諸史為然，諸子百家、小說戲曲亦皆如此，它是古典社會的共識。比如，著名神魔小說《封神演義》中，截教通天教主廣收門徒、以至於披毛帶甲之類，堪稱奉行平民教育的楷模。「羽毛禽獸亦不擇而教，一體同觀」（第七十七回），碧遊宮的大眾啟蒙路線以降低神仙的修為為代價，因被黃龍真人批評為「一意濫傳，遍及匪類」（第八十四回），元始天尊左祖其門下，也委婉地批評通天教主「不擇是何根行，一意收留」（第七十七回）。而闡教門下推行的是精英主義教育，自然是擇「根行」而教，玉虛門下除了十二大弟子，不過另加上姜子牙、申公豹、雲中子數人而已。申公豹因不滿而背叛師門（《武王伐紂平話》卷下「太公水淹五將」，有申屠豹，為豹尾神，或其原型。如此，則亦被毛戴角之類），另外身份不明的燃燈、西崑崙散人陸壓也被闡教默許為門人。闡截兩教的精英教化和大眾啟蒙的路線之爭，

〔註11〕科欽撰、唐敏譯：《〈迫害與寫作藝術〉中的隱微論》，載施特勞斯著、劉鋒譯：《迫害與寫作藝術》，華夏出版社，2012年，第206頁。
〔註12〕（宋）朱熹、呂祖謙撰：《朱子近思錄》，上海古籍出版社，2000年，第34頁。

可視為孔孟以來「人皆可以為堯舜」問題的再次發酵。這個問題在中國傳統文化中答案顯然；由於對普遍啟蒙的懷疑，精英階層一貫推行「神道設教」的治理模式，所謂「君子以為文，百姓以為神」（《荀子・天論》）。這實則可對應古希臘智者派與蘇格拉底的論爭（《高爾吉亞》《普羅塔哥拉》等篇），通過與基督教的遭遇（雅典與耶路撒冷）而逐步過渡到現代啟蒙的「理性與信仰」之爭，馬基雅維利、霍布斯等人開啟的現代性論爭，理性以一往無前的力量佔據上風，人也被定義為「理性」的，從而能夠在理性的統領下，他們有意無意地導致了更激進的現代形式，而最激進的歷史主義則是「自我意識」的最高點。〔註 13〕人之理性、自由和平等的理念催生了現代公民的誕生，而現代藝術便以現代精神為之前提。這和古典精神是完全不同的（現代不再需要「高貴的謊言」）。技藝的進步乃是理性發達的重要標誌，對於裝置的重視恰恰是技藝觀念在藝術領域中的延伸。

　　然而，人果然僅僅能夠依靠理性而達到自由王國嗎？人類技藝的不斷進步果然能達到幸福的目標嗎？現代技藝所帶來的幾場災難在某種意義上擊碎了人類對理性主義的推崇。原子彈的發明、生化武器的發明皆是人類技藝的體現，但這恰恰是當下社會人人自危、是整個世界動盪不安的根源。技藝進步並沒有帶來世界大同，反而是人類分裂的原因。技藝進步的觀念是一種科學迷思，科學拒絕對整全進行終極描述，它將自身設想為不斷進步的，是人類思想超越所有先前時代的思想而取得進步的產物，它並且還將不斷進步。但這一進步的觀念恰恰違背了哲學的初衷。〔註 14〕哲學恰恰當以通天徹底的整全為關注，「明本體備萬德，含萬理，肇萬化，闡《大易》之幽旨，顯宇宙之基源。學不究乎是，則百科之知精博而無源；理不窮乎是，則萬殊之故，暗鬱而不彰」。〔註 15〕人類社會的和諧最終是以提升個人品德為其前提的，人人皆能掌握技藝，是否能保證人人皆有良好的德性，這是一個值得反思的問題。技藝與德性畢竟還是古今爭端的實質因素。〔註 16〕理解了技藝在人類社會中的價值，也就能夠對書法—裝置藝術有較為清晰的判定。質言之，書法—裝置藝術所包蘊的平民精神與精英精神的對立就仍然成為問題。實踐恰

〔註 13〕（美）列奧・施特勞斯、約瑟夫・克羅波西主編、李洪潤等譯：《政治哲學史》，法律出版社，2009 年，第 917 頁。

〔註 14〕施特勞斯著、劉鋒譯：《迫害與寫作藝術》，華夏出版社，2012 年，第 150 頁。

〔註 15〕熊十力：《原儒》，《熊十力別集》，中國人民大學出版社，2006 年，第 185 頁。

〔註 16〕劉小楓：《古典學與古今之爭》，華夏出版社，2016 年，第 107 頁。

恰表明，理性主義、技藝的發展最後只是走向了智慧的普及，卻並沒有帶來德性的普遍昇華；而大眾主義卻更可能走向平均主義，這反倒可能降低人之為人的精神高度，從而與「六億神州盡舜堯」的宏大設計背道而馳，人類社會究其本源而言，終究是一個柏拉圖意義上的洞穴社會，大部分乃是見不到光亮或者僅能見到些些微光的囚徒（儒家經傳所謂「氓」），而僅有那麼一小部分人能破壁而出，得睹天光。「神道設教」或「高貴的謊言」就仍有其存在的價值，在大眾精神取得勝利的時代，貴族精神雖則淪落、萎縮，卻並非沒有繼續存在的理由。在這個意義上，開展古今之爭便顯得仍有相當的必要性和合理性。

職是之故，書法之現代轉型本身仍舊是值得認真究詰的問題，何以書法現代化乃是天然正當的、毋庸置疑的必然選擇呢？書法之被裹挾進現代性的漩渦之中，焉能預知其禍福？預設書法現代轉型的必然性，也就意味著承認其與古道漸行漸遠。在這個意義上，問題便不止於王冬齡的亂書是否成功，而是在於書法的現代性轉型是否正當？書法何以必然要現代化？書法何以不選擇古典化之路？

這是亂書之當代焦慮，也是對華夏書法之本源問題留下的疑問。

第八章　醜書和書法的現代性問題

　　醜書作為當代書壇現象之一，折射出華夏書學傳統遭遇現代之後的一種選擇，折射出本土固有的思想觀念、審美情趣在現代商品社會中的自我定位。一言以蔽之，醜書現象乃古今之爭、東西之辯的一個絕佳案例。當代意義上的「醜書」肇端於上世紀八十年代末，經過近半個世紀醞釀發酵而蔚為風氣，近幾年終於爆發了聲勢浩大的醜書之爭。如何公允地評價醜書、進而如何公允地看待醜書現象是當代書法不能繞過的理論問題。從百度上檢索醜書，可以見到兩種針鋒相對的傾向。反對者所持的理由是醜書背離文化傳統，醜書雖以求新求變為宗旨而不免淪於尚奇追怪，且更有人進一步上升到書法腐敗的高度，主張堅決予以取締。支持者則以為醜書乃當下書法文化創新的結果。要而言之，見仁見智，難以一言而絕。不過，從兩派的勢力看來，「挺醜派」遠遠弱於「打醜派」，其原因可能在於「醜書」這一名字帶有的負面而消極的內涵，從而也就潛移默化地影響了多數人的判斷。「制名以指實」，名稱有其指謂功能，僅僅著眼於醜書之名，而拋開其具體的指謂，分歧和爭論在所難免。職是之故，釐清「醜書」的內涵乃是探究醜書問題的前提，醜書之「醜」究竟意指如何？

第一節　醜書之現代實踐與傳統碑派

　　醜書本非古典書論的固有概念，張邦基《墨莊漫錄》存《海嶽名言》二十多條，其中有「醜怪惡札之祖」的酷評，然米芾在此只是不認同顏柳書

風，元曲家馬致遠評論張玉品書法之「醜」，實為贊詞，而傅山「寧醜勿媚」
云云乃出於特定歷史條件的憤激之詞。總之，古典書論並未將醜書視為特定
的書學概念，更不曾將其視為書體中的一種，只是針對具體書法對象的感悟
和體驗。醜書一詞，經由當代書論家歸納而成為許多醜書實踐者的理論旗
幟。對醜書的看法，大略可分為兩類人，也自然分出兩個層次。其一是大眾
的層次，從最樸素的理解出發，大眾將醜書自然地理解為醜惡、醜怪之書，
一聽醜書之名，即便不曾看到書法作品本身，也毅然決然地加以拒斥。這是
一種相當樸素自然的態度。然而審美情緒不能取代對作品本身的理性評估，
不加鑒別的聞醜必斥的態度無助於釐清醜書真正存在的問題。第二類人是從
事書法理論或書法實踐的學界或藝術界，他們對醜書的態度屬於學術探討的
層次，無論其挺醜還是打醜，要之是出於對醜書現象的主觀審美感受或理性
判斷。

　　就醜書的理論分析來看，對醜書理論剖析最為深入的、並且實踐上也最
為用力的當推沃興華先生。沃先生的書學主張主要見於《論結體》（《書法》
2002 年第六期）、《論醜書》（2002 年 2 月 20 日《書法導報》）和《中國書法
網》網站所載的《論妍與醜》。沃氏理論主張大略如下：他認為結體居於點畫
和章法之間，故對應兩重身份，亦即相對於點畫而言的整體身份和相對於章
法而言的局部身份。正是基於這兩重身份，沃氏主張通過局部的不統一、不
平衡和不完整來追求整體的平衡、統一和完整。其理論主張雖不乏獨到之處，
然缺陷也是顯然的，將局部和整體的關係視為矛盾的兩截，將或然性、可選
擇性視為必然性、不可選擇性，難免流於一偏，不能令人信服。不完整、不平
衡的局部當然可以組成完整、平衡的整體，完整而平衡的局部不同樣也能組
合成完整而平衡的整體嗎？何以沃氏取此去彼？正如劉星先生等批評者所
云，沃氏的理論資源可能來自於康定斯基等西方現代派藝術理論。〔註 1〕如果
這一認定可從，則沃氏醜書論並未立足於本土傳統的實際，倒很可能是域外
現代派理論的模仿和翻版，說明醜書的理論根基乃是域外傳統。然而，沃先
生畢竟不只是西方藝術理論的盲目跟風之人，他有極為深厚的傳統藝術實踐
底子，也有相當深厚的本土理論功底，沃氏醜書論乃是有為而發，並非附趨
之作。他認為醜書乃是「時代精神」的體現，醜到極點也就是美之極致（《論

〔註 1〕劉星：《從〈結體論〉一文看沃興華的醜書理論──就形神關係說與沃興華先
　　　　生商榷》，《書法世界》，2003 年第四期。

醜書》），並隨即寫出了《論妍與醜》這篇醜書理論的鴻文。〔註2〕沃氏此文意
在為醜書正名，他從語言學的角度指出詞語荷載意義的分化所導致的結果，
醜因詞義的變窄而剝離了其相關的審美內容，導致書法理論失去張力而使得
周洽完滿的理論大廈轟然坍塌。沃氏因而主張重新激活傳統醜書理論，以便
挽救頹弊的妍的帖學。沃氏繼續以西方理論作為比附，將「妍」比附於西方
理論的優美、「醜」比附為西方理論的崇高，認為醜的書學代表便是碑派。沃
氏理論是辯證的，他並不簡單地將帖學等同於妍或將碑學等同於醜，進一步
指出碑帖內部互相比較亦各有其妍其醜。這是沃氏書學的內容，他還進一步
指出妍與醜不能僵化理解，而應當考慮到人的因素的複雜性等等。不過，通
讀全文，儘管沃氏旁徵博引，卻並沒有從理論上闡明醜書何以應當。妍與醜
的古今語義變遷自是一個問題，與醜書的實際如何並無干係。當代人批評某
人書法為醜書並不需要考慮「醜」字在古語中曾經負載了多麼莊重崇高的內
涵。而且沃氏的理論比附仍顯不倫，西方崇高一詞來自於希臘文的 ὕψος，這
個詞本義為高度、頂點，轉義為作品風格〔註3〕，朗基努斯曾說《荷馬》和《創
世紀》為此類風格的代表，這是因為它們被賦予「高不可及的範本」那樣的
文化地位。西方思想家在接納這一術語時，無論經過怎樣的闡釋（如康德的
理想主義色彩，叔本華的援佛入西），其「宏偉、雄奇、悲壯」的情感色彩總
是一貫的。而中國文化中的「醜」則自始至終不具有類似含義，《說文·鬼部》
釋義為「可惡也。從鬼，酉聲。」段玉裁注：

> 《鄭風》「無我魗兮」，鄭云：「魗，亦惡也」，是魗即醜字也。
> 凡云醜類也者，皆謂醜即疇之假借字。疇者，今俗之儔類字也。《內
> 則》曰：「鱉去醜」，鄭云：「醜謂鱉竅也。」謂即《爾雅》「白州，
> 驠」之「州」字也。（從鬼）非真鬼也，以可惡，故從鬼」〔註4〕

段注揭示了三層意思。第一，醜的異體字為魗，即從鬼、壽聲的字。第
二，醜可假借為疇，也就是俗書的儔字。第三，醜的另一含義為「白州，驠」
的「州」。這個「州」是什麼意思呢？檢《爾雅·釋畜》於「白州，驠」注
曰「州，竅。驠音晏」。疏曰：「此辯馬白色所在之異名也……州，竅也，謂

〔註2〕沃興華：《論妍與醜》，載《中國書法網》，網址為 http://www.freehead.com/
　　　thread-6648461-1-1.html。
〔註3〕An Intermediate Greek-English Lexicon，北京大學出版社影印，2015 年。
〔註4〕（清）段玉裁：《說文解字注》，上海古籍出版社，1997 年，第 436 頁上欄。

馬之白尻者名驠。」〔註5〕由《說文‧馬部》「驠」字條云「馬白州也」，段玉裁注：

> 《山海經》曰：「乾山有獸，其州在尾上。」今本訛作川，《廣雅》曰：「州、豚，臀也。」郭注《爾雅》、《山海經》皆云：「州、竅也」，按，州、豚同字，俗作作尻。《國語》之「龍（左從豕之右半，右從尥）」、(《史》《漢》)《貨殖傳》之「馬噭」，皆此也。《蜀志‧周群傳》「諸毛繞涿居，署曰潞涿君，語相戲謔」涿亦州豚同音字也。〔註6〕

這裡含義很明顯，古人之所為州猶如今人之臀部及尾竅，古人以為穢惡的部位。進而言之，醜惡的含義與之相當，在古人而言，此類皆「其言不雅馴，縉紳先生難言之」(《史記‧五帝本紀》)，因此列入「鬼」部當中。正是基於此種心理原因，古語中醜字在相當長時期並非佳評，司空圖的《二十四詩品》號稱「諸體畢備，不主一格」，卻絕不見以「醜」字標舉風格的。而歷代也罕見以醜為美學主張的。即便古人用醜表達讚揚之意，也必定需要補充以足意，如馬致遠之「千般醜惡十分媚」，乃是醜—媚互文；而傅山之「寧醜勿媚」云云純是被壓制者的一聲吶喊，是邊緣文化對於主流的奮力一擊。後繼的尊碑派並不以「醜」互相標榜，其中道理自明。總起來說，「醜」從不曾在中國審美思潮中佔據過「高不可及的範本」般的歷史地位。從文化審美心理和歷史語境上看，傳統書論中的「醜」無論如何都與西方理論的崇高相去甚遠。沃氏參照西方崇高、優美的二元理論，將帖學、碑學分屬於妍與醜兩端，其說雖新，卻斷難信從。

若深究當代醜書的現實根由，這是古典書藝遭遇現代性的必然問題。醜書理論家的主張和實踐，不妨視為傳統書法現代化轉型的突出個案。20 世紀 80 年代以來，尤其是 1990 年代前後中國的計劃經濟向市場經濟轉型時期，廣大民眾思想解放，積極性被激發，廣泛參與到文化生活的現代建設中去，這就逐漸興起了當代大眾文化。個性解放成為時代主題，強調個性解放、推崇個性自由等觀念和日新月異的科技手段開始模塑中國當代的意識形態。改革開放的結果是西方思潮尤其是現代和後現代思潮的大量湧入，傳媒方式的改變也加大了公共文化空間和文化領域不斷對西方思潮的吸納。這場革新帶

〔註5〕 （宋）邢昺：《爾雅注疏》，上海古籍出版社，第 2652 頁下欄。
〔註6〕 （清）段玉裁：《說文解字注》，上海古籍出版社，1997 年，第 462 頁上欄。

來的是解構崇高和神聖、將人類精神生活中捲入到世俗化、平等化和個性化的洪流中。這股思潮流波所及，浸潤到社會文化生活的方方面面，小說創作的先鋒派、詩歌中的非非主義，非文化、非崇高和反價值蔚為一時風尚。就書法創作而言，一些書法從業者或書法家高舉「植根傳統，面向當代，張揚個性，引領時風」的大旗。而醜書正是這種社會思潮波及書法領域的代名詞。客觀地說，被受眾列為醜書書家的人中不乏嚴肅的創作者，如沃興華、王鏞、王冬齡等諸位先生，他們的書法作品具有相當的傳統根底，不能簡單地持貶斥態度；其中沃先生更是以「醜書」自我標舉的。但是這個群體中的大部分只是借題發揮，以怪異博取受眾眼球而已。儘管醜書書法創作如火如荼，然而大多曇花一現，他們標舉「流行書風」或「醜書」。然流行者，不能恒久之謂也；而「醜書」之醜當然並不是理論家們所謂的崇高之書，而是醜怪惡俗之書。其主要特點表現為遠離大眾的審美，根本實現不了與觀賞者的互動，書者筆下，滿眼醜陋怪惡的線條，而根本與所謂奇肆、渾厚、蒼涼、古拙、險怪、博大等崇高意義並無關聯，他們劍走偏鋒甚或鋌而走險，卻欠缺根本的基本功，遠談不上什麼繼承傳統。

這也就意味著，醜書不足以承擔其傳統書法現代化的歷史使命。其理論上既流於空疏，實踐上又不能深入，所餘下的僅僅是形式上的炫醜而已。這在一定程度上迎合了現代大眾的審醜心態，空洞無內容的形式創新並不利於對書法本體的挖掘。審醜不應當也不能成為社會主流價值取向和評判標準。〔註7〕當代醜書理論上是不能自洽的，實踐上仍存在諸多問題，明顯存在理論和實踐脫節的現象，這是醜書之所以遭到拒斥也應當被拒斥的緣由。然而，「醜書」現象卻給當代書壇提出了一個問題：即如何看待書法傳統，如何面向書法的未來？

沃興華等人的醜書論並非空穴來風，從其取資來看，當代醜書理論其實是尊碑派的後嗣。沃興華、王鏞等或以碑派為醜書的代表，或倡導民間書法而取材於漢晉間的碑版簡牘。〔註8〕這說明「醜書」或「流行書風」派與古典傳統之間存在一定淵源。碑帖兩派之爭為中國書法史上的重要理論問題之

〔註7〕鄭付忠：《「審醜」時代：從審醜、炫醜到醜書泛濫》，《民族藝林》，2015 年第二期。

〔註8〕陳新亞：《王鏞書氣的構成及筆語解析》，《王鏞書法集》，榮寶齋，1992 年 6 月。

一,該理論與當代醜書派的關係錯綜複雜。那麼,能否將碑派視為「醜書」派呢?換言之,古代書法是否存在醜書傳統?醜書論者試圖將醜視為崇高一類的同義語,前文已明,這有偷換概念之嫌。如果拋開立名之不當或書法實踐上的種種不足,客觀公允地評價,醜書派的歷史功績也不容一筆抹殺。他們試圖從碑派入手,激活這一份傳統資源,為書法的現代化轉型尋找新的生存空間和發展契機。

明清易代之際的傅青主乃倡導「寧醜勿媚」的關鍵人物,也是醜書派所瓣香的祖師之一。不過醜書派斷章取義,忽略了傅山「四寧四勿」說的完整體系。傅山主張「寧拙毋巧,寧醜毋媚,寧支離毋輕滑,寧真率毋安排」,推崇質拙而鄙棄巧飾、推崇骨鯁而鄙棄姿媚、推崇參差錯落的自然之態而反對矯揉造作的輕浮之姿、推崇直抒胸臆之筆而反對裝飾點綴之風。這個理論深植於古典文教傳統(如陳師道《後山詩話》「寧拙毋巧、寧樸毋華、寧粗毋弱,寧僻毋俗」,姜夔的《續書譜‧用筆》「與其工也寧拙,與其弱也寧勁,與其鈍也寧速。然極須淘洗俗姿,則妙處自見矣」),只是經由傅山之手此論才真正產生影響。傅山通過對比顏真卿和趙孟頫、董其昌等人的書風認定,顏魯公作品「支離神邁」,立德立言立人等方面為士人表率;而趙、董等貳臣乃軟媚無骨書風的代表。這與其說是對書法批評,毋寧說人格高下的判定。趙、董等人的書法境界人所共知,傅山之所以發出此等振聾發聵的酷評,意在以顏書挽救帖學末流之弊,以顏碑喚起復興大明和重建漢族王朝的夢想,而醜拙云云不過是滿漢民族情緒對立的集中表現而已。[註9] 傅山之論之所以影響巨大,恰恰因為他是晚明政壇、文壇和藝壇的關鍵人物,此論引發了書法史上的大變革,這與尊碑、尚帖派的糾葛息息相關。晚明以來的帖學已到登峰造極之境,形成諸如尚韻、尚法、尚意、尚態等等不同風範,然帖學歸根結蒂乃是以二王的雍容典雅、姿態橫生的書法為其淵藪和母本。晚明市民文化的興起,書家開始思考如何走出二王書風,正是基於個人際遇、時代風氣和社會理想等綜合因素,傅山的四寧四勿書論應運而出,而以碑學抵消帖學的一統天下,便成為時代的選擇。不過此處應當申辯一點,顏真卿自宋代以來,便被視為和王羲之書風抗衡的書法典型,這原因並不僅僅在於「書法中的政

〔註9〕〔美〕白先慎著、孫靜如、張佳傑譯:《傅山的世界:十七世紀中國書法的嬗變》,生活‧讀書‧新知三聯書店,2015 年,第 142、149 頁。

治」，顏真卿的書學史地位也不是由宋代幾位重要人物出於政治目的而刻意
炮製出來〔註10〕，原因如第一章所云，華夏書學之本源在於書寫之「道」，意
即書學與斯文傳統之合二為一，書寫者或書法家的內在精神乃是評判書法高
下的自然尺度，並不需要假手外物。顏真卿立德立言，自成一代楷模，僅僅
依靠幾個權勢的人物鼓吹，是不足以打造成為書法宗匠的。傅山之所以將顏
真卿視為榜樣，與宋人的選擇有相同的理由，即顏書所折射出的內在精神
氣度。自茲以降，則有劉熙載、阮元的南北書論、何紹基、包世臣的推崇碑
刻，至於康有為而集其理論之大成。康有為之所以尊魏卑唐，其心理動機恐
怕是唐朝確立了王羲之的書聖地位，而王羲之幾乎是帖學的代名詞，欲消解
帖學的影響則必須卑唐。實際上，碑派與帖派之爭潛伏著復古的暗流，碑派
所謂的碑並不包含唐及其以後的碑刻。唐代韓愈在見到張籍的石鼓文拓片
後，已經發出「羲之俗書趁姿媚」的評論（《石鼓歌》），而龔自珍對比六朝的
《瘞鶴銘》更稱「二王只合為奴僕，何況唐碑八百通」，所謂碑派實際上蘊有
以復古為革新的意識在焉，趙宧光提出由今而古，以篆隸為本，〔註11〕而康
有為進一步尊魏卑唐，正是將碑派視為古法的代表。帖派被視為貴族精神
的產物，而碑派乃是平民精神的代表，以平民精神取代貴族精神乃是歷史
的必然。〔註12〕經金農、鄭簠、鄧石如、趙之謙、吳大澂、吳昌碩、陳介祺
以及李瑞清等人的書法實踐，尤其以鄧石如、吳昌碩兩人的書法成就，使碑
派書風成為可以與帖派並峙的一大流派。

　　無論從理論上，還是從實踐上，醜書書風都於碑派有相應的歷史淵源。
當代醜書論者，試圖將其書法理論和實踐賡續尊碑派的書學傳統，他們以傅
山、劉熙載等人的理論為思想資源，提倡所謂醜書，這是現代醜書派的歷史
貢獻，應予積極肯定。醜書派的癥結在於其偏執性，其理由已如上文所說，
從傳統意義上將，古人的實踐與理論之間實為一體兩面關係。醜書之所以成
為一個問題，是因為其割裂性和偏執性，將醜從與美的對立中剝離出來而加
以張揚。實際上，從傳統書法實踐與理論的角度考察的話，醜書—美書正如
車之二輪、鳥之兩翼，交相為用，本來不分也是不可分割為二的。這個實踐

〔註10〕〔美〕倪雅梅著：《中正之筆：顏真卿書法與宋代文人政治》，楊簡茹譯、祝
　　　　帥校譯，江蘇人民出版社，第 25 頁。
〔註11〕《傅山的世界：十七世紀中國書法的嬗變》，前揭，第 230 頁。
〔註12〕沃興華：《論康有為的尊魏卑唐思想》，《書法之友》，1997 年第四期。

傳統自古而然。如果將厚重、粗曠、蒼茫等視為醜、則輕盈、姿媚、圓潤不妨就可以算作妍。試問，在中國傳統書家中，可有一位純醜不妍或只妍而不醜的代表？醜書理論之不能自洽的原因即在於此。

歐陽修《集古錄》跋王獻之法帖云：「蓋其初非用意，而逸筆餘興，淋漓揮灑，或妍或醜，百態橫生，披卷發函，爛然在目」，所謂妍媸美醜，百態橫生，足見古人書法，不主一格，而是妍與醜相摩相蕩、互根互用。沃興華引元代馬致遠《般涉調‧哨遍》贊張玉喦的草書，以為「千般醜惡十分媚，惡如山鬼拔枯樹，媚似楊妃按《羽衣》」，乃以醜—媚互為依倚，所以才以「顏真卿蘇子瞻，米元章黃魯直，先賢墨蹟君都得」許之。沃的《論妍與醜》中引用這兩句本是說明「醜」和「妍」相反相成的審美內容，「醜」相當於陽剛之美，「妍」相當於陰柔之美。它歸納出妍與醜不同的形式特徵，而歸結到帖學乃是妍、碑學則是醜，不免將問題簡單化。實際上，沃先生這篇對妍與醜的分析充滿了對古典辯證精神的理解和運用，然而其理論難免與實踐脫節，且單純立出妍與醜二端，是否能夠概括碑帖二學，本身就大為可疑。

而進一步思考，沃文妍醜論的不足，實際上正是碑帖之爭本身自帶問題的現代延伸。換言之，碑帖二派之爭的歷史傳統本身就是不能自洽的、割裂的理論模型。碑學帖學若從其相異之處來看，確實存在南北之別、典雅與樸質之分、精緻與野略之辨，然二者之間並無不可逾越的鴻溝。就書法傳統的實踐而言，碑帖二派正是互相依存的關係，二者之間的差別不能誇大甚至極端化。如果強立門戶之見，則不免如啟功先生所批評的那樣，「指鹿為馬」，因厭薄館閣體的僵化而遷怒於二王歐虞趙董等書體，其論之曰：

> 經學之今古文，道學之朱陸派，讀書人為之齒冷久矣。至於醫術、丹青、烹飪、音樂等，入主出奴，喧囂不堪入耳。至於書道，爭端更有易起者……阮元之「南北書派論」是也。其於唐宋法書，漢晉墨蹟，寓目既稀，識解更無所有。……有清中葉，書人厭薄館閣流派，因以遷怒於二王、歐虞董趙之體。兼之出土碑誌日多，遂有尊碑卑帖之說及南北優劣之論。〔註13〕

實際上碑帖二字本僅是載體之別，殊不能將其與風格混同為一體。而碑帖之分也並未成為共識，比如王學仲先生便將摩崖單獨列為一類，稱之為經

〔註13〕啟功：《論書絕句》，上海書畫出版社，2007年，第94～95頁。

書派，其中就有安道壹這樣的大家巨擘。〔註14〕妍醜二字豈能包羅盡天下書風？醜書論試圖從尊碑派的角度入手，尋找理論資源，這種理論嘗試雖然可貴，可是並不成功。妍醜論只是傳統陰陽哲學在書法理論中的運用，二者本一體兩面，互為矛盾，不能標舉其一而遺留另一個；從實踐上也當如此，帖派和碑派乃為互相依存的共生關係，輕視任何一方都難免落入偏執之境。蔡邕《九勢》所謂「夫書肇於自然，自然既立，陰陽生焉；陰陽既生，形勢出矣。」書法肇端於自然，是中國書法的哲學根基，而古人觀察自然的一個根本思維範疇則是陰陽，「一陰一陽之謂道」，「道法自然」。這也就意味著，陰陽兩儀不可須臾分離，陰中有陽陽中有陰，故而才有一陰一陽之說。就書法藝術而言，運筆須濃淡相需、疾徐相依、剛柔相濟、大小相形、奇正相倚、疏密相間、虛實相生，總而言之，妍醜互為根基，標舉醜書或美書都與傳統書法精神相悖。

第二節　醜書所折射的書學現代性問題

　　醜書之所以備受當下追捧，同時也備受時人詬病，其中的原因之一恐怕還在於，現代所謂的「醜」乃是與西方藝術映照的理念，其中蘊含著中西之辯，涉及華夏與外域不同的審美傳統和審美風尚。西方有審醜一科，而此「醜」有其特定的指涉，不能簡單地與中國文化中的「醜」牽合（比如「丑」角）。百年以來，歐風美雨所漸，中國心理結構、心理結構和意識結構不可避免地有所改變而重塑。在文化生活和社會生活不脫西方框架也就是大勢所趨了。大眾文化的勃興無疑是西方平等自由之類思想推波助瀾的結果，大眾文化發展到極端便是解構崇高、神聖和精英的文化，這就勢必走向反面，成為庸俗的、審醜的文化。醜書就是審醜文化的一個典型案例，這就提出了一個問題，醜書與現代性之間的關係如何，換一個角度，中國書法如何應對現代性？

　　一個相當嚴峻的問題是，現代社會已經沒有傳統書法生存的土壤。傳統書法並不只是純藝術的，藝術性僅僅是書法諸多屬性之一種。傳統書法是中國古人生活方式、思維方式的折射，它與古人生活環境密切相關。書法是建築物的必要點綴（比如楹聯、匾額）、是傳統禮儀的組成部分（比如樹碑立

〔註14〕王學仲：《碑、帖、經書分三派論》，載於《王學仲談藝錄》，山東畫報出版社，
　　　　2009 年。

傳）、是信仰的自然表達（比如造像記、寫經、摩崖），更是人們交往的必須（比如翰札），書法展現的是鮮活的生命世界。隨著現代化的深入，書法賴以生存的土壤日益被削減，婚喪嫁娶、迎來送往等禮儀在原來本屬於書法的用武之地，都可以通過電腦製作得以完成，毛筆在電子產品的進擊下節節敗退，而不得已退入純藝術領域。

從文化傳統看來，傳統中國書法自成一系，尤其自身的藝術生命、藝術規則，而今書法則成為純藝術。而按照西方藝術的標準理解，中國書法又難以和其他兄弟藝術比如繪畫、音樂一樣，參與到世界藝術對話交流的環境中去（書法藝術也有交流，然而卻僅限於漢字文化圈內部而已）。這就在西方藝術觀念和中國書法之間，產生了較大的隔閡。按照西方對藝術的理解，藝術也者，應當具有相互理解的通約性，也就是說，應當具有普遍的審美性，比如音樂、繪畫，中國人欣賞德國歌曲、法國人欣賞中國繪畫，儘管受制於文化差異、審美水平等因素，然終究是可以實現跨文化欣賞的。書法則並不具有普遍欣賞的特質，欣賞書法必須以認識漢字為其基本前提。換言之，如果古代書法藝術性僅止於附屬價值而並不需要人人能夠欣賞的話（比如楹聯和匾額附屬於建築，它傳達的是主人的文化品味，而並不需要拜訪者都瞭解書寫內容），那麼現代社會藝術性作為其主要的、第一位的價值，書法內容則必須具有普遍可通約的審美性才能實現其藝術訴求。書法理論家們之所以倡導醜書，其隱衷不言而喻。

醜書論之所以勢頭甚猛，就是因為它有意或無意間暗合了西方的現代派的審醜需要，這就是一個相當重要的理論動機。通過誇張、變形甚至反傳統的書寫行為（如銀鹽書法、頭髮書等）等，使其表現的更加「象」藝術。古典書法不管其出於何種目的，講究藝術韻律感、講究和諧乃是其最基本的要求，而與中國現代書壇所流行的醜書風神相去甚遠。所謂醜書云云者，乃是「名醜而實危」（《戰國策·魏策三》）之醜，其違背人們審美，已經遠離了書法的範疇。醜書中一個特例就是所謂現代派書法，此乃當代醜書中一大門類（當然，這並不意味著一切現代派書法皆為醜書），當然也是醜書的末流。它們的直接理論資源就是西方的現代派理論，這些藝術理論資源可以追溯到野獸主義、抽象主義、達達主義等創作。中國書法對西方的抽象藝術曾經產生過影響，然而反其道而行之，利用西方現代派理論改變中國書法的發展軌跡，這是否可行之路，乃是值得認真審辯的問題。現代派書法在其發軔的七八十年

代，利用漢字誇張、變形等手段，創造出亦書亦畫而又非書非畫的效果，這無疑是可貴的成功的探索。它借鑒西方理論卻並未完全拋棄傳統（比如，落款為「西蜀馬德昭」的《魁星點斗圖》就與現代派書法氣息相通），然而其走到後來變本加厲，甚至完全不顧書法的基本內容要求，走向了不知所云的地步，就完全淪為醜書的範疇了。傳統書法的形式感，是書法之為書法的一個基本底線。〔註 15〕拋開傳統書法的基本形式，書法何以可能？

　　醜書派書法和現代派書法堪稱當代醜書的主力軍，而不少醜書論者同時也參與現代派書法創作。相較於醜書派而言，現代派書法理論根基則薄弱得多，它無非西方現代派畫論的簡單移植，倉促到連基本的消化工作都不曾作。現代派書法乃書法之現代轉型的一大現象，然只有醜書派方是書法現代轉型上真正具有代表性的派別。在現代性這個話題下理解醜書論，他們所提出的問題意識就更加突出。醜書論賦予傳統碑帖論強烈的現代色彩，認為碑學乃平民意識的，而帖學乃貴族意識的。一旦作如此解讀，「學術的政治」這一維度就凸顯出來，從碑帖之爭的歷史看來，傅山的四寧四勿不能說與其反滿的民族主義立場無關，而康有為的碑學主張顯然是其變法政治思想的反映。碑帖之爭在初始意義上便天然抹上一層政治色彩，它並不那麼純藝術。現代理論家們或許僅對此有朦朧的認識，卻指涉於重大的時代關涉。他們以碑學之平民化、世俗化來解構帖學的貴族化、崇高感，以民間書法、大眾書法來瓦解廟堂書法、精英書法。這恰恰切合了新時期的大眾文化運動潮流。只不過，碑帖之爭被拿來作為貴族文化和民眾文化的象徵罷了。這場醜書運動的進程中伴隨著現代化的創作方式。他們主張傳統是個人意志和時代精神的雙重反映，但是應當適應現代的住宅的格局，因而也就不吝採取誇張變形的藝術創作方式（《論醜書》）。醜書實踐者儘管理論上繼承傳統，但實踐上與其說其轉化傳統，毋寧說其顛覆傳統，比如以潑墨為書，解散書體等等手法（當然，狂草書法不乏破體，不過這與時下醜書不可同日而語）甚至於模擬西方抽象畫派的做法（比如沃興華的創作「一得」等）。由此言之，現代派書法與醜書派書法之間並無不可逾越的此疆彼界，將醜書派和現代派書法對勘，對其創作的理解就會更加深入，他們共同的訴求就是通過解構傳統以實現書法的現代轉型。只是，這種探索過於倉促了些，時風所趨，醜書（無論現代派的還是醜

─────────────

〔註 15〕王曉斌：《論傳統及現代派書法的形式意義與抽象觀》，《書畫藝術》，2002 年第三期。

書派的）淪為了現代藝術的末流——審醜藝術罷了。

　　審醜是對現代派藝術的反動，這也是一種歷史的反諷。現代性的歷史樹幹上結出的卻是反現代性的果實。現代派藝術作為現代性這一根蒂上長出的葉脈，現代派採取幾何的、數學的模式把握藝術，這就彷彿以理性視角設計人類生活，而作為其反動的後現代藝術則是通過解構來反對傳統的穩固的傳統形式，理性設計的結果展現出來的卻是極端雜亂無章的無理性。現代派藝術將人類理性特徵亦即人之自由的理解世界的特性施之於藝術行動，從反面而言也就成就了藝術的盲目性和限制性。從醜書理論強調解散傳統書法的框架，提倡抽象性、主張平民精神和反精英等意識看來，其與現代派理論之間的思想脈絡顯然可見。而從其表達的非理性主義、反中心論而言，其充滿解構精神的嘗試又帶有極濃的後現代特徵。醜書作為現代和後現代之間的中國當代藝術，究竟應當何去何從？

　　若要切實把握醜書所關切的現代化轉型問題，必然以理解現代性為其前提。就此問題發軔而言，它本是所謂西方文化內部神—人斷裂的結果，神聖秩序與世俗秩序的分離，在某種意義上導致了世界歷史的開啟，從而對未來的理解打開方便之門，以理想的烏托邦代替了基督教的末世論。理性—信仰之爭乃是理解現代性的關捩，現代性基於理性的未來設計取代了原本屬於信仰的地盤（馬克思・韋伯所謂「祛魅」）。伴隨西方的擴張，現代性問題成為世界共同關注的普遍問題。現代性基於一種假說，即通過理性設計人類能夠找到最理想的生活方式。西方遂以此為旗幟，將這一假說作為全世界必然認可的價值。這就是西方現代性問題上的偏執。

　　現代性問題自始以來天然地蘊含著一種西方中心論的和古典—現代二元論的偏狹特質，正是這種與生俱來的偏狹特質導致了中國學者在這個問題上的莫知所從。晚晴民初學人常常有種東西文化之爭的焦慮，這種焦慮基於如此判定：中國文化和西方文化各自一脈，異質文化在對接碰撞的苦楚在所難免，而文化接榫的結果，營構出的是一切言說不脫西方框架。中西之辯至今仍是一個話題。通過百餘年（如果從明末算起則這個時期更長）的東西文化交流（我們避免使用西學東漸、東學西漸之類的文化單向流動詞），我們對東西文化應當說有了更為深入的瞭解。時至今日，中西對立、古今之爭這些二元思維尚未被真正超越。而一旦將古今的維度引入到現代性問題中來，則不難發現所謂西方現代性完全只是個話語問題。從縱向的歷史看來，根本就不

存在個自古及今一成不變的西方，也就無所謂中西對立的問題。換言之，人類歷史並非是一個單線進化的祛魅史，而是始終呈現祛魅─造神的「反者道之動」的運動模式。所謂現代性問題並非始自於西方，也並不可能以西方為歷史的終結。在西亞、北非（蘇美爾、阿卡德─巴比倫和埃及）文化昌明的時代，歐洲長期處於黑暗的摸索時代。希臘人的西亞化、北非化無非也是一次文化祛魅的過程，也就是說乃是當時的現代化過程。這與現在第三世界向西方學習並無什麼實質性的不同。這一規則同樣可用於西方向阿拉伯、向印度和中國學習的時代。某些論者將現代性視為 16 世紀以來的唯一和特殊的運動，其偏狹之處顯而易見。世界自始至終就是一體的，現代性與其僵化地理解為西方單方面設計而輸出的結果，毋寧說是世界各個文化共同參與所引致，是世界文化交流的結晶。只不過 16 世紀以來的這一次乃是人類文明史五千年以來規模最大的一次罷了，必須再次強調，這次大規模參與是世界歷史運動的結果而非西方一家的成就。而從學理上，至今沒有哪位學者能真正說明西方為何物（為行文之便，我們還繼續使用西方這個詞）。只不過，這個特殊的歷史時刻偶然的、幸運地發生在西方罷了。這對於西方是幸運，對世界其他文化而言則未必那麼幸運。從某種意義上，由於現代化被偏狹地解釋為西方化尤其歐美化的代名詞，書法的現代化是否意味著其西方化和歐美化？換句話說，書法是否應該走西方現代或後現代的藝術之路，亦即醜書派或現代派書法之路？

第三節　醜書之返回古典傳統的可能性

　　書法的現代化應當突破中西對立、西學東漸的二元論的、單線的思維方式，從天下一家的立場看，將現代性視為世界歷史的運動結果，中國自然是這場運動的設計者和參與者之一。這也就是說，只有作為世界各個參與者的現代性，而並沒有什麼所謂的西方現代性，只有現代性在西方、在中國，而並沒有什麼所謂的西方現代性樣板。世界自來就是同一個世界。〔註16〕這就

〔註16〕理解中國與世界的關係，最鮮明的是世界體系理論派的觀點。如易華：《青銅時代世界體系中的中國》，《全球史評論》，中國社會科學出版社，2012 年第五輯；劉健：《世界體系理論與古典兩河流域文明研究》，《史學理論研究》，2006 年第二期以及吳苑華：《重歸以中國為中心的世界新體系：弗蘭克的「世界體系論」辨析》，《馬克思主義研究》，2012 年第五期；等。

需要採取平等對話的姿態面對中西思想資源。中國應當是現代藝術或後現代藝術的設計者和參與者。唯有從這個角度，書法的現代化轉型才具有實質意義。唯有從這個角度，醜書實踐者和理論家們的當下關切才會實質性地得到回應。如何理解當代書法的命運，如何賡續傳統以實現書法的當代使命呢？一句話，當代書法何以可能？

　　現代乃古今中西〔註17〕的結點，古今問題是傳統與現代的關係問題，中西問題是中國與域外的關係問題。任何割裂的、二元論的視角都無助於對書法現代化問題的判斷。寒碧先生謂詩書畫乃中國一特絕傳統，其「特絕」表現於這個傳統的悠久綿長、氣象萬千，更表現於隨化俯仰、與時俱進。這意味著現代化的同時也必須是古典的，意味著其世界化的同時也必須是民族的。從這一角度說，醜書派書法試圖解決的是古今問題亦即如何賡續書法傳統問題，現代派書法嘗試解決的是中外問題也就是書法走向世界的問題。他們嘗試儘管失敗，路徑卻是可行的。瞻前顧後（古今）、左顧右盼（中西）為書法現代化的必然趨勢，純墨守或者純前衛的姿態都不是我們所贊同的。

　　就古典傳統的時代化而言，醜書家們功不可沒，他們從特定的角度賡續了碑學傳統並賦予其鮮活的時代氣息。儘管僅著眼於碑學尚不足以開拓書學現代化的新局面。一旦放開手眼，古今一切書跡都理應成為現代書法取資的對象。書法傳統是一條源遠流長的河，其濫觴的歷史可以追溯到早期陶文（其著名的如安徽蚌埠雙墩刻符、山東大汶口刻符、尤其山東鄒平的丁公陶文和江蘇高郵的龍虬莊陶文以及山西襄汾陶寺遺址的朱書文字），此類文字乃中國書法的嚆矢，為後世書法的格局奠定了基本格調。從其刻畫看來，已顯然有風格之別（比如大汶口刻符之規矩、雙墩陶符之爛漫、龍虬莊文字之樸拙、丁公文字之生動），而大器晚成的甲骨文則已然形成獨特的書風（甲骨文的淵源或可追溯到河南舞陽的賈湖文化刻符，而後淹沒，直到商中後期方橫空出世，蔚為大國）、商周金文、東周六國古文、秦篆、漢隸、章草、行楷等等，東漢末期各類書體完備，形成自覺的書法意識，經魏晉至於王羲之而集其大成。從古今視野看，所謂書法的妍與醜並非根本問題，它們僅只是璀璨的書法星空中的一兩格而已。難道當代不應當從這些豐富的書法資源中有所

〔註17〕當然，古今問題與中外問題膠著在一起，有古之中外、今之中外、中之古今和外之古今幾個層次，為了突出文章論述的問題。這裡側重於古今、東西兩方面。

借鑒嗎？難道這些不足為當代書法變革提供足夠的啟發嗎？實際上，當代書藝實踐中，通過復古而實現書風變革的，不乏其人。比如蔣維崧先生的金文書法，諸體皆備、既有圓潤典雅的，也有雄強勁健的，被譽為吳昌碩之後金文第一人，這是取法帖學之外的成功範例。〔註18〕而吳頤人先生則以漢簡為師法對象，其書法也達到非常高的藝術境界，獲得普遍認可；此公還學習納西東巴文字，頗有神采。〔註19〕這兩位先生都是於傳統帖派之外另立一家的，其功績不下於當代帖派的代表人物啟功。當然，甲骨文、陶文刻符也是可資取材的材料，甲骨文儘管有羅振玉、董作賓等書家，然顯然尚不足以與吳昌碩、蔣維崧等抗衡。這就表明，醜書之外書法出路尚多，何必斤斤計較於妍醜和碑帖之爭呢？師古無疑是開新的康莊大道，這需要認真梳理鄧石如、吳昌碩、蔣維崧等人的藝術遺產，校正醜書家們的逼仄心態。

　　而如何處理中國與域外關係乃相當棘手的問題。長期以來形成的認識是，書法乃中國的國粹，這意味著此藝為華夏所獨有，而域外不與焉。若不為傳統認識束縛，從廣義上講，全世界每一個民族只要有文字，都會有書法這門技藝。比如，中國最早的《古蘭經》刻本《寶命真經》即由田家培哈吉書寫，稱為阿拉伯書法的藝術珍品〔註20〕，中國境內的阿拉伯書法藝術分為竹筆體、毛筆體、榜書體、篆刻體、仿漢草體以及經字畫等各種形式，〔註21〕或者分為八體〔註22〕，這種劃分或許存在邏輯上不周延的問題，卻足以證明書法並非漢文化圈所特有。近年則有一本《西文書法的藝術》一書，其細目有「安色爾體」、「早期哥特體」等。〔註23〕按其實際，「書法」為英文calligraphy 一詞的迻譯，此詞似更貼近於美術字的內涵。從世界範圍來看，書

〔註18〕關於蔣先生的研究，可參唐建：《學術與藝術的和諧之美——蔣維崧的金文書法成就》，《中國政法大學學報》，2008 年第二期；傅合遠《文德翰彩　光及北辰——略論蔣維崧先生的學術貢獻與書法篆刻藝術》，《文史哲》，2011 年第五期；劉紹剛：《「古文」和「金文」——蔣維崧先生的「古文」書法淺說》，《書法》，2015 年第 11 期等文。

〔註19〕管繼平：《將漢簡寫出新意的吳頤人》，《新民週刊》，2011 年第 42 期；《「吳家漢簡」的煉成》，《聯合時報》，2012 年 5 月 11 日。

〔註20〕劉德貴：《阿拉伯文字與書法美學特徵》，《阿拉伯世界》，1996 年第二期。

〔註21〕陳進惠：《試論阿拉伯書法在中國穆斯林中的傳播與發展》，《世界宗教研究》，1992 年第二期。

〔註22〕袁義芬：《八種阿拉伯書法》，《阿拉伯世界》，1986 年第一期。

〔註23〕（英）哈里斯著、應寧、屬致謙譯：《西文書法的藝術》，百花文藝出版社，2016 年。

法絕不止於漢字一家。如果說字母文字系統的所謂書法更多傾向於裝飾性，謂之美術字而與書法無涉的話，那麼象形文字系統則並非只有漢字，除了中國境內的納西族東巴文、彝族畢摩老彝文之外，古埃及人、蘇美爾人和巴比倫人、古代瑪雅都有自己的象形文字〔註24〕，也就相應有獨特的書法樣式。比如，古代埃及就有銘刻體（主要指古王國時期銘刻於金字塔內壁上的象形文字）、僧侶體（主要指中王國已降書於紙草上的宗教文獻，如《亡靈書》等）以及民眾體等（托勒密埃及時尤其盛行，為僧侶體的簡化），儘管目前我們並不知道埃及有哪些書法大家，然而其豐富的書跡不應當視為書法資源嗎？同樣，古代西亞也留下了大量的書跡，蘇美爾人就地取材，印於泥版、銘於石碑，堪稱洋洋大觀。此外如阿卡德人、巴比倫人、古印度河谷居民、瑪雅人等等世界上許多民族都創造除了自己的書寫樣式。這些書寫樣式中，有些民族存在和中國書法相似的要素，比如埃及紙草文獻顯然有凝重、崇高和輕巧、優美的風格之分，而楔形文字則有點畫、結體和章法的區別（只不過他們的字乃是以筆壓印而成，與中國埃及書寫不同）。而且尤其特別的是，中國書法和異域書法之間存在形式上的相近關係。比如，關於漢字形態何以直長居多，何以豎排直行書寫，一個有力的假說是蔣維崧先生提出的：商周文字本書於簡牘，限制於長方形範圍之內，橫寬受制，而直長則否，故漢字多直長而鮮有橫寬和正方形者。〔註25〕蔣先生之說當然有道理，然考慮到西亞楔形文字和埃及文字豎排直行書寫形式的大量存在，而與漢字如出一轍，這個巧合就值得思考。何崝先生則推論中國文字體系可能參照了西亞、北非而仿造。〔註26〕以著名的古迪亞塑像銘文（新蘇美爾時期）和漢莫拉比法典碑文（古巴比倫時期）為例，其界格、豎行直書和字體大小參差錯落的作派，與漢語確實不乏神似之處。儘管西亞文字的豎排乃特定時候改變了排版習慣而來，由橫排調轉90度即為豎排，〔註27〕而埃及文字則唯「首」是瞻（即無論

〔註24〕關於象形文字一名，學界尚處於爭論中，或定為意音文字。比如，埃及文字是表音系統還是表意系統的問題，可參王海利：《象形文字與聖書文字──兼談古埃及文字的中文名稱問題究》，東北師大學報，2014年第三期。本文但論其書法，不涉及文字或字母本身的性質問題。

〔註25〕蔣說未成文，見於劉敦願：《商周時期的象形文字、紋樣和繪畫》一文注釋，載《劉敦願文集》，科學出版社，2012年，第26頁。

〔註26〕何崝：《中國文字起源研究》，巴蜀書社，2011年，第674～685頁。

〔註27〕埃及字符常用者僅700例而已，字符和漢字一樣具有形音義等功能。一個埃及字符可以被賦予一個或數個音值（類似於多音字，埃及字符有時一個字可

橫豎，以鳥獸首的方向開始讀），這些習慣與漢字不同，但自甲骨以來的書法中也不鮮見橫書的布局。這就說明橫豎並不足以作為漢字或域外文字的區別，而顯然應當思考它們何以如此相似。這種相似性雖然未必可遽斷為文化傳播之故，卻至少說明漢字書法吾道不孤。基於相似，恰恰是漢字書法可借鑒域外書跡、充實自身的契合點，古埃及、西亞的書法能否給漢字書法注入新鮮的血液，以實現華夏書法的世界化？職是之故，朱中原、顧則徐等人所提出的問題確實可以成立，即全世界一切寫字的藝術都可以是書法，〔註28〕

能對應四個音）。埃及字符在輔音—元音之間沒有元音提示，在閱讀時加上元音字母。埃及字符分為表意符號、表音符號以及限定符號三種。所謂表意符號，即用圖形表示所代表的或與之密切相關的事物。但是在這套符號系統具體運用中，字符本身與其所代表事物之間對應之例極少。絕大多數表意符號失去了表意功能，而轉化為純粹的表音符號。而經過長期使用，到西元前600年，埃及文字更是形成規範的表音系統，以圖形表示單、雙或三輔音。而單輔音的額使用頻率最高，形成24（或26個，含變體）字母體系（參見王海利：《失落的瑪阿特：古埃及文獻〈能言善辯的農民〉研究》，北京大學出版社，2013年版，第263頁）。也有人統計，單輔音音符30個（含5個變體），雙輔音音符136個，三輔音音符73個，共239個（參見陳永生：《漢字與聖書字表詞方式比較研究》，人民出版社，2013年版，第116頁）。實質上它更近似於字母系統，古埃及語乃是一種「高度的屈折語」。楔形文字符號總共有一千八百多個，但是到西元前2700～2350這段時間，這些符號迅速減少，並且形成線性書寫的模式。而到前2500年左右，迅速完成了從圖像向著語音轉化的歷史進程，到前2000為止，其常用符號則僅有570個左右（參見新西蘭史蒂文·羅傑·費希爾著，李華田、李國玉、楊玉婉等譯：《書寫的歷史》，中央編譯出版社，2012年版，第38頁）。楔形文字符號主要有以下四類。一為詞符，即用一個符號代表一個或一個以上的明確的概念。最早的兩河流域文獻僅有語義符號，沒有語法因素（安徽蚌埠雙墩符號其實類似之，但未能完整勾勒其流傳序列，因此學界猶豫不定）。其二為音節符號，此類符號僅具表意功能，其詞義功能完全濾去。其三為定義符號，類似漢字中的偏旁部首，對詞彙的意義起著提示和限定作用。最後一類尾音指示符，即在一些詞符後面增加一個音節符來確定該詞的讀音、意義和格尾（參見吳宇虹：《古代西亞塞姆語和印歐語楔形文字和語言》，東北師範大學出版社，2009年版，第11～12頁）。這說明楔形文字的複雜程度。而後阿卡德、巴比倫、亞述、赫梯、波斯等在借用蘇美爾符號的過程中，由於這些政治勢力所操的語言與蘇美爾語又根本不同，因此一方面賦予其既定符號以更多的音值（阿卡德人賦予蘇美爾文字以阿卡德語音，類似於日語取法於漢語），另一方面又根據民族特定對蘇美爾符號進行改造（波斯系統的楔形文字，就如越南仿漢語構造發明字喃）。凡此例證，都說明一個本質因素，即符號本身的取象因素已經無足輕重，其最重要的功能在於讀音。

〔註28〕顧則徐、朱中原著：《書之殤：中國書法文化對話錄》，東方出版社，2014年。

這就是說中國書法應當具有世界意識，如果立足於一切文字都可以被視為書法的意識看，則中國與域外書法之間的關係就值得認真對待。

總括而言，書法現代化意味著觀念的突破，從古今角度談，需要突破毛筆本位；從中西角度談，需要突破漢字本位？可是，突破毛筆本位和漢字本位的書法尚能稱其為書法嗎？實現這兩個突破之後，中國書法傳統之特絕的本體是否還在？就中國書法史而言，刀鋒筆鋒之辯論是碑帖之爭衍生的問題。毛筆的起源相當久遠，陶寺朱書、商周文字都有毛筆書寫的考古遺存，〔註29〕不過傳世書跡其實有大量是非毛筆的，陶文之刻鏤、甲骨文之用契刀、金文之鑄模等，足見毛筆之外，硬筆（含刻刀等）也是書法的工具之一（當然甲骨等也有先寫後刻的情況），只是最後毛筆為歷史所選擇。突破談何容易？目前，還是應當堅持筆鋒為主，刀鋒為輔。至於漢字本位，則顯然是作繭自縛的理念。毛筆可用於書寫漢字以外的文字，這已經為歷史實踐所證實（比如日本的假名）。而今世界上大量古文明文字的釋讀，中國學界對域外文字的瞭解也有一定的積累，埃及學、亞述學方興未艾，書法界豈能再抱殘守缺，向這些兄弟民族傳統學習是現代化的可取路徑，這必須以突破漢字本位為契機。

是否實現這兩個突破就喪失了中國書法的主體性呢？不然。如在上文所說，中國是書法的母國，具有得天獨厚的優勢。這個優勢體現在她是世界上採用象形文字的國家中碩果僅存的文明，也是唯一一個貢獻了文字學理論和書法理論的文明。中國書法傳統從基本的理念上界定了書法，《尚書序》孔穎達疏：「存言以聲意，立書以記言」「書者，舒也……書者，如也……寫其言如其意，情得展舒也。」「書者，庶也，以記庶物。」〔註30〕雖然意在典籍，但也同樣可適用於書法，至於揚雄《法言·問神》「書，心畫也」則徑直為書法下了言簡意賅的定義，視書法為心靈的產物。這不妨視為書法的核心理念，無論以何種筆書寫，無論書寫何種文字，書法的核心理念不改，其載道的功能不變，這是古今中外結點下一以貫之的書法之道。

〔註29〕關於三代墨蹟，可參張翀：《伯懋父簋墨書與商周書法》，《收藏》，2015 年第十一期；王鑫玥《先秦墨蹟書法整理與研究》，吉林大學 2012 年歷史文獻學碩士論文。

〔註30〕（唐）孔穎達：《尚書正義》，《十三經注疏》本，上海古籍出版社，1997 年，第 113 頁上欄。

參考書目

一、中文參考書目

1. （清）孫星衍：《尚書今古文注疏》，中華書局，1986 年版。

2. （清）皮錫瑞：《今文尚書考證》，中華書局，1989 年版。

3. （清）王先謙：《尚書孔傳參證》，中華書局，2011 年版。

4. （清）馬瑞辰：《毛詩傳箋通釋》，中華書局，1989 年版。

5. （清）王先謙：《詩三家義集疏》，中華書局，1987 年版。

6. （清）朱彬：《禮記訓纂》，中華書局，2017 年版。

7. （清）孫希旦：《禮記集解》，中華書局，1989 年版。

8. （清）洪亮吉：《春秋左傳詁》，中華書局，1987 年版。

9. （清）陳立：《公羊義疏》，中華書局，2017 年版。

10. （清）鍾文烝：《春秋穀梁經傳補注》，中華書局，1996 年版。

11. （魏）王弼：《周易注》，中華書局，2011 年版。

12. （宋）程頤：《周易程氏傳》，中華書局，2011 年版。

13. （宋）朱熹：《周易本義》，中華書局，2009 年版。

14. （宋）朱震：《漢上易傳》，中華書局，2020 年版。

15. （明）來知德：《周易集注》，中華書局，2019 年版。

16. （清）胡渭：《易圖明辨》，中華書局，2008 年版。

17. （清）毛奇齡：《毛奇齡易著四種》，中華書局，2010 年版。

18. （清）朱駿聲：《六十四卦經解》，中華書局，2009 年版。

19.（清）李道平：《周易集解纂疏》，中華書局，2011 年版。

20. 尚秉和：《尚秉和易學全書》，中華書局，2020 年版。

21.（宋）朱熹：《四書章句集注》，中華書局，1983 年版。

22.（清）劉寶楠：《論語正義》，中華書局，1990 年版。

23. 程樹德：《論語集注》，中華書局，1990 年版。

24.（清）焦循：《孟子正義》，中華書局，1987 年版。

25.（漢）許慎：《說文解字》，中華書局，1963 年影陳昌治刻本。

26.（清）段玉裁：《說文解字注》，上海古籍出版社，1981 年影經韻樓藏版。

27.（清）王聘珍：《大戴禮記解詁》，中華書局，1983 年版。

28. 方向東：《大戴禮記匯校集解》，中華書局，2008 年版。

29.（清）郝懿行：《爾雅義疏》，上海古籍出版社，2017 年版。

30.（清）邵晉涵：《爾雅正義》，中華書局，2018 年版。

31.（漢）司馬遷：《史記》，中華書局，1959 年版。

32.（漢）班固：《前漢書》，《四部備要》本，中華書局，1999 年影印。

33.（南朝宋）范曄：《後漢書》，中華書局，1965 年版。

34.（晉）陳壽：《三國志》，中華書局，1982 年版。

35.（唐）房玄齡：《晉書》，中華書局，1974 年版。

36.（梁）沈約：《宋書》，中華書局，1974 年版。

37.（梁）蕭子顯：《南齊書》，中華書局，2016 年版。

38.（唐）姚思廉：《梁書》，中華書局，1973 年版。

39.（唐）姚思廉：《陳書》，中華書局，1972 年版。

40.（北齊）魏收：《魏書》，中華書局，1974 年版。

41.（唐）李百藥：《北齊書》，中華書局，1972 年版。

42.（唐）令狐德棻：《周書》，中華書局，2016 年版。

43.（唐）李延壽：《南史》，中華書局，2016 年版。

44.（唐）李延壽：《北史》，中華書局，2013 年版。

45. 黃懷信、張懋鎔、田旭東：《逸周書匯校集注》，中華書局，2009 年版。

46.（漢）宋衷注、（清）秦嘉謨等輯：《世本八種》，中華書局，2008 年影商務印書館，1957 年排印本。

47. 方詩銘、王修齡：《古本竹書紀年輯證》，上海古籍出版社，2005 年版。

48. （民國）徐元誥：《國語集解》，中華書局，2002 年版。

49. 繆文遠：《戰國策新校注》，巴蜀書社，1987 年版。

50. 李步嘉：《越絕書校釋》，中華書局，2016 年版。

51. 周生春：《吳越春秋輯校匯考》，中華書局，2019 年版。

52. （清）湯球輯：《十六國春秋輯補》，中華書局，2020 年版。

53. 陳橋驛：《水經注校證》，中華書局，2013 年版。

54. （清）郝懿行：《山海經箋疏》，《四部備要》本，中華書局據郝氏遺書本
    校刊，第 285 冊。

55. 袁珂：《山海經校注》，上海古籍出版社，1980 年版。

56. 王貽樑：《穆天子傳匯校集釋》，中華書局，2019 年版。

57. 顧實：《穆天子傳西征講疏》，上海三聯書店，2014 年版。

58. 鍾肇鵬：《鶡子校理》，中華書局，2010 年版。

59. 黎翔鳳：《管子校注》，中華書局，2004 年版。

60. （魏）王弼：《老子道德經注》，中華書局，2008 年版。

61. （清）孫詒讓：《墨子閒詁》，中華書局，1986 年版。

62. 吳毓江：《墨子校注》，中華書局，1993 年版。

63. 王利器：《文子疏義》，中華書局，2000 年版。

64. （晉）郭象注、（唐）成玄英疏：《南華真經注疏》，中華書局，1998 年版。

65. （清）郭慶藩：《莊子集釋》，中華書局，1961 年版。

66. （清）王先謙：《莊子集解》，中華書局，1987 年版。

67. 劉武：《莊子集解內篇補正》，中華書局，1987 年版。

68. 楊伯峻：《列子集釋》，中華書局，1979 年版。

69. 黃懷信：《鶡冠子匯校集注》，中華書局，2004 年版。

70. （清）王先謙：《荀子集解》，中華書局，1987 年版。

71. 蔣禮鴻：《商君書錐指》，中華書局，1986 年版。

72. （清）王先慎：《韓非子集解》，中華書局，1998 年版。

73. 許維遹：《呂氏春秋集釋》，中華書局，2009 年版。

74. 王利器：《新語校注》，中華書局，1986 年版。

75. 閻振益、鍾夏：《新書校注》，中華書局，2000 年版。

76. 王利器：《鹽鐵論校注》，中華書局，1992 年版。

77. （清）蘇輿：《春秋繁露義證》，中華書局，1992 年版。

78. 汪榮寶：《法言義疏》，中華書局，1987 年版。

79. （清）陳立：《白虎通疏證》，中華書局，1994 年版。

80. 彭鐸：《潛夫論箋校正》，中華書局，1985 年版。

81. 楊明照：《文心雕龍校注》，中華書局，2021 年版。

82. 楊明照：《抱朴子外篇校釋》，中華書局，1991 年版。

83. 王明：《抱朴子內篇校釋》，中華書局，1985 年版。

84. 王利器：《顏氏家訓集解》，中華書局，1993 年版。

85. 許逸民：《酉陽雜俎校箋》，中華書局，2015 年版。

86. （唐）劉餗：《隋唐嘉話》，中華書局，2005 年版。

87. （唐）孫過庭：《書譜》，中華書局，2018 年版。

88. 沙孟海注釋：《書譜注釋》，上海古籍出版社，2008 年版。

89. 朱劍心箋證：《孫過庭書譜箋證》，浙江人民美術出版社，2016 年版。

90. （唐）張彥遠著、劉石校理：《法書要錄校理》，中華書局，2021 年版。

91. （宋）蘇軾：《東坡題跋》，浙江人民美術出版社，2016 年版。

92. （宋）薛尚功：《歷代鍾鼎彝器款識法帖》，中華書局，1986 年版。

93. （宋）黃庭堅：《山谷題跋》，浙江人民美術出版社，2016 年版。

94. （宋）陳思編纂：《宋刊書苑菁華》，中國書店，2021 年版。

95. 崔爾平：《書苑菁華校注》，上海辭書出版社，2013 年版。

96. （明）文徵明：《文待詔題跋》，浙江人民美術出版社，2016 年版。

97. （明）董其昌：《畫禪室隨筆》，浙江人民美術出版社，2016 年版。

98. （明）趙宧光：《寒山帚談》，浙江人民美術出版社，2018 年版。

99. （明）潘之淙：《書法離鉤》，浙江人民美術出版社，2019 年版。

100. （明）項穆：《書法雅言》，中華書局，2015 年版。

101. （清）劉熙載著、袁津琥箋釋：《藝概箋釋》，中華書局，2019 年版。

102. （清）王文治：《快雨堂題跋》，浙江人民美術出版社，2016 年版。

103. （清）康有為著、崔爾平校注：《廣藝舟雙楫校注》，上海書畫出版社，2006 年。

104. （清）魯一同等：《王右軍年譜　顏魯公年譜》，浙江人民美術出版社，2016 年版。

105. （清）陳介琪、吳式芬輯：《封泥考略》，中國書店，1990 年版。

106. （清）陳介琪：《十鍾山房印舉》，北京市中國書店，1985 年版。

107. （民國）余紹宋：《書畫書錄解題》，浙江人民美術出版社，2019 年版。

108. （民國）羅振玉：《歷代符牌圖錄》，中國書店，1998 年版。

109. 羅福頤：《漢印文字徵》，文物出版社，1978 年版。

110. 黃賓虹、鄧實編：《美術叢書》（第 1～4 冊），上海書店出版社，2021 年版。

111. 華東師範大學古籍整理研究室編：《歷代書法論文選》，上海書畫出版社，2014 年版。

112. 白謙慎：《傅山的世界：十七世紀中國書法的嬗變》，生活‧讀書‧新知三聯書店，2015 年。

113. 叢文俊：《中國書法史》（先秦卷），江蘇教育出版社，2009 年版。

114. 鄧散木：《書法學習必讀》，人民美術出版社，2020 年。

115. 方聞著、盧慧紋、許哲瑛編：《中國書法：理論與歷史》，上海書畫出版社，2019 年版。

116. 傅申：《傅申書畫鑒定與藝術史十二講》，浙江大學出版社，2017 年版。

117. 高二適：《新定急就章及考證》，人民美術出版社，2018 年版。

118. 劉東芹：《續定急就章》，高等教育出版社，2018 年版。

119. 劉品成：《唐歐陽詢〈三十六法〉解析與圖文互證》，《中國歷代書法理論研究叢書》，中國書店，2019 年版。

120. 劉思智：《展子虔考略》，山東人民出版社，2015 年版。

121. 洪亮：《唐孫過庭〈書譜〉解析與圖文互證》，《中國歷代書法理論研究叢書》，中國書店，2019 年版。

122. 洪亮：《清劉熙載〈藝概書概〉解析與圖文互證》，《中國歷代書法理論研究叢書》，中國書店，2019 年版。

123. 李木馬：《清笪重光〈書筏〉解析與圖文互證》，《中國歷代書法理論研究叢書》，中國書店，2019 年版。

124. 林散之：《林散之書畫印稿》，上海人民美術出版社，2019 年版。

125. 呂為民：《唐張懷瓘〈書斷〉解析與圖文互證》，《中國歷代書法理論研究叢書》，中國書店，2020 年版。

126. 黃賓虹：《古畫微》，湖北美術出版社，2019 年版。

127. 閔文斯：《宋姜夔〈續書譜〉解析與圖文互證》，《中國歷代書法理論研究叢書》，中國書店，2018 年版。

128. 潘天壽：《中國繪畫史》，團結出版社，2011 年版。

129. 啟功：《啟功論述絕句校補》，北京師範大學出版社，2017 年版。

130. 邱才楨：《書寫的形態：中國書法史的經典瞬間》，北京大學出版社，2019 年版。

131. 沙孟海：《沙孟海學術文集》，中國美術學院出版社，2008 年。

132. 沙孟海：《印學史》，西泠印社出版社，2006 年。

133. 蘇剛：《明董其昌〈畫禪室隨筆〉解析與圖文互證》，《中國歷代書法理論研究叢書》，中國書店，2019 年版。

134. 王鏞：《印度細密畫》，中國青年出版社，2007 年版。

135. 王鎮遠：《中國書法理論史》，上海古籍出版社，2009 年版。

136. 王遜：《中國書畫理論》，上海書畫出版社，2018 年。

137. 王學仲：《墨海生涯記》，中華書局，2017 年。

138. 王學仲：《書法舉要》，天津人民美術出版社，2013 年。

139. 謝稚柳：《謝稚柳講書畫鑒定》，上海書畫出版社，2021 年版。

140. 謝稚柳：《鑒餘雜稿：中國古代書畫品鑒》（增訂本），上海人民出版社，2016 年版。

141. 徐書城：《中國繪畫藝術史》，人民美術出版社，2003 年版。

142. 徐小虎著、王美祈譯：《畫語錄：聽王季遷談中國書畫的筆墨》，廣西師範大學出版社，2020 年版。

143. 薛永年整理：《徐邦達講書畫鑒定》，上海書畫出版社，2021 年版。

144. 張慶華、李冰編：《楊仁愷的書畫鑒定》，上海書畫出版社，2021 年版。

145. 朱仁夫：《中國現代書法史》，北京大學出版社，1996 年版。

146. 宗白華：《美學散步》，上海人民出版社，1981 年版。

147. 鄒方程：《元陳繹曾〈翰林要訣〉解析與圖文互證》，《中國歷代書法理論研究叢書》，中國書店，2020 年版。

148.（日）真田但馬、宇野雪村著，瀛生、吳緒彬譯：《中國書法史》，人民美術出版社，2018 年版。

149. 拱玉書、顏海英、葛英會：《蘇美爾、埃及及中國古文字比較研究》，科學出版社，2009 年版。

150.〔英〕邁克爾·蘇利文著，陳衛和、錢崗南譯：《20 世紀中國藝術與藝術家》，世紀出版集團，上海人民出版社，2013 年。

151.〔英〕邁克爾·蘇利文著，趙瀟譯：《東西方藝術的交匯》，世紀出版集團，上海人民出版社，2014 年。

152.〔英〕邁克爾·蘇利文著，徐堅譯：《中國藝術史》，上海人民出版社，2014 年。

153.〔英〕貢布里希著，范景中譯：《藝術的故事》，生活·讀書·新知三聯書店，1999 年。

二、外文參考書目

1. Allan, W. ed., *Euripides: Helen*, Cambridge: Cambridge University Press, 2008.

2. B. Parkinson, *Poetry and Culture in Middle Kingdom Egypt: A Dark Side to Perfection*, London and Oakville: Equinox Publishing Ltd, 2002.

3. Dover, S. K. ed., *Plato: Symposium*, Cambridge: Cambridge University Press, 1980.

4. David O'Connor, *Abydos: Egypt's First Pharaohs and the Cult of Osiris*, London: Thames & Hudson Ltd, 2009.

5. Flower, M. A. and Marincola, J., eds. *Herodotus: Histories (Book 9)*, Cambridge: Cambridge University Press, 2002.

6. James P. Allen, *Middle Egyptian: An Introduction to the Language and Culture of Hieroglyphs*, Cambridge: Cambridge University Press, 2014.

7. Griffith, M. ed., *Aeschylus: Prometheus Bound*, Cambridge: Cambridge University Press, 1983.

8. *Hesiod's Works and Days*, trans. Tandy, D. W. and Neale, W. C., California: University of California Press, 1996.

9. *Hesiod: Theogony / Works and Days*, trans. Wender, D., Penguin Books, 1973.

10. *Homer: The Iliad*, trans. Murray, A. T., The Loeb Classical Library, 1919.

11. *Homer: The Odyssey*, trans. Murray, A. T., The Loeb Classical Library, 1919.

12. Lamb, W. R. M. ed., *Plato: Protagoras*, The Loeb Classical Library, 1924.

13. Lattimore, R. ed., *Hesiod*, Michigan: The University of Michigan Press, 1959.

14. Mastronarde, D. J. ed., *Euripides: Medea*, Cambridge: Cambridge University Press, 2002.

15. Murray, P. ed., *Plato on Poetry*, Cambridge: Cambridge University Press, 1996.

16. *Plato: The Republic*, trans. Shorey, P., LL. D., LITT. D., The Loeb Classical Library, 1930.

17. Paul E O'Rourke, *An Ancient Egyptian Book of The Dead: The Papyrus of Sobekmose*, London: Thames & Hudson, Ltd, 2016.

18. Race, W. H. ed., *Pindar: Olympian Odes / Pythian Odes*, The Loeb Classical Library, 1997.

19. Rowe, G. J. ed., *Plato: Phaedo*, Cambridge: Cambridge University Press, 1980.

20. Rowe, G. J. ed., *Pindar: Nemean Odes / Isthmian Odes / Fragment*, The Loeb Classical Library, 1997.

21. R. O. Faulkner, *The Ancient Egyptian Pyramid Texts*, Stilwell: Digireads.com Publishing, 2007.

22. Rusten, J. S. ed., *Thucydides: The Poloponnesian War (Book 2)*, Cambridge: Cambridge University Press, 1989.

23. West, M. L. ed., *Hesiod: Theogony*, Oxford: Oxford University Press, 1966.

24. West, M. L. ed., *Hesiod: Works & Days*, Oxford: Oxford University Press, 1978.

25. West, M. L. ed., *Homeric Hymns / Homeric Apocrypha / Lives of Homer*, The Loeb Classical Library, 2003.

26. West, M. L. ed., *Greek Epic Fragments*, The Loeb Classical Library, 2003.

27. *Works of Hesiod and the Homeric Hymns*, trans. Hine, D., Chicago: The

University of Chicago Press, 2005.

28. Clay, J. S., *Hesiod's Cosmos*, Cambridge: The Cambridge University Press, 2003.

29. Edwards, A. T., *Hesiod's Ascra*, California: University of California Press, 2004.

30. Edwards, G. P., *The Language of Hesiod in Its Traditional Context*, Hertford: The Philological Society, 1971.

31. Hunter, R., *The Hesiodic Catalogue of Women*, Cambridge: Cambridge University Press, 2005.

32. Janko, R., *Homer, Hesiod and the Hymns: Diachronic Development in Epic Diction*, Cambridge: Cambridge University Press, 1982.

33. Lincoln, B., *Theorizing Myth*, Chicago: The University of Chicago Press, 1999.

34. Richard H. Wilkinson, *Egyptology Today*, Cambridge: Cambridge University Press, 2008

35. Solmson, F., *Hesiod and Aeschylus*, Cornell: Cornell University Press, 1949.

36. Stoddard, K., *The Narrative Voice in the Theogony of Hesiod*, The Netherlands: Koninklijke Brill NV, 2004.

附　錄

一、域外書品

上篇：總論

以世界眼光論書，始於康長素之《廣藝舟雙楫》。康子淵睿，欲振濤書學，揚靈文運，以抵禦外寇，自強宗國。故其《原書》之篇，上下六合，靡遠弗屆。而其邸歸，仍在中夏。其所評論，雖及於埃及碑拓、美洲文字，而略顯悠渺，不能體貼也。

域外古文，洋洋乎炫哉！形制之富，不輸漢壤。如西亞北非之圓錐銘、雕像銘、奠基人像釘銘、祭桌銘、如金字塔銘、土籌、泥版、銘磚、碑碣、封泥、紙草書卷，可謂珠圓玉潤，含耀韜光。論摩崖則有貝希斯頓（behistun）三體銘，言石碑則有漢莫拉比成文法，語微細則權標與滾印爭趣，舉恢弘則石柱共陶瓿駢轡。金字塔銘，為久特之神咒，紙草書卷，呈恣縱之雄篇。或本神靈而鐫飾，或效古訓而垂文。斯皆就物為書，因勢作字，彼邦文跡，鬱乎炳耀矣。

維西人之學，特以論文考史、析理闡教；書吏失官，莫或是繼。此蓋字母系統，專尚聞聲知意。至於筆跡之佳格，書法之深華，非其所長也。余之評騭異域書跡，洄酌餘波，溉茲孤脈而已。挹彼注茲，或可攻玉焉。

逖矣，彼書之初作！自賈湖之鐫龜甲、雙墩之銘陶缽、良渚之紋玉、龍山之刻瓦、烏魯克之印泥、阿拜多斯之契骨，書道之肇造，數千年矣。厥初生民，彝昧天令，氓之癡癡，孰其窺宇宙之奧賾哉？

是以書跡之初起，恒託之於神明。西亞書吏，乃崇納布（Nabu），以為司

楔文掌蕫筆之靈。又謂男女二神，分任其職。女曰泥達巴（Nidaba），或名泥薩巴（Nisaba）；男曰哈尼（Hani），或曰哈壓（Haya）。女掌萬物之書，而男則司印章云云。尤可異者，彼土乃謂陰司亦有司文書之神明，名為北里雌瑞（Belitsiri），若夏土之冥判然。而埃及之神，以托特（Thoth）為書家，或為化鶐、或形狒狒。此神之起，智慧遂開。及後古典時期，瑪雅潘所崇之書神為梭羅堤，人猴之形，操筆持墨。

故書法民族，莫不有其文字之神聖，是則書法之興，至偉之業也。所以錄故實、載典章、廣文教、闡價值之利器也，故倉頡作書，鬼神驚愕，以書者盜宇宙之奧賾，泄天地之神機與！准此以量，則書寫之道，非我域所獨專，實與外邦所共美者也。

然中國固為書法之母國，何以言之？域外之書，其用雖亦賡續文明，張皇精神，書之本體，固自成規格；而致廣大盡精微者，唯中國為然。至於拼音文字，但錄語言而已；或以寥寥數字母，搔首弄姿，獻媚求妍，此態用為裝飾則可，謂之書法，則厥義猶在煙濤微茫信難求處矣。

書者，抒也、如也。人心不同，亦如其面，性行流衍，以成其書。能書者筆，搦管者書，名義雖二，其理則一。書法一名，本自經傳。故春秋書法，亦言筆法，其揆無別。而今人論書，皆昌藝術自覺之說，或斷代於後漢、或求年於東晉，要皆擁大家以自重、挾名跡而相輕。苟細審其說，泰半以書藝與道統為兩途，實未為探根本、中肯綮之論也。蓋析而言之，書藝與經史固殊途；統而論之，則筆道共聖學為一貫矣。古者六藝，書居其一。聖經曰「志於道，據於德，依於仁，游於藝」，書者，藝而已。要在陶冶情性，砥礪德操。逮現代轉型，淳漓一變，道術將為天下裂。方今之人，執西方藝術觀念評衡中夏古典技藝，遂生分科標目之說，而以今視古，汲汲於書之為藝何時自覺，不亦太魯莽滅裂乎？今論書法，自當考信經傳，始得其本矣。

邃古之初，始制文字，本以上達神明、中祀祖考、下睦姻戚。此蘇美爾、埃及、瑪雅與夫華夏之所同也。然始源或一，其用寢殊。考契文貞卜，雖涉鬼神，而厥旨要，多歸於世俗之功。埃及墓銘，雖多寫實，而其首務，厥為事鬼酬神。至於邪祟之物、患害之靈，銘文刻字，則殘損其形，或斷手足、或賊恒幹。蓋殷商觀念，以文字為致用之具，辭達而已。而埃及思想，則文字與實物同科。文字之形，乃與活物相通。故施殘賊於文字，則能致荼毒於靈物矣。此乃以文為畫，因畫及物之意，文物一貫，遂爾擬形則逼真，摹物則絕

似。是以彼邦文字，歷數千年而不少異，未因人而改形也。蓋尊文字所以神其宗教、畏其鬼神之故，其書體不過三數而已，謂之聖書、祭司、民眾諸體。況樹碑刻銘、鏤諸墓梛，其用甚狹，其施也寡，而以通神尊祖為旨，故有聖書之名，亦復有刻工之職（埃及古語曰葛奴提 gnwty 者是也）。逮所施既廣，紙草出焉，乃能施諸筆墨，苟求其人，則唯王公、顯貴、祭司為能書者，謂之祭司體。此則操控於所謂書人（埃及語曰祀師 sš）之手，猶甲骨文之貞人然。及文化下達，解散字體，以便速寫，是謂民眾體。埃及書體，至此極矣。若夏土則諸體皆備，埃及猶多遜色。吾國文字，厥初為刻符、為象物。如舞陽契刻、如彩陶文、如丁公草書、如良渚微刻、如陶寺朱書，但指大意、存輪廓、示神韻而已。是以文字為現實之用，初無尊文庇神之精神在焉。故僅存梗概，與西亞北非之窮形盡相殊科。此不特古今之不同，乃亦中外之大歧也。

　　埃及、蘇美爾皆有書，詳考諸邦之體，與漢字尤肖者，無過瑪雅。論其大略，約有三端。遺形取神，韻在形外，一似也；化圓為方，仍存婉曲，二似也；以方為量，玉潤珠圓，三似也。故瑪雅文字，乃有雜糅數字於一框中者，如漢字合文之例，而絕無埃及、西亞字符泛濫未能成詞之弊。此其所同也。論其異則漢字兼備眾體，如篆籀之蜿蜒團鸞、隸楷之方峻精嚴、如行草之恣肆暢達，書體之多變，遠邁瑪雅。瑪雅書雖有銘刻、手書之別，然其格則一而已。復瑪雅碑記，有雙行並趨之制，此其特異，其餘諸文化所罕見者也。故瑪雅之文，以溫潤瑰麗為主調，方埃及固遜其摹物之畢肖，比楔文則又無其記事之多端，而平衡其論，則字法瑰奇，意蘊渾厚，西亞埃及，莫能先之也。雖然苟論書法，自當以漢字為宗祖。

　　何書法以漢字為宗，其說有三：一曰、漢字眾體皆備，盡態極妍，域外之文，僅得其偏而已。論篆籀，則諸邦皆有，希臘文所謂「神聖鑴文」（Hieroglyphic）是也，埃及古語以為「神明之語」，其要在於摹繪物象，隨體詰屈。烏魯克、阿拜多斯、瑪雅諸邦文字，皆有此一發展階段。然楔文有篆籀、正楷（亞述體）之書，而無行草。埃及篆籀、行書（祭司體已有連筆意識，然騰挪有限），而無正楷、草體。瑪雅雖則鑴刻與手書體格不同，要歸為篆籀耳。印度河谷文字，尚未釋讀，要亦一體而已。二則、諸邦文字，率皆以記言為宗，終乃融於拼音一系，文字本色幾不可見。西亞為種族雜居之所，戰事頻仍，文字為諸邦輾轉借用，寖漸而為記音之符，至於亞述、波斯，則文

字之意，幾於蕩然矣。埃及之文，則固以象形為宗，而衡其實質，亦主音聲。殆人民體出，本來面目，幾不可見。唯瑪雅之文，尚存象形之意。漢語則言文分軌並進，是以方言雖雜，文字反為交流之有效工具。雖亦不無表音職能，而大率以形意為旨歸。三則書法理論，獨出中國。西亞、北非文獻之鴻且富，雖不及中國，然不輸歐洲則明矣。其中有詞學、有語法，而絕無書論。至於柏拉圖，乃竟以為文字為語言符號，歷代相沿，經索緒爾之推演，乃有德里達所批判之「邏格斯中心主義」。夏土之初，首重文字，楊雄之儔，乃以文字與性格相關，及蔡邕、鍾繇，發皇書法之美，斯道之行，獨我國然也。今論書法，有廣狹之別，但凡佳手跡，皆可謂之書，然此則廣義矣。至若狹義之書法，則獨推中國耳。

　　書法之道，諸邦各異。蘇美爾以蘆葦為筆，以泥版為紙。埃及則或銘諸墓穴石壁，或鏤於石柱，或書於紙草。瑪雅亦大略似之。嘗試言之，西亞之書，基於泥土；埃及之書，奠於石料；華夏之書，肇於竹帛。泥質軟款，蘆筆柔荏，是故蘇美爾書法，以印按而成形。石性堅剛，故埃及書手，以刀為筆，而隨勢賦形，因物成象，鏤刻之工，鋒芒畢現已。迨文用日廣，巫祝皆書，遂爾蟬聯葦箔以為紙草，施朱運墨，以成紅黑相間之書。而世風日澆，體式因衰，碑銘堂堂之風、正正之勢寢矣，無復舊觀。或以為埃及第一王朝已有墨蹟，然片言隻字，未為大國。至於民眾體、科普特文，乃與拼音系統合流，非曩日神奕之風采矣。吾華文字，初本書於簡牘，殷之先民，有冊有典，龜甲之設，特其一端耳。蓋先民用木，因順其勢，故字體之成，雖有橫行，爾乃多取縱勢。然西土書法，縱體亦夥。夏文之成，縱態而外，取象方圓。此固有思想之沾溉使之然也。彼蘇美爾、埃及之書，雖有縱橫取勢之小同，而固多泛濫其形、張侈其象者，乃至數行不成一詞。如漢字之整飭簡約者，未之有也。

　　吾國書法，首尚縱勢。蓋初民之書，著在簡牘。其制狹長，騰踊為難。復用軟筆，易於恣縱。多歷年所，木腐竹消，是以地下罕見出土。然東周以降，長江以南，簡牘頻出，猶可考見古制也。殷商用簡，載於書經，文獻炳耀，豈可輕疑哉。殷墟所出，甲骨為最，其書勢態，雖有橫書，而縱體多憂。甲骨峻爽，字態萬方。其質堅勁，書刀難入，唯橫豎兩畫，可以輕就，故隨其紋理，成方正之勢，而圓轉難施矣。是以後世書法，率多模範其形，彷彿其態，方塊之體，權輿於茲。及鼎彝金版，所施益廣，復用鑄刻，隨體詰屈，縱

橫自任，方圓兼濟，乃成儀態萬方之書，雖然，要以縱體為主。金文字象，或更古質，蓋文字肇作，首重象形，此不易之典則也。吾國古文，朱墨先導，陶寺朱書，可得一徵。甲骨金文，亦有多例。蓋中原乏石，銘刻遲滯；泥版之設，茲宅不豫；是以早期之書，不必施諸於土石，焉乃形之於簡牘；邃初之文，當非甲骨，此又可推斷者也。至若舞陽骨符、雙墩陶刻，與夫龍山尊文、良渚鉞銘，如是之屬，蓋吉光片羽而已，雖未廣大，亦可窺豹一斑，刀鋒筆跡之辯，此則濫觴也。然楚地簡牘，篆勢圓轉；漢季碑銘，隸則扁平。至若章法，如子彈庫帛書之環伺，乃至於旭素作草，恣縱不黨，大小雜杳，行次陵躐，各有軌則。出入於商周之際，而次序於埃及、蘇美爾之中已。此則習俗使之然，抑傳播之故耶？

西人畫史，自達芬奇乃始知模糊之法，謂之 sfamato，此法出，一洗前人之陋。或翻譯為漸隱，如《蒙娜麗莎》之眼角、嘴角。故西書亦被崇實之風，而漢字虛實相生之論則發達甚早。

文字為思想之產物，書法乃審美之孑遺。蘇美爾文初以圓端木筆為之，畫成其物，隨體詰屈，是以筆勢婉轉，與禹域篆籀庶幾有通會之道。迨書寫既速，筆端變圓為方，為三角之狀。爾時書手，以筆端入泥版，壓印成字，而泥版膠著，使轉為難，是故婉轉之態，一變而為筆劃體矣。蓋彼邦銘石，施鑿措刃，鋒棱畢現。夏土書簡，搦翰運墨，意態淋漓。土性黏著，婉轉難施，摹形繪象，非其所長。復以蘆葦為筆，銳鋒鈍尾，壓印之形，遂成楔態。故其書多見平直之線條，罕覯圓轉之圖像也。復因壓印之故，書跡受制於筆之長短，縱有收放之勢，然其縱勢，長不過筆。是以楔文，雖亦多變態，終不見大開大合之氣象也。夏土書跡，初乃有連綿之體，如丁公、龍虬莊陶文、良渚之刻符，皆是也，此則蜿蜒之態，倜儻可觀。至如漢隸《張景碑》「府」與《石門銘》「命」（西陲漢簡「年」字亦多此法）、右軍《大道帖》「耶」，魯公《劉中使帖》「耳」字縱筆長舒，則絕不見於域外也。若《神烏傅》之幻變入神，《聖母帖》之奇肆詭譎、《青天歌》之神超天外，楔文方之，猶村姑邐列姑射神人矣。

古之書者，埃及以雙色墨與筆為之象形，音司刻 sḥ；至若瑪雅，亦有專名，曰烏辭巴（Utsiba）意云「書者」，蓋以寫刻為務者也。書手亦為畫家，此埃及、瑪雅所同也；或曰依察特（Its'at），猶言「智者」。君舉必書，其職所在。而西亞楔文，亦有專職，若殷商之書，操於貞人。是以書法之道，本乎小

眾，全民學書，今日之事也。民德未淳，十億神州，非盡舜堯，道藝所流，難能羲獻。及於末流，率爾操觚，至成醜怪，而煽熾茲風，書藝云亡矣。

漢世封泥，今人治印多所取資。然封泥之作，或可溯源於二里頭。詳考流變，實非肇於禹域，西亞滾印，多用泥版。埃及封泥，類乎漢制。其著者如胡夫封泥，樸略多古風，考其時代，乃早於夏年。其文則聖書體，其名則胡夫王號。彼邦王號，乃有五名。一曰荷魯斯名、一曰金色荷魯斯名，一曰南北兩土名，一曰兩夫人名，一曰拉神名。蓋前兩名以鷹隼之神為號，中兩名以上下埃及國土為號，後一名以日神為號。衡以時代次序，我國固後於埃及。苟細考源流，中土封泥或被其沾溉。

蘇美爾人或作泥印，以黏土為之；或作滾印，以美石為之。其泥印乃有類似吾國之活字印刷者，可驚歎也。至若滾印，則以印刻為主，大要為文字與人物間雜之制。論者或謂此乃財產意識之萌芽，法律觀念所由溯。然詳按之，西亞文跡，率以印壓為大宗，自陶籌、泥版以至印章，無不以印為其特色。此其書跡之大脈絡。滾印者，特文化自然發生之一端耳。貧富分化，或早在此前，以茲為肇作，不免朔之甚晚矣。然滾印非其所獨有，中美洲之後奧爾梅克（Epi-Olmec）文化遺存，亦出土圓筒套及扁平陶印，特其文渾樸古略，不若西亞之精工耳。

滾印之用，蓋不外乎志氏姓、標職司、娛神明、頌王德而已。至於以國王為神明，冠以星號，音丁哥耶（DINGIR），華言「神靈」。此彼土神明籠罩觀念之產物也。蓋自蘇美爾以迄波斯，滾印之作，未嘗斷焉。至其匠人，乃有專名，謂之布爾古爾（蘇美爾 burgul）抑或普爾庫魯（阿卡德 purkullu）。其制率用陰刻，圖文並茂。至於埃及印章，施用亦廣，乃有掌印之官。埃及印章有鈕有綬，與西亞之圓柱形制大殊。埃及謂之科特模（ḥtm），華言璽印也。吾國最早之印章，見於二里頭，特數枚而已，不及西亞、北非之富贍也。迨商周之際，所見略多，然較之印度河谷、安諾石印尤為晚矣。印章遞嬗之跡，以書闕有間，難考其詳。或謂東方之印，漸自西土。而考其形制，則埃及與西亞固甚殊，印度與華夏亦特異，唯安諾石印，近於漢制，但年代荒隔、地域絕遠，且為孤例，莫或能知其本來也。

西人丹尼斯·施曼特—貝瑟拉（Denise Shmandt-Besserat）以為文字始於陶籌，其論或然與！吾國文字，與彼異趨。黃庭堅評楊景度書，以為「下筆便到烏絲闌」。考絲闌之制，蓋擬效簡牘耳。而中外文化，亦多雷同。西亞

楔形文字（大食謂之 mismari「釘頭字」）每於版面，闌以界格，縱橫不拘，後乃為書。其制度與吾華之絲闌並無二致。烏魯克（uruk）捷姆迭特・那色（Jemdet Nasr）石板、泥書，已有界格之用，此其朔耳。然彼土制度，非出於簡牘，明矣。西亞作書，亦有用木牘者。蓋彼土乏木，多由外來。製為平牘，斁以韋編。特其為書，大異中土。我國徑書於簡牘之上，彼邦乃先塗蠟，而後壓印。此乃泥版之習薰染所致，至於書木，猶不能改弦易轍。

　　書作之興，或以為蘇美爾、埃及為最早，以其記言之符早出。然詳按之，文字語言，本自二事。文字之始，初不必記言也。近人以為文字肇作，由象形、指示二途。信也。按象形之字，圖繪萬品。睹形會意，不必盡轉為言辭也。故萊辛之論詩與畫，以為詩涉時間以供耳聞，故能窮形盡相；而畫涉空間獨為目驗，特僅描摹一瞬而已。象形之字，理同畫然，訴諸眼目。指示之文，但標所在，揆其理由，類同象形。然字母文字，因象而變，脫胎於象形，而萌蘗於指示矣。其用專以記言，特用愉耳，故盲瞽之人，可以為詩；其意之別，有賴音聲，乃為區別，字轉繁冗矣。獨漢世不同，文言分殊。漢字數變，畫宗猶存。是以觀文會意，不假聲韻，形聲相足，以晰指麾。故漢字華文，同聲獨多，一音之富，蘊有數義。諧聲之語，盈千累萬。徒用耳聞，義多岐出。是則中西之差別也。

　　漢字之初，非主記言。埃及之文，專意喪葬。西亞之文，特長貨貿。瑪雅之文，尤善祭祀。華夏之文，首重禮制。故埃及葬銘獨豐，西亞法律甚富，瑪雅曆法居先，而夏土人情為厚矣。是則書法之興，與有助焉。蓋書法者，人文之產物也。澡雪精神、砥礪節操，斯文之功也。或以為殷商之世，契以禱神，禹域文初，亦尚宗教。余曰：不然，夫契文之用，在祀與戎，國之大事，施政之功，豈以貞卜，遽委鬼神？此自與西亞、埃及、瑪雅不同也。或問：此與西亞何以異耶？愚以為西亞楔文，由懋遷有無而生分別之心，故尚自由、重律法。至若史詩之興，詩詞之用，特其後來者也。而華夏之文，乃親姻戚、睦族裏而起，故祭祀出征，首重禮樂。要為世俗之用，而其流別遂岐矣。

　　泥版者，蘇美爾語謂陼帛（DUB），阿卡德則謂之陼蔀（dubbu）或土鋪（tuppu）也。其形變化多端，不可方物。小之或如錢、中則如椅面，至於其大者，則竟滿庭院矣。其制頗有漢土經傳典章與短書俗說之別。察其形制，可定其內容矣。

陶籌之說，或可議論。觀夫烏魯克諸書跡，頗多象形之跡。其為文或合物以會意，或具象而成文。要之與禹域之書理庶幾可通會也。諸如以碗為食物之符，影唇示口舌之意；鳥卵相依，禽獸孳乳；三峰因會，山體連綿。故雙線平行，以擬友生；兩畫交互，遂比寇讎。俯首即碗，意涉饑餐；低頭趨水，思及渴飲。此則取象會意之旨要也。夫陶籌之論，本於經濟文書，特三羊、五馬之數目賬而已。此種興象，豈陶籌所相關耶？

下篇：諸邦書品

楔文

考楔文之史，約有五變。一則勢態由縱而橫，而不過取勢有所改觀而已，至於字形，一仍其舊，要之為象物圖形耳。其二變則解散圖形，化為筆劃，其筆劃亦有橫、豎、提、轉，猶存婉曲之筆，與禹域之篆籀書相似。其時當西元前 26 世紀，為華夏五帝迭代之時。迨於巴比倫、赫梯、亞述，則化曲為直，刪繁就簡，成嚴正肅穆之書，無復物象存焉。然巴比倫楔文猶有斜趨之筆，至於亞述則純任平直。其畫皆斷開，考之吾國書法，唯故宮博物院所藏《十七年相邦春平侯鈹》可比擬。書態雖異，特僅刪減筆劃，調整字態，於整體無甚大改觀矣。至於波斯，則入於拼音一系矣。要言之，其則有四：一曰繁簡之別，二曰方圓之變，三則存其梗概，四則建類一首。陳茲四事，與華夏所同者也。至於差別，亦可指謫。華夏之文，體多縱勢，彼土趨態，因時而變。翰墨所施，婉轉流暢，故能儀態萬方，筆筆性情。蘆筆之用，僅可留形，所謂筆致，安敢奢求哉？是以隸變之書，猶存波磔，由象形入楔文，則但睹見筆劃而已。然按其實際，楔文以筆劃追擬物象，雖未克紹箕裘，亦自有意態。苟援之入書法，當能另開新境界也。

卡莫斯王之斧鐫銘，出於其母之墓窟，為驅逐番王、開基肇宇之證。婦好數徵，而秉鉞之烈，亦偉厥業也。至其碑碣（圖1），以日鷹飾碣首，字跡秀潤朗麗。吾國碑制，以龍螭飾

（圖1）

首。衡其理念，允有不謀而合處。其偶合耶？抑或有所傚仿耶？埃及語烏碣
（wḏ），華言墓碑也，音義相同，亦一巧合。而銘斧文物（圖2），乃亦見於亞
述阿達德尼拉里一世（Adad-nirari I，前1307～1275），鋈之外側，銘其名號，
此以彰顯武功之意。

（圖2）

　　尼尼微所出亞述浮雕（前700～692），正中為將軍像，著甲冑、挾圓盾、
簪纓搖曳，而持敵首作獻馘狀，後一隨侍。二人面將軍而肅立，作文人裝束，
一人持泥版，一人持紙草，作記錄之態（圖3）。此行伍書者也，猶之乎今日
之隨軍記者然。華夏古制，君舉必書。下及諸侯，亦仿茲制。古周誥殷盤，多
有執訊獲醜之記，如《兮甲盤》之類是也。西土之風，或亦然與？而人首模糊
之狀，鮮形之於華夏文物也。蓋亞述以軍事立國（圖4），以斯為威遠之具耳。
而周邦因文化興教，緣禮樂以啟疆樹表。雖則並世雙雄，實則異趨也。

（圖3）

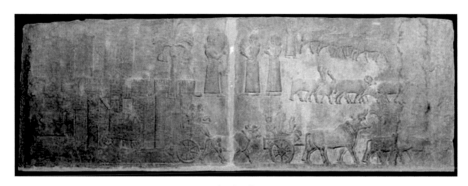

（圖 4）

尼尼微納布神廟泥版，以動物肝占為內容（圖 5）。為文疏朗清虛，直造月明星稀之境。文尾為卜者之名，乃圖窮匕見之意。彼邦占卜，有占夢、占星、占肝臟之類。肝占者，或徑以泥土效肝形，別其區劃，書其驗辭。所謂探宇宙之奧賾是已。

烏爾納土（Ur-nashe，約前 2530～2490）許願銘多爛漫風致。以大小人像錯落磚面。大象二，居上下之對角，而以小像分列於大象足下，作禮敬之態。復以銘文點綴於人物之間（圖 6）。是物中心有穿孔，與漢碑相似，然未審其用維何。此雖彼土文物，即措置於漢畫像磚石之中，亦無不可也。

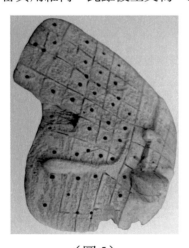

（圖 5）

（圖 6）

拉伽什王安納吐姆（Eanatum，前 2455～2425）之築廟奠基石銘，狀如鳥卵，環石製字，有白雲舒卷之態。（圖 7）復有鷲碑（圖 8），為評定烏瑪之紀功碑，乃復用為界石，復書兩國契約。其雕像睥睨一世，而楔文亦雄邁雋爽，幾直入孟德橫槊賦詩之境矣。然其碑殘損，不過夕陽殘照漢家陵闕光景。至

烏瑪出土陶壺銘，乃補鷲碑銘史之闕，然氣象衰颯，蓋敗軍之將，無復餘勇之可賈矣。

（圖 7）

（圖 8）

　　恩特梅納（Entemena，約前 2400）銀瓶，以飾帶區隔瓶面。其頸為銘文，肩飾小牛，而中心為獅頭鷹依姆杜古德（圖 9）。其書法省淨，與圖相得益彰。

（圖 9）

（圖 10）

　　烏魯卡吉那（Urukagina，前 2378～2371）之圓錐銘（圖 10），為西亞法典之祖。此彼邦之秦孝公、宋神宗之主也。其變法大略以除苛稅、釋幽囚、約財用為依歸。環椎體為書，觀之如入米諾斯之宮，茫然不知所出入。然其點畫鈎趯，章法字態，皆可觀摩，若行茂林修竹中，時見新奇。復以椎體，層層錯出，賞會之際，竟有「一山放出一山攔」之逸趣也。

　　西亞法典聲聞最著者，為漢莫拉比法典。其銘刻非一，多所轉載，如秦詔令版然，眾版之中，以玄武石刻銘最為傑作。其碑以三石合成，高不過七尺。碑頂鑴日神授王權浮雕，下銘阿卡德文（圖 11）。輝煌巨篇，至於三千五百行之多。蓋當我國晚商之際（前 1150），埃蘭入寇，掠入蘇薩，磨泐碑文，欲志武功，不克有終，而法典以之僅餘殘璧矣。至其內涵，則張王權、頌功業、明法度，要以賞善除惡、弘揚正義（阿卡德語之 misharum，諧「靡殺戮」）為之基。西亞政治，法律具先。是典上承烏爾納姆、李彼特伊士塔爾、畢拉拉馬諸法典，而下啟亞述、羅馬法，謂之集大成，或不過譽。而古來論者，鮮有及其書藝者。其文恢弘，復鑴於黑石，是茂密之外，乃有幽邃之致矣。其書豎行，而以界格為之節度，若《始平公》《妙嚴寺》之法。神韻或稍遜之，而博衍無極，實則過之。雖無《經石峪》、《石門頌》之氣魄，而能得《張猛龍》《醴泉銘》之精工矣。

　　拉爾薩朝之蘇穆埃爾（Sum-El，前1894～1866）酬神像，為石犬臥像。犬身鑴文（圖 12）。由背垂至脅，復蜿蜒至犬尾。楔文雖直，而字勢飄忽若帶然，有凌空舞袖之姿。

（圖 11）

（圖 12）

　　曼尼石圖蘇（Manishtusu，前 2269～2255）方尖碑鐫銘典雅雍穆，入之妙品，亦不遑多讓。其文乃有一五一九字之眾，誠彼邦之鴻寶也（圖 13）。蓋其土乏石，取自海湄（大食或波斯灣）。其文則克服諸邦，裂土分封之事也。至有買地酬官，俾輸其誠之文。然千秋功業，僅成殘念而已。曼尼之像，雖有所出，或尚留其首，或僅餘其身，終不成完人，此歷史之弔詭，可不慨然？

（圖 13）

（圖 14）

　　古迪亞（Gudea，前 2141～2122）諸像為西亞珍品，其裳刻銘，字勢縱體長行，雍穆清和，峻發典麗，乃文化盛世之寫照（圖 14）。衡諸漢制，有《敬使君》、《寧贊碑》、《龍藏寺》之風韻。

　　烏爾寧吉爾蘇（Urningiesu，前 2121～2118）還願權標，上鐫文字，此古樸之制，其險絕處如危峰墜石，平正處如山安磐駐，論氣魄則若濁浪排空，察布局乃如亂石鋪路。其舒卷之太，瞻顧之姿，入之漢石，亦不少遜色也。（圖 15）

（圖 15）　　　　　　　　　　　　　　（圖 16）

　　西亞築宇建廟，奠基皆有碑銘。其禮以青銅為人像，頂一籃，手上揚而支撐之。至如兩腿，則並而為一，呈圓錐之形（圖 16）。此物謂之奠基像釘可也。銘文於椎體，大旨不出頌神明、致平安。舒爾吉（Shulgi，前 2094～2047）築南舍（Nanshe）神廟，奠基釘外尚有銅版銘，其字橫向書，寬博舒朗，清潤通脫。（圖 17）方之漢碑，則《乙瑛》《孔宙》之流，擬之正書則《孔祭酒》《郎官記》，其簡遠處不讓楊少師《韭花帖》，而無董香光甜媚之弊也。惜彼邦無包慎伯、鄧完白、康南海、吳缶廬之儔，不能繼武古法，維新書道也。

（圖 17）

加喜特人（Kassites）所製窟嘟
嚕（kudurru），華言界碑，乃諸侯賜
地、免稅之證據。其選材、造型、
繪圖、刻銘皆有軌則，為彼邦文物
之可觀者。（圖 18）至於考史實、訂
製度、徵文物、原觀念，所施用廣
矣。今所出「海國」窟嘟嚕之碑，
形若山子，而長蛇環伺碑側。其一
面隔為四段，頂欄為三辰，月居中
而日星左右，月下為龜，中欄為蠍
獸，次欄則飾以回形、網格之紋。
末欄為文字。其文峻拔，而刀鋒爽
利，雖有界格，而不為所拘，書行
之末，多溢出界外者。（圖 19）蓋書
者縱刀為書，轉成逸態矣。楔形文
字，有筆劃之別，書之暢達，竟成
長槍大戟之勢，其氣魄類乎漢楷，
雖謂之彼土之朱義章、貝義淵、歐

（圖 18）

陽率更，亦不為過矣。加喜特人乘赫梯之餘威，入主巴比倫尼亞，為西亞之拓拔氏耳。是碑為西元前 12 世紀（1125～11100）之物，當吾國殷商文丁之時，則又何其古也。

（圖 19）

（圖 20）

沙爾馬納瑟爾三世（Shalmanaser III，858～824）之「黑色方尖碑」四面有銘，（圖 20）乃英人亨利・奧斯騰・萊亞德（Henry Austen Layard）所掘。是碑上鐫四方職工圖，下輔以銘文，意在彰其武功而已。（圖 21）然論其碑之形狀，則色黑而四方，為彼土之《好太王》也。論其文圖，則類吾國經幢之制。而此

（圖 21）

等相似，特其表面文章。是碑為亞述文物之著者，書法之富，足資採擷。方尖碑者，出自埃及語塔肯 tkhn，蓋以形似，借用其名耳。

　　亞述巴尼拔書室藏黃道十二宮圖（圖22），為天文研究之瑰寶，而亦書家之奇珍也。蓋十二月皆有名，環而書之。此與長沙子彈庫帛書之十二月神圖妙合無垠，其形式與內容皆相似，是傳播之故耶，抑獨立自成耶。不幸皆參損矣，然蠡測管窺，尤能馳情想像，得其彷彿。

　　尼布甲尼撒銘磚，深峭峻刻，為一時霸主之寫照（圖23）。

（圖22）

（圖23）

　　居魯士克巴比倫城，為陶鼓以志厥功，其書法有掃六合、吞八荒之勢，正雄主氣象也。然鼓殘矣，特一時輝煌而已，今復安在哉？

　　希帕爾城所出之巴比倫世界地圖（約前6世紀），上文下圖（圖24）。文則神話，圖以巴比倫為天地之中，而眾城星羅其外，至於海湄。其人以世界外為環海，海外為八方藩鎮，其制西人不甚解，逕標為行省。今衡之華夏文獻，與鄒衍九州之說甚相似。偶合耶，抑傳播之故耶？難言之矣。然此種布白，固可借以攻玉矣。

（圖24）

　　亞述陶觚，多為八棱。其文大率銘功業、飾文教耳。提格拉特─皮勒瑟爾（Tiglah-pileser，前 1115～1077）之銘，為楔文三傑所共釋。此制若辛那赫里布（sennacherib，前 704～681）平略陶觚柱、埃塞爾哈敦（Esarhaddon，前 680～669）重修巴比倫陶觚柱、亞述巴尼拔（ashurbanipa，前 668～627）定遠觚柱皆用其形。諸面皆有銘文。此制為吾國所罕見，然參酌損益，或可別出心裁。（圖 25）

（圖 25）

拉爾薩銅牌銘，字勢舒朗，其斜畫縱鋒長驅，乃張翼德提槍立於當陽橋之時也。（圖 26）

埃及文

拉霍特普夫婦設色模形，幾可亂真。而銘文工飭，不下龍門諸品。其年代乃在古王國時期，是則塑像題記，固不始於我國矣。然漢地造像，神韻特絕，此又後來居上，非復前修可擬也。埃及銘刻，異於華夏。漢土碑銘摩崖，率以文字為之主。而墓室壁畫，又罕見文字。然埃及施用，文像相彰。或緣形以就文，或因文而成形。要之深合圖史相得之義。如阿肯那頓時之獻禮圖等，此類文物，所見多有，茲不贅舉。（圖 27）

方尖碑全以石造，方四面而尖頂，蓋像原丘也。埃及神話云，遂古之初，洪水漫漫，人民未出，原丘始誕。《詩》云「洪水茫茫，禹敷下土方」，土方者，彼之原丘與？《山海經》《淮南子》並云禹竊息壤。息者，生生之意也。埃及語之丘音渚（dw），復有水生丘之神話，其信耶？方尖碑乃信仰之產物，像原丘，崇日神。而恒於四面，鏤刻銘文。其書排兵列甲，鷹擊長空，有凌摩絳霄之勢。

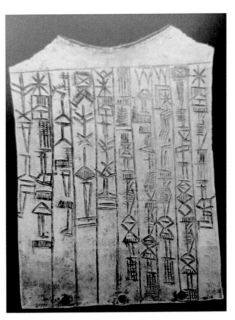

（圖 26）

（圖 27）

德爾麥迪那父子連體雕塑，身外而攜方形石碑。碑銘大要為述身世、崇日神、記遊蹤。新王朝已降，塑像而輔以碑銘，始流行矣。

底比斯所出之哈特舍普蘇（Hatshepsut，前 1473～1458）女王偽為男像。銘文皆塗朱，猶武曌造字之風（圖 28、29）。

（圖 28） 　　　　　　　　　（圖 29）

　　霍倫海布石浮雕精彩絕倫，其象形文字亦臻神妙。

　　奈弗爾提提之墓壁畫精絕，銘文絢爛。其內大旨為《亡靈之書》（圖 30）側室所鐫 148 章之聖牛圖（圖 31），其描畫之精，設色之富，繪形之準，摹態之似，直逼韓太沖《五牛圖》。至其銘文，則奉麵包、貢牛奶、獻蔬果以給魂魄之用。書法瑰麗渾厚，允當神品。

（圖 30）

（圖 31）

　　新王朝之葬，大其棺槨，繁其紋飾，拉美西斯四世（前 1153～1147）石棺銘文謹飭，而氣格反見蕭索，乃荃蕙化而為茅之兆也。

巴克夫婦石碣，於碑面作長方凹槽，以凸雕人像，四周環以銘文。當阿肯那頓（Akhenaten，前1352～1336）時。（圖32）夏土謂之龕是也。我國造像，導源於雙墩陶面、牛河梁神象、凌家灘玉人，而三星堆之青銅諸鑄，則奇峰鬱起，昄章孔厚。周世塑像，湮沒不聞。秦併天下，神采始復。臨潼葬俑，震古爍今。迄於漢季，浮屠東傳，繼武漢畫，造為像設。龍門諸品，本以輔弼，迨碑學勃興，反客為主矣。然考浮屠像設之初，本諸西域。所謂犍陀羅諸地藝術，本希臘影響所及，希臘所師，正在埃及、西亞。今觀此碑制形似漢碣，而雕塑銘文，復類於佛窟。蓋本有淵源，惜其詳無可考矣。然華土之民，本非拙於造像，史書斑斑可載，而文物亦多為證矣。

圖特摩斯三世墓壁所為《冥書》，為日神夜間旅行記錄（圖33）。日之運行，如《淮南子‧天文》之「日出於湯谷」云然，乃時間觀念所由起，日辰意識之濫觴也。而此壁畫與書法，均極一時富麗堂皇之致，直有吞吐山河、汩沒日星之氣概，實乃彼邦書法之翹楚。皇家書法，遵矩度而寡性情，誇規模而鮮神韻，館閣之致，容或造極；活潑之姿，亦甚缺乏也。

（圖32）

（圖33）

新王朝末，女子始有《亡靈之書》。安海，阿蒙神之歌姬，而教坊之領袖也。其書為女子所設，書法亦娟秀清靈（圖34），有《十三行》《靈飛經》風致。

卡納克（Karnak）神廟楹銘，為拉美西斯二世為。134柱皆有銘文，謂之楹書可也（圖35）。

阿蒙尼姆赫特（Amenemhat）石碣五色相宣，銘文清和溫潤，乃埃及書法之《靈飛經》也，而篇幅則遠遜矣。

（圖 34）　　　　　　　　　　　（圖 35）

　　胡芬咒術卷、阿尼莎咒術卷皆以巫祝體書者，埃及書法運筆自有法度，
其筆為蘆葦筆，有朱墨兩種，運書之際，恒駐筆蘸墨，而蘆筆乾枯，觸莎無
跡，書成觀之，此等處翻類飛白之狀矣。其中「此咒」「彼云」等詞，更以朱
書，或以自警，或以降神，或以辟邪，要之為咒語之開始，用意在彼岸矣。是
卷為十九王朝所作，約當盤庚、武丁更立之際。考朱色之意，其用多方。雷丁
博物館所藏之同期符咒，全文先施之以朱，復以白色塗之。而獨餘魔蛇阿佩
普，斯為日神之死敵，是則施朱以詛之明矣。（圖 36、37、38）

（圖 36）

（圖 37）

（圖 38）

　　涅斯坦貝塔殊紙莎草卷，繪天神努特、地神蓋布、空氣之神舒，間雜文字。行文之出，闌以界格，成參差錯落之韻。努特足側界格，竟有邪曲之勢，以讓羊首之神。此卷以淡墨寫之，頗有簡遠空靈之味，行文如亂世鋪路。置之八大、鄭燮諸書中，堪稱鼎足矣。而時代久遠，在前 950～930 年之間，當我國周初之時。（圖 39、40、41）

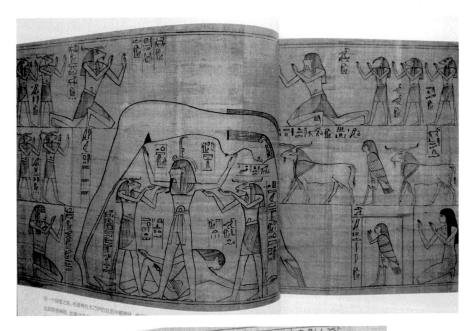

（圖 39）

（圖40）　　　　　　　　　　　（圖41）

　　埃及王號，其稱有五。至上下埃及名及日神名，乃有所謂王名環，其稱謂起自法文卡圖師（cartouche），初義本謂漩渦紋，迨法人釋讀埃及文字，乃轉謂王名環。埃及古語則自稱「身笩」（shnu），本自「環繞」（shni）一語而來，此第九王朝之後事。至第十九王朝，復有「門師」（mnsh）之號，蓋異名而同實也。然察其施用，類乎殷商鼎彝之亞形，是寄宗教心理在焉。或謂，埃及王名環，效日神之周流。亞形，抑或此耶？（圖42、43）

（圖42）

（圖 43）

庫師（Kush）之傾覆埃及，以「努比亞之王制」為尼羅河主，其佩耶石碑雖步武埃及，然「萬民授之」之語赫然，與神授思想分流，可謂民本思想見於文物者。《淮南子‧本經》云「萬民皆喜，置堯以為天子」，亦此類也。

希臘

法埃斯特圓盤銘，凡六十一組而二百十一符。其文盤旋如蛇，印壓之跡也；多取甲冑、棍棒之象，伊文斯（A. Evans）以為祭祀凱歌，然此說望文生

（圖 44）

義，羌無故實。是盤在西元前 1700 年，正商湯代夏之際，於考古學之二里頭文化時代；雖出土於克里特島，而論者大率以為非土著之所為也。（圖 44）

瑪雅文

瑪雅為書，亦有兩品。蓋鐫刻銘文，則以石鑿玉刀；偶用走獸之齒爪。而陶書壁畫，則以蘆葦為筆。筆有軟硬，軟筆殆以動物毛髮為之，如中國之制。硬筆則削木而已。至其用色，朱墨二而已。其墨則炭灰為之，其朱則赤鐵。乃有雕鏤之後，復施朱砂者，殷商甲骨，亦有類例（如國家博物館所藏大版）。或朱砂血色，為物通靈之故耶？至其紙張，以樹皮為之。然瑪雅之書，亦尚寫意，唯其雕飾有餘，而恣縱不足。蓋其書多以禱鬼神、敬宗祖、事巫祝、布詔諭為主，且其土宗教觀念亦甚濃烈，是以遂成肅穆謹嚴之書，罕有倜儻自由之態也。彼邦手書與奏刀，採不同字體。手書尚簡達，施刃貴雕飾。察用墨之道，亦有別焉。吾國書法，素以為絢，故筆墨之用，分為五色；彼土抄手，工於書者，其跡七色迭耀，璀璨可觀。而點之圓潤、豎之勁直、曲之婉轉，要皆以圓融為宗，方正為輔。其字形輪廓，若盎之橫剖、鉀之平視，皆去其棱角耳。

瑪雅之書，其用多端。或琢之於玉，或鐫之於骨，或鏤之於貝，或銘之於石，或雕之於木，或書之於陶，或文之於壁，或筆之於書。琢於玉者，耀豔而含靈。鐫於骨者，韞奇而韜秀。鏤於貝者，竟磊落而流光，如列星之閃爍；銘於石者，乃聯翩而垂華，若眾水之潺湲。雕於木者，競樸茂之致；書於陶者，極絢爛之風。文於壁者，呈恣縱汪洋之奇，筆於書者，得淵雅典則之味。其載體之多，滿目琳琅，文物之富，不輸他邦矣。

《波波爾·烏》為其國之最著史詩，盤銘杯文，多有印證。波士頓所藏盤銘，則雙生神之觀玉米神出世，而以烏龜為大地之像（圖45）。

（圖45）

　　托尼那（Tonina）石盤銘以獻祭像居其中，盤緣以瑪雅文字為飾，大旨為賽球、祀日及金星之文，此王室之典也。環書炳耀，如日月之行，汩沒於荒淫之波矣。至於欽庫提克（chinkultic）之盤銘，球員之態，幾欲破石而出，察其時，則西元 591 年，為我國隋代。此盤藏墨西哥國家人類學博物館。（圖46、47）

（圖 46）

（圖 47）

　　瑪雅四刻本為其文化之珍品。馬德里刻本以神像為主線，而以文字為說明，文圖相輔，至於行文之處，隱去圖像，反觀圖像，則若層雲開合、神龍乍現還藏之趣矣。（圖 48）

　　文字之朔，區宇各異。後奧爾梅克之人首巨雕，頗有符號。蓋彼時亦如我國舞陽賈湖之甲骨、蚌埠雙墩之陶符、西亞烏魯克之泥版、埃及阿拜多斯之骨簽，實為文字之初作，書法之濫觴，乃夜闌人靜，雄雞突鳴之意也。至於薩婆特克（Zapotecs）則更進，文極簡古，但會意而未表音。其文多名號與數字之比，偶見動詞。然文長者不過十餘字而已。而薩齊拉所出碑，上下二分其版，為日字之狀，其上鑴刻似為宴飲圖，邊框皆銘文。此則彼土之極品也。考其文字之中，取象於獸頭、人手者，皆描摹逼真，其土居民，固不乏寫實之能也。吾國巴蜀古器物，乃有所謂「心手文」，衡之此碑，其儔侶耶？然文化各殊矣。瑪雅碑文之首出者，為豪伯格（Hauberg）所藏者，時在西元 199 年，略晚於《曹全》《張遷》也。碑右側為雕像，左則銘文，作正 L 之形，緣框銘文，或其制度與？其像以大人巨蛇為主。人雙手持蛇腹，蛇頭自人頭左蜿蜒

而上，覆蓋人首，而蛇尾在人腿之右側垂下。復有四細人，攀緣於蛇身，似為
上下之狀。然詳按茲蛇，或夏土之龍屬與！（圖49、50）文字彪炳可觀，其
上距後奧爾梅克之碑，不過百年。瑪雅之文，緣因前作然。如契丹、女真、
西夏之能書，彷彿假名、字喃、諺文之記言也。借源之文，可以遄就；而肇作
之字，難以速成也。

（圖48）

（圖49）

（圖50）

　　米須特克（Mixtecs）與阿茲特克皆受薩婆特克文化之沾溉，今存其古抄本，為人名之書記。其制蓋先之以某數，實之以某物，而綴之以別號耳。如八鹿為其名，而豹爪為其別號之屬。其書繁縟瑰麗，如殷商之青銅紋飾然。（圖51）

（圖51）

　　帕倫克所出之盾牌棺蓋銘，主圖為鳥翔於天，人居天地之中，其詳莫能知之；而銘文則棺主之生平，與夫其人所自出祖先之名姓。蓋緣以長方框為之飾，固整飭劃一矣，然方框之中，別有天地，每框之內，揉以文字，而文字之形，緣框而變。是可謂甚謹飭而極變態者也；頗能合於書論張弛收放之理，彼邦之外，罕有此等奇肆之書也。（圖52）

　　帕倫克宮牆銘，為一代瑰麗恢弘之書。（圖53）滿壁皆文，矩矱攸同，雖有汪洋之勢，而不為放肆之形矣。然左其七文，倍於其餘。詳察其字形，亦頗異兆。餘文抽象，此則字字皆有人像雜乎其間。此數字乃紀日月之書，如殷周銘文之「維王某祀某月辰在某日」之類，因之特出也。彼邦字符，大要有三。一則本字，存其核心。二為頭形符，以頭為飾，或人或物或神。三則人形符，乃茲更為繁複矣。擬之漢字，則若鳥篆蟲書，特雕飾之體也。然若《王子午鼎》之銘，亦不乏人形符號。唯我國文字，但有勾勒，而瑪雅之文，恒多體面耳。

（圖 52）　　　　　　　　　　（圖 53）

後奧爾梅克文字所見者，不過數事而已。拉─莫加拉（Ra-mojarra）所出一號碑，為之翹楚。其一側為君王像，環像為文字作反書之 L 形。其布白似乎夏禹玉之「半邊」。其文為恢弘巨篇，煌煌四百名。而其刻銘，則自石上中分，採左右開弓之勢。人像首上文字左行，為十二短行。餘文自中而右行，為九長行。其文如貫珠綴玉，磊落鏗鏘。蓋此碑之偉，直為奇峰鬱起，彼邦之特秀者也。（圖 54）

科潘金字塔階銘，刻於石級之上，凡六十二級，而其符累於兩千之多，為彼邦絕無僅有之長銘。（圖 55）其文為彼邦之國史，時代在西元八世紀中葉，當唐盛衰之際。其銘文爛然，如巨鯨奮鰭，激浪揚波，於時魯公方將，以之方諸魯公諸銘，固當頡頏。特魯公之書，乃一人之力耳，彼邦之銘，成於眾手也。

彼德拉斯內格拉斯王座，靠背為王父母浮雕，而座緣鐫刻銘文，其行文整潔茂密，為裝飾之姿。至於椅足之字，若撐天之柱，挺俊可觀。（圖 56）此邦與亞斯奇蘭，門楣之作（圖 57），同一軌範。每每峻整，即視為碑版，亦無不可。可謂彼邦書法之雙子座也。

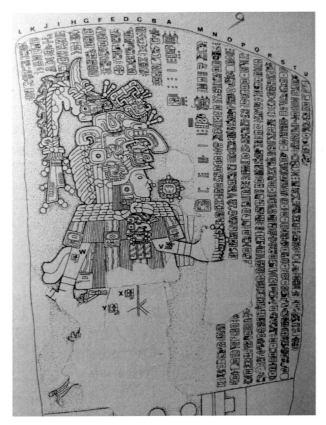

（圖 54）

（圖 55）

（圖 56）

（圖 57）

二、立象以盡意：華夏文教之源始邏輯闡微

　　中國現代學術體系是在西方二元認識論基礎上對華夏固有文化資源重構的產物，就納入西方學術話語體系而言，其歷史業績功不可沒；然就對華夏固有之思想文化體系作切中肯綮的、同情之理解而言，以西學的問學樣式切入中國傳統學術難免削足適履、畫蛇添足諸弊。因此對西方學術樣式的反思在思想領域如火如荼，這說明在經歷百年的迷茫、徘徊和求索之後，中國學者已經覺醒並產生了理論自覺。如何從本民族文化的源始邏輯起點上重新賦義古典文脈之於當下社會的理論功用，不僅是應對西方認識論危機的一種可能取徑，也是每個華夏文教傳統下的學人義不容辭的責任和擔當。

　　從東西文化的橫向格局來看，當下的思想危機似乎表現為華夏傳統與西方秘（索思）—邏（格斯）傳統之間的不同文教之爭，而從縱向的古今之變來看，這一危機更深切地反映的是現代理性主義對人類精神的腐蝕。現代理性主義將理性視為人類的最本質特徵，現代理性主義許諾人類憑仗理性可以支配自然、改造自然並且征服自然，現代理性主義是一種人類中心主義。現代理性主義的表現之一就是所謂科學主義，科學主義不但將科學絕對化，同時也將科學神聖化，視科學為高於人類的本體，作為衡量事物的絕對依據。〔註 1〕華夏古典精神的萎靡實則是人類精神被現代價值腐蝕的一個明顯特例。為此，重新認識華夏文脈的源始思維邏輯，從開端之處重新理解現代危機乃是反思現代性的相當迫切的理論問題。必須認識到，而今所謂現代性無非只是西方現代性的代名詞，現代性價值被理解為從文藝復興、啟蒙運動以來的西方價值的孳乳物、子遺物，此種理解以一種單線的、進步的西方歷史觀為其預設，西方學者或親西方學者不停地傳播著希臘→羅馬→基督教世紀→文藝復興→啟蒙運動→現代之類的思想迷思譜系，這種狹隘的、偏執的譜系脫不開西方中心論。現代價值也就被偷偷置換為西方價值在現代、又以所謂進步的名義，將西方價值視為人類的目標價值，從而賦予其普世的意義。即便雅斯貝爾斯這樣有著人類關懷的思想家，其歷史與起源的意義與目標仍舊不脫基督教式的目的論底色，遑論他人。職是之故，立場問題較之學術本身更為根本。如何立足於非西方中心論的立場對現代性進行反思，切入到對古典的、傳統的源始的文脈邏輯以應對西方現代危機？葉舒憲的玉教理論、

<hr>

〔註 1〕曹志平、鄧丹雲：《論科學主義的本質》，《自然辯證法研究》，2001 年第四期。

劉小楓的古典學以及趙汀陽的「天下」理論等都是具有代表性的構想。本文即在前述諸位前輩的學術啟迪下，在世界體系的背景下思考華夏文教傳統的源始邏輯。

（一）「天下」一體與文教分殊

理解世界歷史或思想史有如下幾個常被徵引的模式：黑格爾《哲學史演講錄》的模式，該書除了狹隘的西方單線發展論之外，行文不乏武斷和傲慢，可置而不論。另一種則是法國學者費爾南·布羅代爾構建的體系，他的名言是「沒有法國史，只有歐洲史，沒有歐洲史，只有世界史」，然其著作並未真正貫穿其理念，在二十五章的篇幅中個，歐洲文明佔了整整十章的篇幅，而歐洲以外的文明大略與之相當，最為奇怪的是，他為了將美洲文明歸入到歐洲文明的範圍之下，竟有意忽略殖民者入侵前拉美文明為主體的文明美洲文明。〔註2〕值得注意的是威廉·麥克尼爾的世界史體系，他的理論架構是：1.舊大陸各大文明的出現和確立（前500年之前）2.各大文明之間的平衡（前500～1500年）3.西方的支配地位 4.全球性世界主義的開端。〔註3〕其構架貌似合理，然其作如是的劃分主要是歸結到西方的支配地位上來。

反思如上關於文化體系的劃分，其存在的根本問題，是對開端的認知分歧。西方史學家常常將希臘文明作為歐洲文化的開端，其單線的歷時性做法高估了希臘在其當時的世界格局中的地位。布羅代爾以5～13世紀作為歐洲文明的發展成型期遠較當下各種版本的教科書公允。〔註4〕世界史框架啟發我們，應當有一種認識歷史共時事件的棋局眼光，這有助於校正對於世界判斷的單線進化論或歷史決定論。就此來說，人類歷史開端乃是共時性的多源頭事件，此種多源頭觀念有助於打破歐洲或西方中心論的迷思。

解釋當今世界的生活，確實應當如各位世界史家所注重的那樣，關注到人類文化不同群體之間的互動。本著這一立場，我僅僅鎖定被雅斯貝爾斯視為高度發達的古文明階段，也就是所謂的軸心時代之前的階段，以追溯文教—政教之源。各大文明的政教如何呢？無疑，第一波文明浪潮乃是理解正教

〔註2〕（法）費爾南·布羅代爾著，常紹民、馮棠、張文英、王明毅譯：《文明史：人類五千年文明的傳承和交流》，中信出版社，2014年。

〔註3〕（美）威廉·麥克尼爾：施誠、趙婧譯：《世界史：從史前到21世紀全球文明的互動》，中信出版社，2013年。

〔註4〕前引《文明史：人類五千年文明的傳承和交流》，第333頁。

之源的最基本資源。對於文明的理解有所謂自源說或它源說兩種，就天下大勢而言，世界上絕大多數的文明乃是它源的，而公認的自源文明僅為少數，主要有西亞（兩河流域文明）、北非（埃及文明）、南亞（印度河谷文明）及華夏四種文明形式，另外或還得加上中美洲的奧爾梅克—瑪雅文明。但各大文明之間孰早孰晚也存在爭論，各個文明是否不受異文化影響而純粹自源？印度河谷文明推論和西亞之間存在著一定的關聯，而中美洲的文明和東亞也發現若干相似點。華夏文明和諸文明之間的關係則更是撲朔迷離。古代西亞、北非文化和東亞文化自上古以來就有堪稱頻繁而非零星的接觸，〔註5〕絲路兩端文化存在長時間、廣地域、多渠道的交流，此乃一不爭的事實。東西方文化自其萌蘗之始，即顯露出相摩相蕩、互根互倚的人類命運共同體雛形。古埃及文化和上古華夏文化之間雖不能確證其有何種直接接觸，卻亦不能遽斷其必無交往。此外，中西文化交流即便在史前也是相當普遍的，古典文獻典籍不乏中西交流的痕跡。〔註6〕華夏文化奠基中，濃墨重彩的一筆便是《穆天子傳》等記載關於東西方的交通〔註7〕，「玉石之路」「草原之路」乃至「太極之路」的構想足以說明中西方文化交流的壯觀局面。華夏文明並非全然封閉的自源文化，對文化起源的認知不宜作無限推源，重要的是華夏文明如何在第一波文明浪潮中完成自我確認。偏安亞歐大陸一隅的華夏文明尚且如此，距離較近的西亞、北非或者稍遠一點的印度河谷文明之間，必然存在更頻繁的交流。職是之故，世界上可能沒有哪種文明是純粹起源於自身（包

〔註5〕 絲路東端的半地穴建築、桑蠶、稻作、黍、玉等西傳，思路西端的鑄銅、車戰、人殉、維納斯雕像、小麥等則東漸（何崝：《中國文字起源研究》，巴蜀書社，2011 年，第 482～488 頁）；商周以來東西交流的物證則有諸如陶鬲、玻璃、綠松石、香料、棉布（宿白：《考古發現與中西文化交流》，文物出版社，2012 年，第 8～15 頁）；中國境內發現埃及紙草（饒宗頤：《郁方與古代香藥之路》，載《西南文化創世紀：殷代隴蜀部族地理與三星堆、金沙文化》，上海古籍出版社，2010 年，第 240 頁）；此外證明東西物質交流的可能還有雞、翼獸、羽扇、金面具、權標頭、水漏、日晷、天平、印章甚至文字觀念；等等。

〔註6〕 參拙文《古埃及喪葬文獻〈冥書〉中的蛇：兼論〈山海經〉與域外文化的關聯》，《民族藝術》，2019 年第三期。

〔註7〕 余太山：《〈穆天子傳〉所見東西交通路線》，《第二屆傳統中國研究國際學術討論會論文集（一）》，上海 2007 年 9 月。有學者根據《穆天子傳》的時日干支考證，穆王西征在西元前 994 年～前 993 年，堪稱三千年前周初中西文化交流的里程碑。參張聞玉：《穆天子西征年月日考證——周穆王西遊三千年祭》，《貴州社會科學》，2007 年第十期。

括新大陸的文明），文明起源的模式大略可以「同則不繼、和實生物」或者「三合然後生」的古典理論解釋之。對華夏文明的認識離不開對其文化大環境的評估，為此本文首先進入和華夏文明同時的幾大文化之源始文教。

甲、西亞之「謨」教

西亞的歷史局勢比較複雜，蘇美爾人、阿卡德─巴比倫人、亞述人、赫梯人、胡里特特人、波斯人相繼在中東一帶逐鹿，建立了蘇美爾城邦和帝國、巴比倫帝國、亞述人帝國、波斯帝國等政權形式。思想文化因此也較為複雜。蘇美爾文教比較發達，他們創立了學校作「愛讀吧」（寫作 e-dub-ba-a），該詞詞源不詳，或理解為「泥板室」，或理解為「分發泥版之處」〔註8〕，其目的是為王室和神廟培養人才。泥版室的主要教學設置的課程為語言、技藝和文學三種，催生了西亞極為豐厚的文學傳統，產生了《吉爾伽美什》、《埃努瑪·埃立什》等經典。由於蘇美爾人發明了文字系統，此種文字系統又植根於其貿易經濟，故而最早期的一批文獻便主要是經濟類的文書，在塞姆人的阿卡德王朝衰落之後，蘇美爾人復國建立了烏爾第三王朝，才有大量文獻的出現，主要是讚美詩、書信、法典和辯論等內容。這就說明，蘇美爾文教並不以服務神明為第一要務，也可以從側面證明，文教傳統並非皆由巫教傳統推衍而來。

蘇美爾人創製了文字，並為後嗣的阿卡德、巴比倫、赫梯、亞述、胡里特特、波斯等民族多沿用，由此便開創了西亞的文教傳統。他們發明了滾筒印章，並且以此為身份之證件、信譽的象徵。〔註9〕烏爾納木時期，頒布了法典，對後來的漢莫拉比法典影響深遠。要言之，培育人性乃西亞愛讀吧的主要任務，〔註10〕由於其文教的昌明，被冠以「人性的啟蒙時代」之譽。〔註11〕此種說法並非過譽。西亞貢獻了諸如文教制度、城邦政治以及若干物質發明，皆足以彪炳千秋。凡此種種，都可以術語 me 概括之，不妨迻譯為「謨」。

〔註 8〕 https://en.wikipedia.org/wiki/Eduba.

〔註 9〕 W. H. Ward, *the seal cylinders of western Asia*, the Carnegie Institution of Washington, 1910, p.2.

〔註10〕 于殿利：《巴比倫與亞述文明》，北京師範大學出版社，2013 年，第 585～587 頁。

〔註11〕 于殿利：《人性的啟蒙時代：古代美索不達米亞的藝術與思想》，故宮出版社，2016 年。

「謨」出現於蘇美爾典籍《印南娜與恩奇》中，主要故事是印南娜騙取其父恩奇，從埃利都將「謨」運到烏魯克，包括諸如權杖、智慧、繩索等等110種事物，而《印南娜下幽冥》中她戴著的七種飾物也被冠以「謨」之稱號。阿卡德人將蘇美爾人的「謨」翻譯為「秩序」，而亞述人則翻譯為「神力」，凡此似皆不足以表達「謨」具有的多層面含義。根據其使用語義看，此詞乃抽象的大概念，包含人類物質和精神兩方面的成就，相當於「道、術、理」等漢語概念。〔註12〕「謨」之類觀念的出現，展示了蘇美爾人高度的抽象和概括能力，為其理性成熟的標誌。需指出的是，蘇美爾人的觀念中，舉凡言辭、智慧、書藝皆可歸入「謨」的範疇，這說明他們對世界的認知和劃分與後人不同，不能立足於現代學術立場批判其科學不科學。〔註13〕「謨」是把握天人關係或者神人關係的一個關鍵詞，該詞折射的世界觀與科學世界觀完全不同，是兩種看待宇宙萬物的方式。這種觀物方式對西亞民族的精神起了模塑作用，在西亞文化中具有源語言之功能。准此，那種將西亞的源頭追溯到宗教或巫術或神話的觀點顯然偏頗，雖然祭司階層在西亞文化中佔據了相當顯要的位置，雖然神話史詩在西亞文化中起著舉足輕重的作用，然按照西方現代學術模式將神話視為其價值和精神的源泉，顯然並不符合蘇美爾人的自我認知。在蘇美爾人的世界中，世界乃是以「謨」為核心的多層次的、豐富的、立體的，而絕非僅止於巫祝、史詩之類的單調源頭。

乙、埃及的瑪阿特之教

埃及人文教起源頗早，今人所熟知者為《亡靈書》。古埃及人謂之「重睹天光之經」。內容分為兩端，一是以個人生前積纍之德行，加之親朋好友與國王或神明的助力，達到死後再生的目的。一是死後其「巴」（埃及人三魂之一，為人頭鳥身之象）經歷死亡之旅，不再受棺槨、墓室及裹屍布之拘束，從而得以追隨日神自由呼吸、暢飲清水。〔註14〕《亡靈書》在中國學界極為有名，然此書實係後人輯佚而成（如清人《古微書》、《古謠諺》之類），古埃及並無《亡靈書》這樣的稱謂。此書得名於埃及本土的盜墓者。因紙草卷總是與木乃伊有關，埃及盜墓人謂之「死者之書」，19世紀上半葉的埃及學家因襲其

〔註12〕拱玉書：《升起來吧！像太陽一樣：解析蘇美爾史詩〈恩美卡與阿拉塔之王〉》，崑崙出版社，2007年，第四章。
〔註13〕前引《升起來吧！像太陽一樣》，第303頁。
〔註14〕金壽福譯注：《古埃及〈亡靈書〉》，商務印書館，2016年，第1頁。

名。〔註15〕《亡靈書》堪為古埃及宗教思想之大成，繼承《金字塔銘文》《棺槨文》等喪葬文學傳統，成為瞭解埃及思想的重要典籍。按照需要，《亡靈書》可長可短，據說目前最長的《亡靈書》為大英博物館所藏編號 BM10554 號的紙草卷，通長 41 米，而一般情況下都不會超過 48 釐米。〔註16〕《亡靈書》在古典時期、基督教時期雖然為西方學者偶而提及，然卻僅作為行文之談資，並不真正理解其蘊意。19 世紀初，弗朗索瓦・商博良等人破譯古埃及文字後，《亡靈書》陡然被譽為「埃及古賢的聖經」。〔註17〕此書的核心觀念是瑪阿特。

瑪阿特表達古埃及人對宇宙整全的看法。「瑪阿特（mꜣʿt）」來自於動詞「引領，指導」（mꜣʿ），其含義是「事物應然之道」。〔註18〕該詞廣泛出現於《金字塔銘文》、《棺槨文》、《冥書》、《門戶之書》等喪葬文獻以及《普塔霍太普的教喻》《辯捷的農夫》《伊普威爾與世界之主》等教喻文獻。它與「邪惡」所表示的失序狀態相對。〔註19〕瑪阿特在《冥書》《門戶之書》中多次以神明形象出現，要之皆表明神的公義、正當。這種以瑪阿特為信仰或曰第一原則的觀念，自奧西里斯以來從未淆亂，耿耿其光（《普塔霍太普的訓論》84～85），它是「判斷言辭」應當遵循的根本大法。舉凡真理、正義、律法、操守以及宇宙秩序等等，皆用此詞表達。《亡靈書》中瑪阿特被神格化為瑪阿特女神，其象徵物為鳥羽。在亡靈敘事中，死者需要稱量心臟的重量，方法是天平一端放置一根羽毛，另一端則放置死者的心臟。若兩者平衡，則算合格。圍繞「瑪阿特」催生了大量的教喻文學。〔註20〕揆其義，瑪阿特與所謂「藻辭」有相通之處：

〔註15〕 E. A. Willis Budge, *Book of The Dead*, p.10.

〔註16〕 （英）雷德蒙・福克納編、文愛藝譯：《亡靈書》，安徽人民出版社，2013 年，第 21 頁。

〔註17〕 （英）約翰・泰勒編著、李印譯：《古埃及死者之書》，北京時代華文書局，2014 年，第 288 頁。

〔註18〕 James P. Allen, *Middle Egyptian: An Introduction to the Language and Culture of Hieroglyphs*, Cambridge: Cambridge University Press, 2014, p.147.

〔註19〕 jsft，可擬音耶斯弗特，限定符號為表示小、弱、惡的 🐦（麻雀），《普塔霍太普的訓論》（597～598）出現了瑪阿特和耶斯弗特，可知其互為反義詞（James P. Allen, *Middle Egyptian Literature: Eight Literary Works of the Middle Kingdom*, Cambridge: Cambridge University Press, 2015, pp.221~222），後者當然包括倫理上的失序。《門戶之書》第五一場的 dwt「兇險」乃「邪惡」的具體表現之一。

〔註20〕 王海利：《失落的瑪阿特：古埃及文獻〈能言善辯的農民〉研究》，北京大學出版社，2013 年，第 118 頁。

藻辭藏得比孔雀石還深

卻能在石磨旁的僕婦手中找到（《普塔霍太普之訓論》58～59）

「藻辭」本指富於教訓意味的言辭〔註21〕。最重要的藻辭無疑是訓論文學（sb3jj.t），此詞來源於與「門戶」（sb3）同音的動詞「訓諭」。這一組同音詞包含「眼睛」、「星星」、「門戶」等，皆有「開啟」「明亮」之義，〔註22〕是教化的象徵物。

職是之故，將瑪阿特視為埃及文教傳統之源始觀念，當無大誤。瑪阿特當為一囫圇的、籠罩的觀念，故而統攝宇宙、自然與社會、人生諸相，古埃及人的生存中並沒有以認識瑪阿特作為自己生存的義務，而是以行動合於瑪阿特作為生活的指南。這與上文所提到的蘇美爾人對「謨」的態度不謀而合。

要之，蘇美爾人的「謨」和埃及人的「瑪阿特」皆以「判天地之美，析萬物之理，察古人之全」為理想追求。這種理想追求與《周易》以「立象以盡意」而體察「天道」的方式、希臘人以對話「秘索思」而觀照真理的方式一樣，皆係對宇宙真理之「全體」的掌握。無論其是「究天人之際」還是「究神

〔註21〕「藻辭」可以《尚書‧立政》「予旦已受人之徽言」之「徽言」、《韓非子‧六反》「書策之頌語」（王先慎曰：頌語，猶美語也）之「頌語」、《北山錄‧異學》末尾之「誦言」（慧寶注：誦言，典雅之言，聞之經濟）類推之。

〔註22〕傳統小學有因聲求義的訓詁手段，凡從某聲，即有某義。此法漢劉熙《釋名》極其致，「以聲為書，遂為經說之歸墟，實亦儒門之奧鍵已」（（清）王先謙：《釋名疏證補》，中華書局，2008年，第2頁）。至於五代，大小徐尚能據篆形推聲訓以解字義，此法不絕如線。二人之後，宋人王聖美、王觀國、王安石、陸佃據楷書字形闡揚右文說，多為後人詬病。然其說重視聲符和意義的關聯，實不可廢。清人戴震、王念孫、段玉裁、王引之、朱駿聲等闡揚其說，以迄沈兼士、章炳麟、黃侃、楊樹達等，將傳統小學手段和西方語源學研究合流，蔚為大觀。「一文之聲定，而眾字之所從得聲者悉定」（（清）朱駿聲：《說文通訓定聲》，中華書局，1984年，第3頁上欄），此種思想為國人深悉。唯破解埃及文字者率皆西人，於字母、文字之別似不甚辨，雖注意到埃及字符有音、意及定符之分，卻喜論所謂「字謎原則」（略同於六書之假借，「因聲託事」），對於音符兼能表意之類觀念不甚注意；而又以機械眼光看待三類符號，兼之以拉丁字母轉寫之後，埃及字符本身的表意功能反晦而不張，甚或以為「古埃及文字的靈魂是拼音，只不過把字母用圖形來書寫」（王海利：《古埃及「象形文字」的譯名問題》，《世界歷史》，2003年第五期）。凡從某聲即有某義，此種聲訓原則雖不可一概而論，但施於埃及文字當亦無大謬，此即一例。它如，凡從wn得聲的字，皆有「奔馳」「開張」之義（字例見 Karl-Theodor Zauzich (ed.), Ann Macy Roth (trans.), *Discovering Egyptian Hieroglyphs*: A Practical Guide, London: Thames & Hudson Ltd, 2004, pp.28~29）。特為標出，以供進一步探討。

民之辯」，皆秉持與現代科學不同的思想立場。

蘇美爾人之「謨」教、埃及人「瑪阿特」之教皆有文化源始的意義。就文化源始意義而言，其與希臘的「秘索思」或「神話」正可分庭抗禮。各文明的文教傳統不同。唯有立足於源始文教不同，方能更深刻理解現下西方的問學樣式對異質文明的僭越或割裂。

（二）希臘「是」教與現代問學樣式

現代科學包括人文科學立足於主客觀二元論，預設存在一可被理性認識的、客觀的研究對象的存在，這一預設的源始邏輯西方的邏格斯中心論。這種主張將語言視為溝通宇宙本質的唯一手段，與埃及人、蘇美爾人的體察世界的方式迥乎不同。現代西方學者喜歡將其世界觀追索到古希臘。希臘人認為字母僅止於記錄語音，其自身並無獨立價值。現代學者循此思路，在語音和認識之間建構起了唯一的聯繫，此種聯繫便是語音—邏格斯的同構。經過索緒爾的大肆推闡，遂形成一股語音中心主義或者邏各斯中心主義的西方潮流。因此出現「語言是思維的物質外殼」等等之類的判斷。西方傳統又進一步闡揚了自巴門尼德以來的關於存在的命題，由於「是」（ἐστι）既可以作名詞，也可以作謂語，遂有所謂名實問題，亦即柏拉圖話語中的「相」與個別事物之間的關係問題。按照柏拉圖對話錄中的觀點，個別事物總是變動不居的，而只有「相」才能謂之「是」。柏拉圖創造了創造了「存在」（ὃ ἔστιν）或「自在」（αὐτό ὃ ἔστιν）來表明「相」的自身同一性。而這也就暴露了話語與事物之間的鴻溝，語言既能表達真實，也能傳播虛妄，選擇真理還是選擇謊言？少年蘇格拉底注意到，個別事物之間會包含兩種極端相反的性質，因此乃有著名的「拯救現象」（διασῴζειν τὰ φαινόμενα）。〔註23〕按照《曼諾》的認識論，一就是多的「相」〔註24〕，一與多的命題可轉換為現象和本質之間的命題。由於帕門尼得哲學在討論問題時，以單數的動詞「是」為主軸，聯繫它的就只是單一事件，這就排除了多義性、模糊性，從而規定了真理便能以絕對的、純粹的形式出現，而與任何模凌兩可、多種可能根本對立。此一傳統又和基督教神學結合，歷經文藝復興、啟蒙運動傳到現代科學，便形成了探究絕對之一的「是」的問題，或者「存在」問題。要言之，此種述思方式採取定

〔註23〕（古希臘）柏拉圖著、陳康譯注：《巴曼尼得斯》，商務印書館，2008年，第46頁。

〔註24〕陳康：《論希臘哲學》，商務印書館，2008年，第16頁。

義的行為，即從一的角度來界定多，從本質的角度來照察現象，在事物與本象之間製造巨大的鴻溝。由於西方文化的現代擴張，西人又用西方之「一」來界定異質文化之「多」，以一種認識論的眼光陵轢世界文化。但這恰恰忽略了一個前提，即源於希臘詞彙系統的這個詞，其他語言系統是否必須面對？源於西方現代性的邏格斯難題，其他文化是否必須承受？當然答案是否定的，上文蘇美爾、古埃及便是反例。蘇美爾人以「謨」的涵容性、圓滿性述思，而不是以某種特定的、同一律的方式來感知世界，埃及人的瑪阿特同時也是整全的、非一的。

從源始文教來看，古希臘的「邏格斯」中心論抑或經過修訂的秘邏二元論，皆不能作為理解世界的普遍的甚或唯一的樣式。從世界一體的立場，從天下的立場看，古希臘文教只不過是諸種文教傳統之一。現代科學主義的弊端、現代精神對古典精神的侵蝕，其根本問題在於，以源於希臘局部的、支流的、甚至後期的文教作為世界文教的唯一原型。由於古希臘文教傳統起源於「荷馬史詩」，或者說邏格斯中心傳統源出於秘索思傳統，〔註25〕神話學興起後，神話—秘索思的混同，遂有以神話為思想藝術制度的土壤或武庫之類的認識。這一認識即便在西方文教傳統內部已是郢書燕說，而況又將其作為理解異質文化的基本樣式。從埃及學家帕金森的著作中，其所列舉的埃及中王國作品有故事、對話、教喻和詩歌，其中卻絕少神話之作。〔註26〕

實則，西方人以二元論模型、偏執於以「是」或「存在」來把握萬物之本質或現象時，東方思想卻開啟了另外的認識世界的方式。比如，吠檀多哲學對於「梵」（Brahman 中性名詞，由陰性名詞創生之神梵天 Brahmā 而來）的把握，即使用了遮詮和表詮兩種方法。吠檀多哲人們敏銳地察覺到梵的不可描述、沒有形式、非人類語言所能表說，因此乃以不言之言、以否定的方式（neti……neti，非是……非是）達到對真理的把握。表詮法即正面肯定，庶幾近似於西方之「是」的方式。比如喬荼波陀在《聖教論》中之建構本體論的做法。〔註27〕然遮詮無疑是把握、領會真理的有效工具，對於破除「是」恰

〔註25〕陳中梅：《Mῦthoς 詞源考——兼論西方文化基本結構（BSWC）的形成及其展開態勢（上、下篇）》，載於陳思和、王德威主編：《文學》（2013 年春夏卷以及秋冬卷），上海文藝出版社 2013 年。

〔註26〕R. B. Parkinson, *Poetry and Culture in Middle Kingdom Egypt*, Eqinox publishing Ltd, 2002.

〔註27〕孫晶：《印度六派哲學》，中國社會科學出版社，2015 年，第 103 頁。

有矯枉之裨。這種思維方式因龍樹《中論》而為中國人所熟知。

偏執於「是」的文教在生活實踐上帶來了無窮災難。當歐利根（Origenes，又譯奧里根，奧里金，公元 185～253）提出魔鬼也會得到拯救的時候，這一支遂被判定為基督教異端。而同時期的朱士行（203～282）卻開啟西行之路，向異文化學習；約一個世紀以後，竺道生闡揚了「一闡提人皆得成佛」的思想，以平等眼光看待一切眾生。當西方以「聖戰」旗號展開十字軍東征，中國哲學卻開始了儒家和佛家傳統的融合。這個融合的結果就是宋明儒學，它以恢弘的氣象，實踐著「和而不同」乃至「和實生物」的傳統物論思想。當西方殖民者在亞非拉肆掠、以審判異端的狂妄姿態開啟焚書惡行時，中國人卻在思考「三教同源」「西學東源」等問題。忽略東西文化消長的歷史過程，忽略人類文化共為一體的基本事實，忽略西方現代文明的崛起受惠於東方文明，僅著眼於西方文明的單線發展，並為西方文明在今日之暫時可恥地獲勝而搖旗吶喊，豈非盲瞽之無見！

因此，釐清華夏源始文教必須滌蕩現代學術所附加於其上的歪曲認識，從問題的開端處重新思考中國思想的起源。

（三）華夏「觀象」傳統

中西在文化肇基之初便表現出明顯的思想分野。華夏文化的基因在於漢字，漢字因其圖像特徵，溝通了不可見的概念和可見的意象，從而得以構建以一意義自足的圖像世界；漢字圖像不特構成以精神世界，同時又兼任精神主體，故具備所思和我思的雙重功能。〔註 28〕漢字的這種我思—所思的雙主體功能和西方的主客二分路徑不同。在此意義上，我稱之為二分而合一的辯證的「三合」思維方式。〔註 29〕汪德邁在其著述中對中西文化作了比較獨特的揭櫫。他指出西方思想之語義根基被拼音文字切斷，很容易滑入空論。而中國思想則相反，因文言對語義的限制而使得思想的概念化比較困難，然以避免了空論。〔註 30〕他有一獨到的觀察，即中國文字體系不是作為話語書寫而被創作的，而是作為一種配置的象徵體系而被創造，以直接表示

〔註 28〕趙汀陽：《惠此中國：作為一個神性概念的中國》，中心出版集團，2016 年，第 125 頁。

〔註 29〕拙文：《二分與三合：從言—文角度看中西思維方式的分野》，《鄭州大學學報》，2016 年第二期。

〔註 30〕（法）汪德邁著、金絲燕譯：《占卜與表意：中國思想的兩種理性》，北京大學出版社，2017 年，第 7 頁。

占卜的參數與結果，〔註31〕也就是說，文字遵從所謂的占卜法則，他將此視為華夏文化的基石。〔註32〕中國文字並未走向拼音系統，且又印證了深入事物之宇宙意義的占卜力量，為思想世界萬物含義之，以圖畫性而非聲音詞來認知世界。〔註33〕汪德邁認為，從占卜法則推導出的宇宙而上學與西方之「本源─邏輯」而推出的形而上學，這兩種模式化進程異曲同工。〔註34〕故中國之超越性並不在神明，而在於宇宙內在的陰陽力量的自然之運。〔註35〕與西方思想之以「本在」把握事物不同，華夏則以「本變」的態度照察萬物。〔註36〕

汪德邁所論多發人所未發，頗多精義。其論東西東西思維的差別、宇宙而上學與形而上學等觀念，皆極深切精當。不過，我和汪先生對中國思想的源頭看法不同，汪氏認為占卜理性對華夏思想有規約作用，漢字的表意性對中國文教有模塑功能。此說自有道理，然我以為此乃表面現象，未為探本之論。他的一個根本觀點，即文字的創造乃龜卜兆文之推闡而來，〔註37〕我不敢苟同。兆文推闡說的難點在於，金文系統上的符號恰恰具有高度的象形性和抒情性，而與兆文的整飭、理性似乎異趣。兆文推闡說如何解釋銘刻於器物上的圖形文字？汪德邁雖然注意到甲骨文字發明之前大量存在於陶器、石器上的刻畫符號，卻未能對其意義做出應有的評估。對安徽蚌埠雙墩、山東大汶口、浙江良渚等史前符號之文字發生學意義估計不足，陶器主導了史前文化生活達六七千年之久，即便青銅時代到來之後，陶器仍是人民不可或缺的生活用具。〔註38〕其所構建的占卜理性我認為並不完善，其中仍有陳夢家、張光直、李澤厚等由巫而史的進化論痕跡，並且這個傳統也就被稱作巫史傳統。在我看來，此種進化論認識恐怕是難以成立的。武丁時期甲骨文的蓬勃發展或者說占卜理性的突然成熟，乃是華夏文化發展的結果和表現，而非其原因，換言之占卜乃是華夏思想展現的手段而非其制約機制。占卜僅僅

〔註31〕前引《占卜與表意：中國思想的兩種理性》，第 26 頁。

〔註32〕（法）汪德邁著、金絲燕譯：《占卜與表意：中國思想的兩種理性》，第 46 頁。

〔註33〕前引《占卜與表意：中國思想的兩種理性》，第 56～57 頁。

〔註34〕前引《占卜與表意：中國思想的兩種理性》，第 75 頁。

〔註35〕前引《占卜與表意：中國思想的兩種理性》，第 101 頁。

〔註36〕前引《占卜與表意：中國思想的兩種理性》，《占卜與表意》，第 77 頁。

〔註37〕前引《占卜與表意：中國思想的兩種理性》，第 31 頁。

〔註38〕袁廣闊、馬保春、宋國定著：《河南早期刻畫符號研究》，科學出版社，2012年，第 147 頁。

是商人生活萬花筒的一朵小花，將其視為思想的支配力量未免高估。僅就商代文字而言，除了貞人集團的占卜傳統，我們確信還存在一個百工之屬的「物勒工名」傳統，而且這一傳統更為悠久，也絕不是由貞人集團包辦的。由此，應當進一步考慮，占卜理性或許有一個前賦的文化來源。我以為，這一前賦文化來源便是綿遠的取象傳統。所謂取象，相當於汪德邁所說的「倫」，即事物結構的關聯性，形式的平行性和相似性。〔註39〕最合理的推闡，取象傳統的源始表現形式應當是天文觀測，這便是《尚書·堯典》所謂的「觀象授時」，而「觀象授時」的傳統在某種程度上和「玉教傳統」存在一定程度的契合，後者正是被視為華夏思想的母體。也有學者提出了玉器時代的觀點，指出其在文字出現之前對意念思維之固化、以治玉而對神靈設計之具象化手段以及培育先民生活方式等方面的先導作用。〔註40〕以上「玉教」「玉器時代」的提法容或可進一步討論，然其對華夏文字體系形成之前的思想溯源，無疑具有極大的啟發意義。無論玉器還是陶器何者更為基本，都足以說明，汪德邁所說的占卜理性絕非華夏思想的邏輯起點。綜合傳世文獻《尚書》《周易》等典籍，我將華夏文明的邏輯起點命名為取象或觀象傳統，這一傳統可視為華夏思想之源始起點。這種文化傳統《周易》表達為「立象以盡意」。這個傳統與華夏文獻典籍記載的文教傳統開端相契合，《尚書·堯典》無疑被視為華夏歷史的起點，而這恰恰是一篇如何觀象授時的文獻。且它也能得到考古材料的印證，遼寧牛河梁、河南濮陽西水坡、山西陶寺等古天文遺跡以及各地出現的大量天文文物，皆足以印證觀象在古人生活中的重要性。觀象理論較之占卜理論更合理，在於其並不割裂文獻，汪德邁主張貞人對於文字創製的決定意義，因而將《周易·繫詞》人更三世等說法視為神話重構，我以為如果摒棄了伏羲象天法地的內容，《周易》「立象以盡意」的方法論便不能得到完整而深刻的理解。儘管就歷史主義的立場論，伏羲可能僅是個神話形象，然其思想意義卻遠大於歷史意義。

　　取象乃人類文明之初普遍的文化意識，更是文字產生過程的必要階段。依照最新的理論，蘇美爾人的文字乃基於陶籌推演的結果。即物品→陶籌→文字的三部曲，其中應當注意的是，陶籌是記錄概念而非語音的符號，因計數的需要，遂將陶籌壓印在泥版上，這些壓印於泥版上的陶籌符號乃是真正

<hr />

〔註39〕（法）汪德邁著、金絲燕譯：《占卜與表意：中國思想的兩種理性》，第79頁。
〔註40〕汪久文編著：《中國玉器時代與玉文化》，科學出版社，2016年，第74頁。

的象形文字之源，並且逐步代表語音而非實物，從而產生了真正的音節。
〔註41〕第一批文字便是數字和農作物等交易物品，第一批作品乃是經濟帳目
之類的文書。這裡需要注意的一點，陶籌理論乃是為了反駁象形文字理論而
出現的，由陶籌而古樸泥版而楔形文字，這個進程恰恰印證了西亞文字系統
並不是象形文字，而後楔形文字系統又成為西亞各個文化共同借用的文字，
並逐漸由表詞（其義符因筆劃的反覆性往往喪失了會意功能）而逐漸匯入到
表音文字系統之中。然陶籌論對西亞文字的解釋比較通徹，從而成為普遍接
受的理論。但是儘管陶籌理論成功反駁了象形文字理論，卻並未否定象形文
字作為西亞文字系統中的關鍵一步，象徵畢竟在由陶籌而文字的演變過程意
義重大。〔註42〕埃及人情況相同，書畫不分，sš（像書吏操筆執硯之形）既是
書寫，也是繪畫。埃及文字也是以取象為主要特點的。

　　取像是文字產生的普適的、源始的依據。華夏文明的特殊性正是源於這
一普適性。如果將取象視為關聯性、平行性和圖畫性等等因素，那麼西亞、
埃及和華夏的源始思想都可以統稱為取象的思想。在此基礎上，便可以進一
步評估華夏思想如何自我確認。

　　取象觀中萬物之間的關聯性，包括交互性（法、則、師）和平行性（似，
模，仿），因此有「天地一體，泛愛萬物」「齊物」的宇宙觀，乃有「攻乎異
端，斯害也已」「泛愛眾」「兼愛」的處世哲學，乃有「民胞物與」家國同構的
天下觀，因此也就無所謂絕對在外的超越存在。〔註43〕唯其以取象為哲學根
基，而並無超越性的存在基礎，所以也就封閉了形而上學的可能性（雅斯貝
爾斯將「道」視為超驗本體，實乃誤解）。象天法地乃華夏秩序的根本理念，
而其最高境界則是道法自然。大化流行、陰陽相須的「竭其兩端」的原則或
者說對「攻乎異端」的原則之排斥，乃是華夏文明最基本的立足點。唯其立
足於兩端而非異端（異，不偶也，奇也），所以便不可能有支配論的立身之地
（大概可以比照哈貝馬斯所謂的交互主體云云）。附帶指出，柏拉圖有「模仿
說」，此說其實與「取象」僅就語義而言，似可互注，而境界卻不同。取象觀
沒有設定一個永恆存在、亙古不變的、超越於現象基礎之上的「理念世界」，

〔註41〕丹尼斯·施曼特—貝瑟拉：《文字起源》，商務印書館，2015 年，第 182～183
　　　　頁。
〔註42〕丹尼斯·施曼特—貝瑟拉：《文字起源》，商務印書館，2015 年，第 132 頁。
〔註43〕趙汀陽：《天下體系：世界制度哲學導論》，中國人民大學出版社，2017 年，
　　　　第 10 頁。

而柏拉圖及其弟子所說的模仿，乃是以靜止的、不變的、圓滿的理念世界為取法對象。換個角度來看，就是理念世界支配著現象世界，這是一種支配論的思維方式。

（四）中西思想方式的分野

由此，中西思想分野便是相當分明的，在西方思想中，希臘思想理念世界—現象世界奠定了理解世界的基本樣式，而基督教的勝利又進一步加深了這一理解。希臘人的哲學從前蘇格拉底哲學時代秘索思中痛苦分娩，在米利都學派中由神統論而轉向自然哲學。〔註44〕經畢達哥拉斯的「萬物都是數」的宗教—科學的二元觀，〔註45〕而過渡到赫拉克勒斯的「一切皆流」、從經驗和直觀辯證地把握世界的辯證法。〔註46〕數學與神學的二分，恰是希臘和中世紀以及到康德的近代宗教哲學的特徵，包括柏拉圖、聖奧古斯丁、托馬斯·阿奎那、笛卡爾、斯賓諾莎以及康德在內的諸多大思想家，皆掙扎於宗教與推理、凡俗道德追求與超時間性的事物的邏輯崇拜的分裂之中。〔註47〕統而言之，此皆為秘索思與邏格斯的二元格局在思想領域的展開。〔註48〕蘇格拉底通過美德與知識的辯證法，將問題從天上拉到了人間，開啟了知識論層面和生存實踐層面兩個論域。〔註49〕柏拉圖哲學和後蘇格拉底學派分別發揚光大了蘇子哲學。奧菲斯教的邏輯內容「存在」經巴門尼德、柏拉圖到亞里士多德，成為西方哲學的核心內容，「第一哲學」。〔註50〕基督教哲學基督教哲

〔註44〕葉秀山：《論古希臘米利都學派的主要哲學範疇》，《哲學研究》，1978年第十一期；宋繼傑：《從宇宙起源論到宇宙生成過程論——早期希臘宇宙論的邏輯發展》，《吉林大學社會科學學報》，2003年第一期。

〔註45〕葉秀山：《畢達哥拉斯學派和希臘科學精神》，《社會科學戰線》，1993年第二期。

〔註46〕D·W·格雷厄姆、常旭旻：《赫拉克利特：流變、秩序與知識》，《世界哲學》，2010年第二期。

〔註47〕（英）羅素著，何兆武、李約瑟譯：《西方哲學史》，商務印書館，2003年，第65頁。

〔註48〕陳中梅：《Mῦθos詞源考：兼論西方文化基本結構的形成及其展開態勢》（上下），上海文藝出版社，2013年。

〔註49〕趙猛：《「美德即知識」：蘇格拉底還是柏拉圖？》，《世界哲學》，2007年第六期。

〔註50〕卿文光：《希臘存在概念闡釋——兼論奧菲斯教對希臘古典哲學的意義》，《求是學刊》，2001年第四期；包利民：《存在論為什麼是「第一哲學」？——對希臘存在論的一個再思》，《哲學研究》，2009年第一期。

學可定義為對《聖經》啟示的哲學闡釋，〔註51〕它接納了希臘哲學的問題，從信仰與理性之爭和「信仰主義」兩條路線推進。〔註52〕信仰與理性無非是希臘秘邏二元論在中世紀的問題變形，通過基督教核心教義「道成肉身」，二者之間雖然略有調和，然而卻沒有實質性改觀。而後西方思想史的物論展開，就是延續著秘邏二元論的思維路徑，在唯理論和經驗論兩條線索上分頭並進。〔註53〕一言以蔽之，西方思想乃以二分為基本模式，此種二分模式便是其攻乎異端、注重敵我、強調鬥爭的總根源。「修昔底德陷阱」「文明衝突論」「冷戰思維」無非只是其現代表現。

　　華夏思想之所以和諧，乃是肇基於取象觀念之上的。「天人之際」「道器之辨」和「性與天道」。問題董仲舒之手，形成天人「感應」「相副」的天人觀；〔註54〕而後歷經名教、玄學與佛家三家物論鼎立格局，在唐代終於形成儒家為主，玄門、釋門為補充的物論新局面。〔註55〕宋明理學家通過「復性」而上達於「天道」，在接續性與天道的源頭。通過援佛入儒，對「格物致知」進行了不同推闡，開出了心學和理學兩派物論傳統。〔註56〕就「道器之辨」問題而言，漢唐宇宙生成論的「道先器後」一變而為宋明本體論的「道體器用」，再變而為明清之際的「治器顯道」。〔註57〕

　　由於華夏采取了取象的思維方式，其大無外、其小無內，故而能夠立象以盡意，能夠通天下之志。從而能夠糾正西方二元論的弊端，二元論的哲學根基乃是所謂的邏格斯—語音中心論。語音中心論溯源於柏拉圖，而盛極於索緒爾。依照柏拉圖《斐德若》，字母本身沒有實際的意義，它只是為了記錄語言而設，純為認知的符號（274E～276D）。〔註58〕依照索緒爾，音義結

〔註51〕趙敦華：《基督教哲學何以可能？》，《社會科學戰線》，2010 年第一期。
〔註52〕徐鳳林：《基督教哲學的兩條路線》，《浙江學刊》，2001 年第六期。
〔註53〕徐志輝：《略論歐洲哲學史上的經驗論和唯理論》，《河北師範大學學報》，1996 年第一期。
〔註54〕丁為祥：《董仲舒天人關係的思想史意義》，《北京大學學報》，2010 年第六期。
〔註55〕「三教論衡」乃是這一局面的反映。參武玉秀：《隋唐五代之際的宮廷「三教論衡」探析》，《世界宗教研究》，2013 年第三期；劉林魁：《永平求法傳說與三教論衡》，《貴州社會科學》，2010 年第十二期。
〔註56〕向世陵：《「性與天道」問題與宋明理學分系》，《中國人民大學學報》，2003 年第四期；羅安憲：《「格物致知」還是「致知格物」？——宋明理學對於「格物致知」的發揮與思想分歧》，《中國哲學史》，2012 年第三期。
〔註57〕陳屹：《道器之辨中的三種範式及其轉換》，《周易研究》，2010 年第六期。
〔註58〕Plato, *Phaedrus*, edited by Harvey Yunis, Cambridge University Press, 2011.

合的任意性乃語言符號的一個原則，語言符號的唯一功能便在於記載語音。〔註59〕若從取象論的立場，我們認為語音中心說的立論依據不能成立。蘇格拉底借助的埃及傳說，反映的卻是希臘觀念，他所謂的「文字」實際為埃及聖書字，其音義形三種符號皆有，並不能僅僅看作記錄語音的系統。而且這也與埃及人重視書寫的傳統相左。就嚴格意義而言，《斐德若》所舉的例子並不貼切。然重言說輕書寫且進而重視語音輕視字母的觀念卻根深蒂固，以至於索緒爾推導出音義之間任意聯繫的原則。按照這一原則，字母的功能僅止於記音，而聲音與語義之間的結合又是任意約定的。索緒爾之意在於打破當時歷史語言學的迷思，而試圖解放語言學。然我認為這一原則從根本上是錯誤的，為了闡明任意性原則，索緒爾排除了擬聲詞，他卻對諧聲示源原則重視不夠。按照諧聲的主張，所謂凡從某省即有某義，聲音相類者其義多可相通，就華夏經傳而言，產生了所謂聲訓（如漢末劉熙的《釋名》多用此法）。從諧聲的角度看，歷史語言學恰恰在這方面做得比較成功。而諧聲手段的使用正是取象觀念在語言學領域的應用。由此而言，語音中心論乃是一種扭曲的、極端化、歧義的理論，必須對其進行釜底抽薪的瓦解。這方面則有德里達的《論文字學》主張，然論文字學的清淤態度又走向另一極端。根本問題在於，西方之「字典式」的述思方式與華夏之「語法式」的述思方式乃是大異其趣的。〔註60〕

由於不拘泥於「同一律」之限定，華夏述思恰恰重視其涵容性，如物「由雜色牛之名，因之以名雜帛，更因以名萬有不齊之庶物。」〔註61〕「物謂雜色」〔註62〕的理論與《易‧繫詞》「物相雜故曰文」都反映出華夏看待萬物的「兩端」原則，亦即「參合」原則，正是由於天地萬物，諸色不齊，乃以色翻譯梵文的 Rupa，色通常和心相對。〔註63〕（《周禮‧春官‧保章氏》「以五雲之物辨吉凶」，鄭玄注曰「物，色也」。）物與心對言，《史記‧樂書》「人心之動，物使之然也」張守節正義「物者，外境也」，這裡心、物對言，外境

〔註59〕（瑞士）費爾迪南‧德‧索緒爾著、高名凱譯：《普通語言學教程》，商務印書館，2014 年，第 93～99 頁。

〔註60〕趙汀陽：《惠此中國》，前引，第 147 頁。

〔註61〕李圃、鄭明主編：《古文字釋要》，上海教育出版社，2010 年，第 118～9 頁。

〔註62〕楊樹達：《釋物》，載《積微居小學述林全編》，上海古籍出版社，2007 年，第 97～8 頁。

〔註63〕如（唐）法藏著、方立天注：《華嚴金師子章校注》，中華書局，1983 年，第 6 頁。

與內境對舉。然心物對舉、內外互境，卻並非西方意義上的精神—物質二元論，因西方之精神—物質等二元論有個何者第一性的本源問題，古典之心物卻並無主宰，互根互用。心之官則思，思之主為人，心物關係仍只是天地自然之道的反映，「惟天地萬物父母，惟人萬物之靈」，人物一體，長而不宰。人一物二分是傳統天人合一思想的特殊表現形態，人物關係乃是相反相成的「對待」關係，而不是非此即彼的「對立」關係。近代哲人賀麟先生對西方哲學有深湛研究，然其論心物關係時，指出心之心理和邏輯二義，邏輯之心相當於宋儒之理，且置不論。而心理之心則與物無別，「感覺、幻想、夢囈、思慮、營為以及喜怒哀樂愛惡欲之情皆是物，皆是可以用幾何方法當做點線面積一樣去研究的實物」，「心與物是不可分的整體……靈明能思者為心，延擴有形者為物。據此界說，則心物永遠平行而為實體之兩面：心是主宰部分，物是工具部分。心為物之體，物為心之用；心為物的本質，物為心的表現。」〔註64〕賀麟先生的「本質」「表現」云云尚有西方二元論的色彩，這與前面的平行關係不免齟齬。賀麟從體用關係指出心物乃一體兩面的平行關係，而非支配與被支配的關係。物並非是純粹的自然對象，而是人的生命世界中不可分割的要素。〔註65〕

　　立象盡意，所謂「盡意」，既是「通天下之志」，也包括「類萬物之情」，象之關聯乃是基於華夏先民之體察外境的方式，象必然指向物，亦即指向與此心對應的外境。象中包物，物中有象，二者不可須臾分離，舉其一必暗含其二。其理如《易緯・含靈孕》云：「物因象有，象自物生」。〔註66〕象的關聯性意味著物的關聯性，這種物的關聯性乃是華夏先民的基本立場，其表達方式有「萬物一體」「物我交融」「和實生物」「民胞物與」等等，即在先民看來，物與物之間的差異性是以物與物之間的共通性為其依據的。職是之故，建立在物物關聯性基礎上的取象觀才得以確立。孔子云「執其兩端」，兩端則非異端，強調的是共通而非差別。這種強調共通的思想乃是奠基於諸物之相類、相似、相參、相師、相仿、相交、相和、相容、相法、相像、相同、相通基礎之上。因此「象」「法」「仿」「相」「效」「擬」「則」「方」「類」「比」「師」

〔註64〕賀麟：《近代唯心論簡釋》，載《中國近代思想家文庫・賀麟卷》，中國人民大學出版社，2014年，第270～271頁。

〔註65〕陳少明：《做中國哲學：一些方法論的思考》，生活・讀書・新知三聯書店，2015年，第130頁。

〔註66〕（清）趙在翰輯：《七緯》，中華書局，2012年，第24頁。

「通」等古典表達成為華夏典籍中頻率極高的詞語，這一系詞語正是基於「象」而衍生，乃取象觀在文字上的體現。正是這種萬物之間的互相聯及，才是張東蓀先生「象的相關性」的理論基礎。而龐樸先生的一分為三，乃由物物相參推進而來，《天問》曰「陰陽三合，何本何化」洪興祖引用《穀梁傳》「獨陰不生，獨陽不生，獨天不生，三合然後生」〔註67〕，就是這個道理。獨則一，一則有異，異則無所同、無所仿、無所師、無所似，是以不生。這就是《老子》所謂「沖氣以為和」、史伯「和實生物，同則不繼」的道理之所在。古人因重視物之相通、相似，所以極力排斥異端，所以對無良之人乃有不肖之評，不肖猶言不似，猶言不嗣，猶言無繼。因此，理解取象觀，不宜僅僅著眼與象的表面，而應該由象及物，因物悟象，理解這一層，方為全面，方為體貼。

三、釋「象」──現代性反思與華夏源始邏輯芻議

《易》曰「立象以盡意」的闡發，從《易經》話語系統把握「象」的含義為進入傳統經學的必經之路，而欲明瞭古典經學的話語系統又必須對當下的學術新傳統作現象學的解蔽和反思，因為現代學術新傳統恰恰是經學解體的基礎之上重新闡釋和賦義的結果，唯其過濾掉現代學術所賦予的諸多現代含義，《易經》之經學話語的源始含義才能得以呈現。本著從華夏民族經學傳統的源始邏輯出發的學術目的，本文擬遵循反思和回溯的理論言路。所謂反思，針對的是新學術的強悍而固執的現代性質素；所謂回溯，便意指對古典語境之真精神的闡幽索隱。

（一）釋象的理論背景：現代性的當下反思

中國現代學術體系的建立，乃是以「現代性」這個核心因素的強勢介入為其基本預設。中國學人對自身學術傳統之「現代性」問題的覺察和論定，則更是遲滯到改革開放以後的新文化時期。從現代性這個核心觀念出發，基本勾勒了現代新學術的新道統，這一新道統通常被追溯到「五四運動」，其標誌性的口號便是「德先生」與「賽先生」，其後果則是華夏本土固有文明的解體。

然而，隨著歷史眼界的逐漸擴大，學人開始以更寬容而公正同時又具有

〔註67〕（宋）洪興祖：《楚辭補注》，中華書局，1983年，第86頁。

批判的態度來反思這場運動，對一些被賦予現代性之激進意義的「口號」或「成果」進行了卓有成效的反思，這些反思對重新凸顯本土文化之當下價值無疑具有啟疆樹表之功。比如，有學者指出，「打倒孔家店」並不是新文化運動本身結果，而反倒是後人附會的產物。〔註68〕胡適提出的口號僅僅是「打孔家店」，而「打倒孔家店」恰是其對立面「新孔學運動」的口號，這個運動由南京高師─東南大學學派發起，不免強加於新文化運動派。〔註69〕這至少說明新文化派並非以抹煞古典為己任。

從反思的立場出發，對古今斷裂的現代性敘述便應有保持足夠的警醒，而應當留意古今之間同條共貫、一脈相承的文化關聯。實則，就這種對古今血脈關聯的梳理而論，有學者從文學的角度注意到晚清之於五四的道夫先路之功。當然，論者認為現代性的效應和意義，必得見諸於西方擴張主義之後所形成的知識、技術和權力交流的網絡之中，〔註70〕這種主張也帶有相當的合理性，儘管其反思現代性仍不夠徹底。

對現代性進行徹底反思，離不開對西方文化的回溯。中文的現代性一語無疑來自於英文的 modernity，通常以為現代性從啟蒙運動發其軔，由啟蒙而理性而工具理性而工業革命而科技革命，直至民族國家、直至市場經濟，這套模式被稱作「科技傳統」，帶有所謂的歷史必然性。然而，也有學者（Charles Taylor）從反思的立場出發，關注於理性、科技之外的諸如個人、主體性和語言以及等等因素，指出文化內涵上現代性並不侷限於西方。〔註71〕

就科技傳統的現代性來說，生產力和科技的進步，試圖為人類勾勒一個美好的願景，然而這個願景卻是以環境危機、道德危機等一系列所謂技術時代的危機為其代價。危機極可能誘發大動亂，而為了避免此點，我們人類應當選擇成為「有意識地按照計劃創造我們自己歷史的集體創造者」〔註72〕。這實際上是以現代性之必然為其前提和預設，以人類理性、科技進步為其目

〔註68〕李殿元：《「打（倒）孔家店」的歷史誤會》，《中華文化論壇》，2006年第三期。
〔註69〕馬克鋒：《「打孔家店」與「打倒孔家店」辨析》，《中國人民大學學報》，2011年第二期。
〔註70〕（美）王德威著、宋偉傑譯：《被壓抑的現代性──晚清小說新論》，北京大學出版社，2005年，第6頁。
〔註71〕李歐梵：《中國現代文學與現代性十講》，復旦大學出版社，2002年，第2～3頁。
〔註72〕（美）戴維·哈維著、閻嘉譯：《後現代的狀況：對文化變遷之緣起的探究》，商務印書館，2013年，第149頁。

的，以強化現代性為趨向。現代性的最根本問題在於，它以一種普遍主義的姿態掩蓋了區域文化的特殊性。質言之，它將肇端於世界一隅的、發生在特定時段的文化現象視為普世的、通貫古今的鐵律；這便對非西方文化喪失了同情之理解的興趣和動力。在此意義上，現代性並不限於西方便是相當值得關注的論點。

然而，超越西方、超越啟蒙能否克服現代性的危機呢？超越啟蒙的起點，遂有人將現代性的起點溯源於古典文獻中的人本主義，這種溯源乃以實證主義在自然科學中的失敗、全球化的到來，換言之也就是 17 世紀理性啟蒙的破產為其前提。〔註 73〕從古典文獻中的人文主義尋找現代性的淵源，從而對現代性進行強有力的批判和反思，列奧・施特勞斯派的政治哲學堪稱其中翹楚，此派祖述蘇格拉底、憲章柏拉圖，重啟古今爭端，著力於政治與哲學之間關係的審辯，在詩與哲學之爭、信仰與理性之爭等一系列命題上碩果累累。就其古今之爭的立場而言，為我們反思現代性的「遮蔽」問題提供了極為廣闊的視野。正是隨著施特勞斯學術的譯介，本土的古今之爭問題逐漸展開，從而得以超越狹隘的啟蒙言路，從更深刻的古今之變、中外發展大勢的角度來思考現代性問題。

就中國學界的現狀而言，源於西方學統的古今之爭迎合了華夏文化復興的內在要求，是以施特勞斯學派在中國如火如荼可謂恰逢其會。復興傳統大略展示出三種進路。其一現代新學問的做法，泰半採取以西學之觀念闡釋中國固有之材料的做法，這種做法不免多所割裂。比如文學史研究，這一脈從「文學革命」和「整理國故」而來，文學史的建構被視為一種現代「迷信」。〔註 74〕此種進路其實只能進一步加深傳統學問的危機，其客觀效果與主觀願望背道而馳。第二種進路便是立足於傳統立場，而又適度汲取西方現代觀念，基本上遵循的是調和的思路，比如以蔣慶為代表的新儒家等等。第三種立場則是反思而回溯的思路，在把握西方文明特質的基礎上，進而重新梳理傳統，從斯文道脈的內在理路尋找現代性的應對策略。甘陽的「通三統」、劉小楓的「古典學」等基本上遵循的是此一路徑。以上三種路徑，我們認為第一種路徑基本上已經病入膏肓，而第二三種路徑可能是相應的藥方，

〔註 73〕（美）傑拉德・德蘭蒂著、李瑞華譯：《現代性與後現代性：知識權力和自我》，商務印書館，2012 年，第 88 頁。
〔註 74〕陳平原：《六說文學教育》，東方出版社，2016 年，第 79 頁。

這兩種解決方案表達了嚴正而明確的中國立場和中國訴求，從而與以西例中、撕裂傳統、解構道脈的第一種路徑分道揚鑣。

　　而中國立場或中國訴求的傳遞，恰恰在於其擁有源遠流長的古典傳統和生存方式，古今之爭之所以顯得必要，便在於中國問題的這個特殊性。唯其有古老的傳統，現代性之天然合法問題乃有反思和質疑的必要，中國傳統和現代的關係如何才值得作為一個問題提出來。對此，中國學界往往喜歡從西洋傳教士入華的晚明來推斷現代思想傳入，這是一種典型的「衝擊─反應」解釋模式，此種模式就其世界觀而言便是主客二元論的，近年以來遭到許多有識之士的摒棄。有主張從中國內在理路探究現代問題，主張傳教士的西學恰恰迎合了中國思想自身發展的需要，因此起到獨特的作用。〔註75〕

　　從中國內在文化理論而非外部原因把握現代性，無疑對於釐清西學話語對本土文化的支離、擠壓乃至遮蔽，有良好的撥亂反正功能。內部自主的現代性言路對於啟蒙主義的言路也是相當有力的反駁，這至少能夠將被西學綁架的現代性問題稍稍鬆綁；將現代性和西學的綁縛鬆開，便能夠超越西方中心的偏狹，從而有益於培養一種世界體系的眼光，在世界一體而非西方中心的立場來重審現代性問題，便能獲得嶄新的視角和觀念。

　　立足於世界體系的立場看，所謂現代性理論就更加暴露了其弊端。實則，非西方文明對於世界文化的巨大貢獻已經為不少西方學者所意識到，西方的崛起在某種程度上正是東方化的產物，〔註76〕比如中國思想對18世紀歐洲哲學的形成施加過決定性的影響，歐洲向中國學習的東西，無疑要比它向中國傳授的內容多得多，中國對歐洲倫理、政治和科學思想的變化皆有影響。〔註77〕海德格爾以東方的詩─思方式反思建立在歐洲語言學模式基礎上的概念體系。〔註78〕就經濟問題而言，正如佛蘭克等人所指出的那樣，中國古代的「朝貢貿易網」一直充當了世界經濟體系的主導，而這個貿易網又只是更大的亞非歐世界經濟體系的組成部分，歐洲人的貢獻無非是把美洲拉入

〔註75〕張西平：《歐洲早期漢學史──中西文化交流與西方漢學的興起》，中華書局2009年，第253頁。

〔註76〕（英）約翰・霍布森著、孫建黨譯：《西方文明的東方起源》，山東畫報出版社，2009年，第一章。

〔註77〕（法）謝和耐著、耿昇譯：《中國與基督教──中西文化的首次撞擊》，商務印書館，2013年，第327、335頁。

〔註78〕（美）J・J・克拉克著、於閩梅、曾祥波譯：《東方啟蒙，東西方思想的遭遇》，世紀出版集團・上海人民出版社，2011年，第171頁。

這個體系而已。〔註79〕就科學而言，中國擁有「前現代」自然研究最龐大的檔案，瞭解中國科學對於識破歐洲科學的浪漫神話不乏警醒意義。〔註80〕

沒有任何內在的「歷史必然性」厚西薄東，更沒有任何歷史必然性妨礙東方文明成為現代世界體系的締造者。〔註81〕中國文明本來就是世界文明的重要組成，應當與歐洲和中東一道成為建構普世學說的資源。〔註82〕從世界一體的立場理解現代化文明，則對於所謂西方中心抑或別的什麼「中心」論便應當有足夠的反思和警惕，這根本上是一種支配論的思維方式，支配論哲學奠基於西方邏各斯中心主義基礎之上。現代性反思，應當以改變此種觀念為其目的。就改變某種中心論或支配論的學說而言，重新審視華夏古老的文化傳統，就顯得意義非凡。這也是本文釋「象」的理論背景和問題意識之所在。

（二）「取象」：斯文道脈的源始邏輯

重返古典文化傳統，其主要學術意圖和關切顯然直指當下學術的二元支配方式，直指以西例中、削足適履的問學方式，通過激活斯文道脈中《易經》的取象方法，而以超越國家、民族、文化、政治的眼光將其和經史傳統的原初訴求融通。在這個意義上，我們理所當然地需從華夏既有的文化傳統資源中汲取養分，本文著眼於「象」的意涵，嘗試從華夏文脈的源始處入手，發掘可能應對現代性的觀念和運思。換言之，探索一套不同於邏格斯中心論的、西方二元論的思想方式。

立象以盡意的思路，即不拘泥於某一特定的文化地域，從而有非中心化、世界化的潛在可能。象者，華夏源始道脈中的大詞。闡釋這一大詞，對於進一步理解經史傳統的內涵不無裨益。

象字初見於甲骨文，作 🐘（《前》3.31.3）、🐘（《乙》641）等形，勾勒出長鼻、修牙的大象之形；晚商金文字形作 🐘《象且辛鼎》），可謂形容畢肖，

〔註79〕（德）貢德·弗蘭克著、劉北成譯：《白銀資本：重視經濟全球化中的東方》，中央編譯出版社，2011 年，第 108 頁。

〔註80〕（美）艾爾曼著、原祖傑譯：《科學在中國（1550～1900）》，中國人民大學出版社，2106 年，第 523 頁。

〔註81〕（美）珍妮特·L·阿布—盧格霍德著，杜憲兵、何美蘭、武逸夫譯：《歐洲霸權之前：1250～1350 年的世界體系》，商務印書館，2015 年，第 19 頁。

〔註82〕（美）艾蘭著、汪濤譯：《龜之謎——商代神話、祭祀、藝術和宇宙觀研究》，商務印書館，2013 年，第 8 頁。

乃剪影式的寫法；又有�象（《師湯父鼎》）、𢒖（《鄂君啟車節》）、𢒖（《郭・老乙》12）等數種變體，並皆突出其長鼻，小篆作�象，與今日象字相去不遠，一望而知。《說文・象部》云：「長鼻牙，南粵大獸」，此據漢代自然環境立論，羅振玉（1866～1940）、王國維（1877～1927）兩先生據卜辭和典籍推斷中原地區多有象。羅振玉曰：「卜辭卜田獵有獲象之語，知古者中原有象，至殷時尚盛也。王氏國維曰：『《呂氏春秋・古樂篇》：「商人服象，為虐於東夷。周公遂以師逐之，至於江南。」此殷代有象之確證矣』。」〔註83〕這說明殷人與大象之間的依存關係，王氏所引《呂氏春秋・古樂篇》原文：「成王立，殷民反，王命周公踐伐之。商人服象，為虐於東夷。周公遂以師逐之，至於江南，乃立三象。」這是周初的一大政治事件，所謂商人服象，說的是馴化野象，象之於殷商恐如馬之於游牧民族，所以殷商推源敘事有舜服厥弟之說，實際以此為現實依據，〔註84〕殷周社會政治生活中，象都充當了十分重要的角色，象尊、象牙等器物頻繁出現，桂馥《說文解字義證・象部》博引《周禮・職方氏》、《詩經・泮水》、《左傳・襄公二十四年》、《爾雅・釋地》、《淮南子・說林》以及《南方異物志》、《元和郡縣志》等古典，〔註85〕說明象在華夏文化心理積澱之深之廣。

象在殷人社會生活中的重要性，遂推而泛指萬物之象。瀏覽古代典籍中的象字，其語義皆指向比擬、象徵、法則等等，這些意義皆從象字的基本意義引申。周人所立三象，高誘注：「《三象》，周公所作樂名。」以象為名，大概取義於有所仿傚或警戒耳。《三象》恐怕並非自然界的大象，乃是傳達了某種教化特徵，其語義與三監等大概有相似之處。

《韓非子・解老》：「人希見生象也，而得死象之骨，案其圖以想其生也，故諸人之所以意想者皆謂之象也。」〔註86〕韓非子此處從社會心理和語音的角度解釋，以為生物之象轉義為意念之象，恰恰道出了一個語音—思想上的關聯，之所以發生如此轉換，乃因「想」這一語音與「象」相關。韓非指出了象的語義發生的兩步，其一由「死象之骨」而「生象」的過程，其二則由特殊之「想」而諸人之「意想」的過程。前一個過程運用的是人類的想像能力，而

〔註83〕羅說參于省吾主編：《甲骨文字詁林》，中華書局，1996年，第1605頁。
〔註84〕袁珂：《古神話選釋》，人民文學出版社，1996年版，第251頁。
〔註85〕（清）桂馥：《說文解字義證》，中華書局，1987年，第831頁下欄。
〔註86〕（清）王先慎：《韓非子集解》，中華書局，1998年，第148頁。

後一過程運用的是人類的推理能力。《說文解字‧心部》「想，冀也，從心相聲」，而古文作 （《簠雜》8）、（《相侯簋》）、（《作冊折尊》）、（《中山王壺》）、（《包》2.121）諸形，從目視木。林義光曰：「凡木為材，須相度而後可用。」〔註87〕想之從相，說明思想活動建立在視覺基礎之上（韓非所謂「案其圖」），而作為意念的「象」則由想推出，是以構成相—想—像這樣一個語義鏈條。朱駿聲指出，想亦可以假借為像，〔註88〕清代說文大家段玉裁認為凡言象某形者，其字皆當作像。象字乃因聲取義，非得義於字形。〔註89〕段說的因聲取義之說，姑且不論。但象—像之間的語義聯繫確是顯然的，二者無非只是借字和本字之別。然學人喜用象，而罕用像，故象形而像廢，直到近世才又重新使用。從《韓非子》的解說出發，恰恰能獲得象何以從生物之象轉化為意念之象的理論支點。

　　大概生物之象為自然所有之物，其外形可以具體感知（相），由感知而可懸想（想），因懸想而生意象（像）。由相而想，「意象」這一含義遂落到以同音詞「象」的身上（物取諧音，由羊之喻祥，鹿之比祿，猴之擬侯，此例極多）。執一象而推之於萬物，因此凡想像，皆謂之象。象也者，像此者也，即以宇宙萬有為模本的懸想之物。然宇宙萬有與意象之間，即象—物表達的並非非此即彼的對立關係，而是彼此依存的對待關係。換言之，象—像組傳達出的觀念，在現象界和理念界之間並無難以逾越的鴻溝，沒有兩個世界之間的劃分。從宇宙觀的視野看，物象之間，圓融為一。老子云「道之為物，惟恍惟惚。恍兮惚兮，其中有象；恍兮惚兮，其中有物。（《老子》二十一章）〔註90〕這裡象、物出現的句式相似，大道泛兮，不可左右，象之與物，皆在恍惚之間而已。所謂象、所謂物都是生而不有、為而不恃、長而不宰。此處象的含義等同於《天問》中的「馮翼惟象」，指的是天地開闢之初，若有若無、似顯還隱的虛靈狀態。當然，若就其細微處言之，則物、象還是有所分別的。《左傳‧僖公十五年》「龜，象也；筮，數也。物生而後有象，象而後有滋，滋而後有數」，是將物象分別論之，所用為象的狹義。另象也與法、形對舉。《周易‧繫辭》「法象莫大於天地……懸象著明莫大乎日月」「天垂象，

〔註87〕李圃、鄭明主編：《古文字釋要》，上海教育出版社，2010年，第357頁。
〔註88〕（清）朱駿聲：《說文通訓定聲》，中華書局，1984年，第903頁上欄。
〔註89〕（清）段玉裁：《說文解字注》「象部」，上海古籍出版社，1981年，第459頁下欄。
〔註90〕朱謙之：《老子校釋》，中華書局，1984年。

見吉凶，聖人象之；河出圖，洛出書，聖人則之。」〔註91〕《論衡·訂鬼》曰：「天文垂象於上，其氣降而生物……本有象於天，則其降下，有形於地矣。故鬼之見也，象氣為之也」，鬼神是「陰陽浮遊之類」「徒能成象，不能為形」。〔註92〕宇宙萬有「在天成象，在地成形」，分別言之，形象各有所指；統括言之，象實可並包形、法在內。所以《繫辭傳上》認為「聖人設卦觀象」，就字面而言，固為卦象。而探其根本，象仍以宇宙萬有為其根本取法，不獨天象，亦包括形、法（佛教「萬法唯識」便是借用「觀法於地」之「法」）。

唯其宇宙之物無窮，「聖人立象以盡意，設卦焉以盡情偽」，立象、設卦本為事物的一體兩面，它傳達的是古人對萬物的把握方式。由此言之，象在華夏思維體系中的作用，相當於瑪阿特之於埃及人、謨之於蘇美爾人、達摩之於印度人、邏格斯之於歐洲人，它是華夏先民認識自身和外物的邏輯起點。根本差別在於，「象」儘管有外物的依託，然卻不可支配。換言之，華夏先民在其文脈開基之初，便斷然排斥了支配論的哲學立場。從取象的非支配特徵便可發掘其因對現代性的學術內涵。

無論將現代性溯源於啟蒙運動、還是溯源於古典文教傳統，希臘—羅馬、基督教和近代歐洲文化的支配論痼疾都不可避免，問題正如現象學家們所指出的那樣，現代性的危機主要是邏格斯中心主義的危機，從希羅文教的內部根本不可能找到應對這一危機的方案，正如從華夏文教傳統的內部也不可能找到治療傳統政治痼疾的方案一樣。

《周易》云「易者，象也；象者，像也。」論者指出取像是一種「中國式隱喻」的思維模式，〔註93〕這種思維方式歸本於《易經》，遵循比附推論的邏輯方法。〔註94〕它主要應用與傳統醫學領域，這充分體現了中國傳統科學範疇感性成分與理性成分相互滲透的特點，在直觀體驗活動中起著關鍵作用。〔註95〕這種思維較之判斷、推理更為複雜，是超越的排比、分類之昇

〔註91〕（清）阮元校刻：《十三經注疏》，中華書局，2009 年，第 170 頁上欄。

〔註92〕黃暉：《論衡校釋》卷二，中華書局，1990 年，第 934、936、946 頁。

〔註93〕馬子密、賈春華：《取象比類——中國式隱喻認知模式》，《世界科學技術》，2012 年第五期。

〔註94〕于春海：《論取象思維方式——易學文化精神及其現代價值討論之一》，《周易研究》，2000 年第四期。

〔註95〕王前：《中國傳統科學中「取象比類」的實質和意義》，《自然科學是研究》，1997 年第二期。

華，[註96]它以直觀的體道方式而成為中國文化的精髓，堪稱華夏文明奠基的基本世界觀和方法論。然學人對其命名尚未達成共識，或謂之「文象思維」，或謂之「象思維」，或謂之「取類比象」，[註97]或謂之取象思維，[註98]漢字在模塑取象思維上厥功甚偉。[註99]

　　相較於西方二元的支配論思維而言，取象有「稱文小而其指極大，舉類邇而見義遠」[註100]、「以小明大」「以近論遠」[註101]的特點和優勢。取象以「執一馭萬」的觀念，避免繁瑣哲學之「說而不休，多而無已」「逐萬物而不反」（《莊子・天下》）[註102]的言辭窘境，對宇宙萬物，但「以類取之」[註103]而已，取象易於見微知著，本隱之顯，擅長從蛛絲馬蹟推測未來走勢，它強調「知化」「知幾」，《後漢書・陳忠傳》載其上疏：「輕者重之端，小者大之源，故堤潰蟻孔，氣泄針芒。是以明者慎微，智者識幾。《書》曰『小不可不殺』，《詩》曰『無縱詭隨，以謹無良。』蓋所以崇本絕末，鉤深之慮也。」[註104]這種認識方法，不能以經驗—超驗的西式二元論框架予以生硬的闡釋，而是斯文道脈所特有的思維方式。象作為元語言，其表述不限於異

[註96] 王宏利、劉庚祥：《中醫取象比類思維方法簡釋》，《中醫藥學刊》，2004 年第三期。

[註97] 王樹人使用「象思維」，並與西方「概念思維」對照，參王樹人：《中國象思維與西方概念思維之比較》，《學術研究》，2004 年第十期；王氏將其看作中國哲學之根的原創性思維，並對此展開長期的研究，發表了若干篇極具啟發意義的文章。參王氏著：《中西比較視野下的「象思維」——回歸原創之思》，《文史哲》，2004 年第六期；《中國的「象思維」及其原創性問題》，《學術月刊》，2006 年第一期；《中國哲學與文化之根——「象」與「象思維」引論》，《河北學刊》，2007 年第五期；等等。賴華先使用「文象思維」，參《中西比較視野下的中國文象思維》，《江西社會科學》，2011 年第二期。

[註98] 于春海：《論取象思維方式——易學文化精神及其現代價值討論之一》，《周易研究》，2000 年第四期。

[註99] 拙文：《「二分」與「三合」：中西思維方式的分野》，《鄭州大學學報》，2016 年第二期。

[註100] （漢）司馬遷：《史記》，中華書局，1959 年，第 2482 頁。

[註101] 何寧：《淮南子集釋》卷一六，中華書局，1998 年，第 1158 頁。又同書《說林》：「見象牙乃知其大於牛，見虎尾乃知其大於狸，一節見而百節知也。」「馬齒非牛蹄，檀根非椅枝，故見其一本而萬物知。」都以「取象」的論述形式闡明了古人把握世界的方法。

[註102] （清）王先謙：《莊子集解》卷八，中華書局，1987 年，第 299 頁。

[註103] 何寧：《淮南子集釋》卷一六，前揭，第 1133 頁。《原道》篇：「圓者常轉，竅者主浮」，高注：「竅，空也，讀科條之科也。」

[註104] （南朝宋）范曄：《後漢書》卷四六，中華書局，1965 年，第 1558 頁。

端，而有多途。如法（「地法天，天法道，道法自然」）、則（「唯堯則之」）、師（「太昊師蜘蛛而結網」）、效、仿等等不同表達。

　　取象思維就其觀念而言，無所謂本質與現象之間的區分，張東蓀早已指出，西方人以其「名學為人類的共同的唯一工具」乃是根本錯誤的，西方名學奠基於同一律基礎之上，因此必須二分。華夏的源始思想乃是講對待的，中國人的宇宙觀是唯象論，它根本不關注現象背後的本質問題，而側重於有象及象之間的關聯。〔註105〕張氏以西方之 phenomenon 對譯漢語之「象」容有可議，然其認為西方遵循同一律而有二分世界觀，華夏重對待而有唯象論的看法，卻是相當精闢的。由於側重於象與象的橫向關聯，所以華夏並沒有發展出諸如因果論、支配論的哲學，也便無所謂第一推動力的問題，同一律思想在華夏文化中從未佔據主導地位。相應而言，華夏源始邏輯中注重互相因依的、大化流行的這一面。如果說本質是西方學統中的關鍵表達的話，那麼關係則是華夏文化中的主導詞語。

　　中國的「象」「取象」乃是建立在華夏「天地一體」的有機宇宙觀基礎之上，施象與取象雙方乃互為依倚的共存關係，施受雙方角色因具體境遇而變化。這種有機的、非支配性的宇宙觀為兼愛、齊物、泛愛等思想孕育的土壤。墨子假手於「天」「鬼」的權威，認為兼愛符合天志。惠施則以名辯之學，證明「泛愛萬物，天地一體」的合理。莊子的齊物之論與墨家的兼愛相同，「兼愛」對自我個人的超越，對他人、他物的關注，與莊子破除彼此之分、齊同萬物之別精神內涵恰可相通。莊子從道的角度，證明萬物可齊、物論可齊，在思維結構上也與墨子從天的角度論證兼愛極為接近。〔註106〕而此類思想與儒家倡導「泛愛」（《論語・學而》）「博愛」（《孝經・三才章》）又神髓相通。取象說或許與柏拉圖的模仿說表面相似，然二者實則有根本差別。華夏先民並沒有設定一個永恆存在、亙古不變的、超越於現象基礎之上的「理念世界」，而柏拉圖及其弟子所說的模仿，乃是以靜止的、不變的理念世界為取法對象。換個角度來看，就是理念世界支配著現象世界，這是一種支配論的思維方式。〔註107〕柏拉圖一脈的西方思維方式可能產生出「生而不有，為而不

〔註105〕張東蓀：《思想語言與文化》，載《中國近代思想家文庫・張東蓀卷》，中國人民大學出版社，2015 年，第 460～462 頁。

〔註106〕參劉書剛：《兼愛與齊物——論「兼愛」之說的思想史意義》，《中原文化研究》，2013 年第五期。

〔註107〕討論柏拉圖思想的論文甚多，然最基礎的還是柏拉圖的原典。柏拉圖的主要

恃，長而不宰」的天道流行物論。中國思想中儘管有天不變、道亦不變的思想，但是這種不變並不是靜止，而是品物流形、與道周流的大變之「不變」。換言之，天人觀念、物我觀念都側重於其互根互用、相摩相蕩的轉化性、相關性。這種轉換和相關，恰恰是通會之學開闢了可能性。

（三）通會：取象思維之另開新境

取象思維的特色在於其關注宇宙萬有的象之關聯性，因此乃有圓融的、宏通的、流動的宇宙觀，立足於這一思維方式，乃有東西學問相參相證，會通為一的可能性。這種可能性勢必以徹底根除支配論為理論前提，而以《易經》為代表的華夏經經傳因其「因象助類」（《易緯·坤靈圖》）〔註108〕而將發揮重要的思想推動作用。

張東蓀先生以為中國文化關注象的橫向聯繫，而西方則縱深剖分，其縱論東西文化、大言炎炎，然細究其枝節觀點，尚有不圓融、不通脫之處。大易之道，既廣且深，本自圓融通貫，不必滯礙於一隅一端。雖僅舉其一端，可概括其餘，《周易·繫辭下》曰：

> 古者包犧氏之王天下也，仰則觀象於天，俯則觀法於地，觀鳥獸之文，與地之宜，近取諸身，遠取諸物，於是始作八卦，以通神明之德，以類萬物之情。作結繩而為罔罟，以佃以漁，蓋取諸《離》……

依照孔穎達等人理解，此處十三卦乃是「依卦造器」或「觀象制器」，〔註109〕這是立足於斯文傳統的解釋，這種解釋反映的是華夏制度的源始邏輯，其能否推而及於其他文明，尚需審辯。不過，即便《周易》的理論不能對異文化的現象進行解釋，其折射出華夏先民不同於異域的世界觀卻可斷言。所謂觀象於天，指的是日月星辰風雨雷電之類；觀法於地，指名山大川五嶽四瀆之類；鳥獸之文，如鳥有羽、魚有鱗等；地之宜，如南土宜稻、北方宜黍

著述大部分已經翻譯為漢語。其中重要的譯著如：陳康譯：《巴門尼得斯》，商務印書館，1982 年；郭斌和、張竹明譯：《理想國》，商務印書館，1996 年；王太慶譯：《柏拉圖對話集》，商務印書館，2004 年。這些譯文都是從希臘文原作翻譯。其他研究著述更多，其佼佼者如劉小楓編譯：《論柏拉圖的〈會飲〉》，華夏出版社，2012 年；等等。從英文等其他語種轉譯則更加繁富，恕暫不一一列舉。

〔註108〕（清）趙在翰輯：《七緯》，中華書局，2012 年，第 186 頁。
〔註109〕（清）阮元校刻：《十三經注疏》，中華書局，2009 年，第 179 頁下欄。

之類；取諸身，則反求於己；取諸物，則探索外物。此數語但言聖人取象範圍廣大，天地自然人身萬物，無所不包，所謂「易道廣大」，此之謂也。聖人取象，有牢籠天地的氣概，所以能通神明之德，而類萬物之情。其中主要的手段，便是八卦。

從這個理論再來反觀製器尚象的問題，則像這一觀念形諸文字雖晚，取象的事實卻遠早於此。史前考古的諸多文化遺存乃是這個「尚象」或「取象」思想的活水源頭，豐厚的造型、圖像和紋飾都是先民取象的結晶。比如，青銅器表紋飾乃華夏先民共享的宗教觀和宇宙觀的反映，獸面紋代表的是包羅萬物的泛神動物，而又有宣傳王朝合法性和凝聚力的功能。圖形文字則或作祭祀記錄、或為族徽、或為特定群體之專名等等。圖像銘文則兼有兩者之功能，跨越時空、文化和氏族，懷念遠祖、追祭神明等等。〔註110〕由此推而廣之，舉凡文化、制度、器物乃至思想藝術、社會禮俗、語言文字等等，無非「象」而已。「象」之包羅廣大，非可泥於一端，而當從元語言的源始邏輯予以理解。

再由此推而廣之，「取象」思維也同樣可應用於於外文化。從世界一體的視野來看，古代北非（古埃及）、西亞（蘇美爾、巴比倫等）、南亞（印度河谷文明）以及華夏先民都曾經有一個以「象」為主要制度的階段。比如，古代蘇美爾文明的核心為楔形文字和滾印，楔形文字據說便源出於陶籌，而象徵在其中便起著關鍵的作用。〔註111〕其他文明與此相類，不論。這說明「象」所具有的普遍意義。然此處的「象」與西學術語 symbol 應當區分，此處所言不同於美學史的「象徵」理論。〔註112〕各大文明的制度特色，皆與《周易》所云的「製器尚象」（易有四道之一）理論闡釋可以會通，這是人類取法自然萬物的必然規則。馬一浮曾論六藝該攝一切學術，並且進一步申論西來學術亦可攝於六藝之中。〔註113〕馬氏以「心」學出發，所論極其深切。若從取象思維的角度看，心者為取象之體，取象正是心之用，並無其二。就東西會通

〔註110〕（美）楊曉能著，唐際根、孫亞冰譯：《另一種古史：青銅器紋飾、圖形文字與圖像銘文的解讀》，生活・讀書・新知三聯書店，2008 年，第 382 頁。

〔註111〕（美）丹尼斯・施曼特―貝瑟拉著、王樂洋譯：《文字起源》，商務印書館，2015 年，第 137～148 頁。

〔註112〕如（俄）茨維坦・托多羅夫著、王國卿譯：《象徵理論》，商務印書館，2004 年。

〔註113〕馬一浮：《泰和會語》，載《中國近代思想家文庫・馬一浮卷》，中國國人民大學出版社，2015 年。

的目標來說，取象理論，在反思現代性方面，應當能發揮更重要的理論標杆作用。

從西學脈絡看，古今之爭堪稱與文藝復興、啟蒙運動鼎足而三的標誌性事件，其核心的爭端便是靈魂品質的高下問題，〔註114〕從而也就深刻指明了現代性的實質，便是理性科學對於傳統生活方式的摒棄，也就是「知性的真誠」取代了「高貴的謊言」。〔註115〕古今之爭賡續的是蘇格拉底意義上的政治—哲學問題，這兩端相當於中國人所謂「道與治之所在」（《潛書·無助》）〔註116〕，它秉承蘇格拉底的理論進路，扭轉了自然哲學家們的興趣，以「認識自身」的問題革了「認識自然」的命，換言之，以靈魂問題的重要性取代了探求自然知識的問題。而現代性以認識進步、技術發展、征服自然能力的提高為目標，恰恰是以靈魂品質的降低為其代價。古今之爭重啟這一問題，無疑有重要的啟迪意義，然本著「認識你自己」的認識論思路並無益於問題的解決，卻只能導向克爾凱郭爾、尼采之類的結局。在這種困境下，重審華夏取象思維便更加迫切和必要。

取象思維方式，以象的關聯為主要特點，從學理上切斷西方二元論世界觀，瓦解其支配論、中心論、穩固論的思想，對現代性釜底抽薪（現代性便是建立在人類的理性能夠支配自然、改造自然的預設基礎之上），從而為流動、變通和圓融開啟了可能性。易者，象也；象者，像也；爻者，效也。取象思維之所以圓融、統攝的特色，乃是因為其更關注宇宙萬有之相似，不立異端，所謂「攻乎異端，斯害也已」，異端者，奇也，一也，故華夏之學，兩則相糾、三則相參，獨學無友則孤陋寡聞，有朋自遠方來不亦樂乎，其文化基因中已經伏下博大精深的底色，學而不已（象，像也，效也，法也，師也，學也），故能「生生不息」，至於無窮之廣大，華夏源始基質中並沒有設定一個封閉的、自足而圓滿的「理念」世界或「上帝」，封閉了形而上學的可能性（比如，雅斯貝爾斯誤以老子為形而上學家。老子云「大道泛兮，其可左右」，並非封閉靜止的「一」），從而開啟了大化流行的文化特色。明乎此，以

〔註114〕 劉小楓：《古今之爭的歷史僵局》，載氏著《古典學與古今之爭》，華夏出版社，2016 年。

〔註115〕 甘陽：《政治哲人施特勞斯：古典保守主義政治哲學的復興》，（美）列奧·施特勞斯著、彭剛譯：《自然權利與歷史》序言，生活·讀書·新知三聯書店，2016 年。

〔註116〕 （清）唐甄：《潛書》，中華書局，1955 年，第 38 頁。

學而不已的態度、天下一家的胸襟，視世界學術為一體，會東西思想於一爐，對於解決現代性的爭端不無裨益，正可從舊學問中開啟新境界。

四、華夏書學本源研究的思想背景：古今之變與現代性

論著之所以將古今之爭提出來作為一個問題，意在重新反思支配當下思考方式的西方二元論觀念。西方二元論觀念和字母—文字的劃分緊密糾纏在一起，同時也與邏格斯中心論密不可分。欲廓清華夏書學之本源問題，必須首先對時下流行的、浸染上西學二元路的當下流行書學理論進行德里達哲學意義上的「清淤」。德里達哲學並不以觀念的話語為焦點，而首先進入對機制的關注，亦即他稱之為「邏各斯中心主義」的西方思維結構。〔註117〕針對自柏拉圖已降以至於索緒爾的語言學—哲學傳統，意即基於所謂「文字（實際主要是字母）」與語言關係所形成的始終在場的語音中心主義或「邏格斯中心主義」這一西方哲學的根本支柱，德里達揭示出其中所包含的二元結構，意即我們所說的支配二元論結構。德里達宣稱其主要貢獻就是對西方傳統「邏各斯中心主義」的全盤清淤，因此乃有諸如《寫作與差異》《聲音與現象》《論文字學》等著作，對根據「聲音／意義」的二元對立為基本關係的西方理性的原則進行清淤和解構，基本目標在於批判以邏格斯為中心的西方形而上學傳統。〔註118〕然而正如上文所說，問題的根本不在於二元與否，而在於西方二元論所支配下的一套觀念系統，而這套觀念系統之無孔不入、乃至於遮蔽、削弱甚或遮蔽異質文化的本源實踐，以一種貌似放之四海而皆準的姿態出現，這才是問題的重中之重。這一問題落實到文化形態層面，可以表達為中國與世界、傳統與現代抑或中外之辨、古今之爭。應用到書學理論上，就是所謂的現代書法理論建制與傳統書論之間的理論鴻溝。本書的目的，則試圖從問題的起源處，對華夏書學之本源問題提出一己之見。

華夏書學之本源問題，或者也可以表達成書學之古今問題，必須將其放還到文化衝突這一籠罩性的視野勘察，才可能明瞭此一問題的癥結所在。古今問題卻又與中西問題盤根錯節地交織在一起。一方面，中國本土的現代化問題也就是古今問題，實際上乃是針對西方現代性擴張的回應。從這個意義

〔註117〕杜小真、張寧主編：《德里達中國講演錄》，中央編譯出版社，2003 年，第 67 頁。
〔註118〕陳曉明：《德里達的底線》，北京大學出版社，2009 年，第 153～187 頁。

上說，古今問題必然還原為中西問題；也就是說，中國本土的傳統與現代問題應當還原為中國與西方的文化關係問題。另一方面，現代化又不僅僅是中國自身的特殊問題，而是世界所面臨的普遍問題。所謂「現代」實際是西方文化自身斷裂的產物。〔註 119〕從這個意義上理解，中西文化之間的關係問題又似乎應還原為古今問題，也就是西方自身的「傳統」與「現代」問題。因此，所謂中西之爭、古今之變存在著錯綜複雜的背景，這裡有中國之古今、西方之古今的不同，又有古之中西與今之中西的不同。而這些不同都足以解釋中國本土的現代化問題面臨十分複雜的情形，也就影響著本論關於書學問題的討論。但是，勢必要明確的一點是，無論西方的古今存在怎樣大的斷裂和差別，構成西方的文化基質總是恆定不變的，這就是支配西方文化的二元論思維。〔註 120〕中國是否存在能夠確立其自身文化穩定性的思想質素？從這個意義上說，中國本土文化的現代化問題儘管有中西、古今兩個層次複雜的維度，就確定文化主體性而言，中西之爭問題遠較古今之辯問題更為根本。本論因此將問題的重心放在了考察中西思維方式的不同，以期對中西根本思想質素有所把握，而更進一步理解華夏固有的思想方式。這也就是上文之所以花費較大力氣討論東西思維方式之別、討論「中國性」的原因之所在。

華夏文化固不外在於世界，因此中國文化具有世界文化之普遍性，然華夏文化又自成其一家，因此中國文化又必然具有其特殊性。在佛教入華之前，華夏與域外亦並非老死不相往來，而是有著廣泛深入的交流，這種交流乃在某種意義上對「中國性」之形成起較大的影響。然目前的研究，對佛教入華之前的交流主要側重於物質的、形而下的層面予以考察，而並未觸及觀念的、形而上的層面。佛教入華帶來了一整套不同於華夏本土傳統的思想觀念、行為方式，對儒、道為主導華夏世界觀構成了極大的挑戰，三教之爭的

〔註 119〕 按照科瑟勒克的觀點，現代性起源於時間秩序從神聖秩序的分離，這種分離產生出政治，從而以對未來的全新理解取代了基督教的末世論。參〔英〕傑拉德・德蘭蒂著、李瑞華譯：《現代性與後現代性——知識、權力和自我》，商務印書館，2012 年，第 83 頁。

〔註 120〕 基質一詞，出自陳中梅：《Mῦθος 詞源考——兼論西方文化基本結構（BSWC）的形成及其展開態勢（上、下篇）》，載於陳思和、王德威主編：《文學》（2013 年春夏卷以及秋冬卷），上海文藝出版社，2013 年。陳教授從詞源考證的角度，提出了西方文化的元概念或基質問題，建構了其秘索思—邏格斯的二元論西學觀。

問題由此而展開。這是中印之間的文化交流與融合。而中西方面也是通過宗教交流的方式，這種方式主要是基督教東漸，這包括唐朝景教（聶斯脫里教，為基督教異端）入華、元朝初年也里可溫教（稱呼來源不詳，或以為即聶思脫里教）入蒙古汗庭、明清之際耶穌會士傳教、最後為近代基督教各派相繼傳入。基督教入華乃是今天中西文化格局形成的前因。而晚明以來以耶穌會為代表的西方傳教士，以沙勿略、范禮安、羅明堅等為先導，以利瑪竇為傳教之集大成者，形成中西文化首次的全面碰觸和交融。利瑪竇通過和儒家士大夫合作的方式，對中西文化作了卓有成效的調和，為中西文化平等的、積極的對話做了開創性的探索。利瑪竇力求援儒入耶，淡化中西文化的不同，在本體論、宇宙論和人生觀之不同的兩種文化之間成功地實現了文化嫁接。利瑪竇調和儒耶的策略，突出了天主教思想倫理化和世俗化的一面，與晚明經世致用的思潮貼合，埋下了明清之際中國思想變革的伏筆。〔註121〕這是華夏文化自佛教入華以後，第一次中外觀念的融合。與此同時，利瑪竇通過和徐光啟、李之藻等士人合作譯書籍，為清末的科技文化交流之先聲。〔註122〕要而言之，利瑪竇的入華為中國注入了一種完全不同的世界觀和方法論。〔註123〕中西文化觀念、方法之間有實質性的分歧甚或衝突，乃自利瑪竇們開始。換言之，中西觀物方式之分野在晚明時代方始成其為一個真正的問題。而清末民初以迄今的中西文化關係問題，與利瑪竇時代所存在雖然面臨不同的話語場域，然其實質則仍不出華夏—域外思想之分野這一根本所在。只是，今天面臨著更為複雜而深刻的現代化全球語境。這種複雜性體現在西方理論的大量湧入，蔚為壯觀。

　　人類歷史發端於對物—我的雙向體認，在漫長的從猿到人的演化過程中，對自我進而對外物的確認是個十分艱巨的過程。這個過程中，東西方發展出不同的思想。就中國一方而言，以周公孔子為鈐鍵，三代王官之學流衍為經學和諸子之學，實現了中國思想史的第一次思想轉折，這次轉折的重要

〔註121〕參〔法〕謝和耐著、耿昇譯：《中國與基督教——中西文化的首次撞擊》，商務印書館，2013 年，第一章、第二章。

〔註122〕王力軍：《簡述李之藻的治學觀及其西學圖籍》，《浙江社會科學》，1994 年第三期；湯開建、張中鵬：《徐光啟與利瑪竇之交遊及影響》，《華南師範大學學報》，2011 年第五期。

〔註123〕曾崢、孫宇鋒：《利瑪竇的中西文化交流之理念和價值》，《江西社會科學》，2013 年第九期。

標誌乃是德性突破，為中華文化奠定了深厚的思想根基。〔註124〕經學和諸子之學所提供的思考方式極為富贍，從「天下萬物生於有，有生於無」的創生論到「天道遠，人事邇」的天道觀，從「天圓地方」「九州四海」的宇宙觀到「物莫非指」的名辯論，形成百家爭鳴的思想奇觀，為後世的思維模式奠定了基本格局、為後來儒生提供了言說的基本話語，同時也在深層次上影響了包括書法、印章以及詩畫在內的審美藝術樣式。其中最為核心的問題，則是「天人之際」「道器之辨」和「性與天道」問題。當然，儒家思想博大精深，本論並不能一一詳盡，而只是論其崖略。從諸子之學而歷漢唐，建立起「罷黜百家獨尊儒術」的以「六經」為支柱、以史傳敘事為輔弼的經史傳統。這個傳統著重開發了儒家經世致用功能，由董仲舒天人「感應」「相副」的天人觀到儒釋道三足鼎立到宋明理學家通過「復性」而上達於「天道」，援佛入儒而結出心學與理學並蒂蓮。經晚清民國，實現古典思想向現代的轉型，從而中西思想的分野問題也就日益凸顯出來。西方哲學思想經晚清民國的西學東漸而進入中國，並與中國古典哲學碰撞、融合，催生出中國現代思想的新格局。古今之爭、東西之辯因此乃成為一個中國現代性語境中的一大問題。

自晚清民國以來，中國與西方文化實現了大規模的交流，這種交流帶來的結果就是求新求變的社會衝動和文化訴求，傳統觀物方式面臨新的問題，而這些問題並不能再在單一的、本土的文化傳統中解決，而是進入到一個西方文化的知識、技術和權力的網絡之中，這種新格局乃是西方以堅船利炮為後盾的擴張主義之上形成的。東西文化在世界格局的此消彼長，乃是思想問題之所以成為問題的背景因素。隨著西方的擴張，傳統價值體系隨著科舉制度的廢除而土崩瓦解，而現代教育制度得以建立、現代科技事業由此開創、現代知識分子群體遂而形成，中國社會完成了其由傳統向現代的轉型。〔註125〕然中國社會的現代轉型卻付出了極為沉痛的代價，中西之間的交流乃是西方衝擊的結果，這與以往任何一次拿來主義的交流都有所不同。這種交流雖然帶有現代的、國際化的特徵，然而卻處於一個不平等對話的語境之下。這個

〔註124〕 參李青春：《從王官之學到諸子之學——論中國古代文藝思想發展史上第一次轉折》，《人文雜誌》，2011 年第五期；董恩林：《從王官之學到經學儒學》，《孔子研究》，2012 年第六期；鄧國光：《學術史的轉捩：「王官之學」與「德性自覺」》，《西北大學學報》，2012 年第五期。

〔註125〕 徐輝：《廢除科舉制與中國社會的現代轉型》，《廈門大學學報》，2003 年第五期。

語境的主題是救亡圖存與啟蒙，而救亡圖存的重要理論資源首先就是進化論。經過嚴復的譯文，達爾文的生物進化論與斯賓塞、赫胥黎等的社會進化論在中華大地產生巨大影響。〔註126〕就進化論之於中國文化的影響而言，功過各半。中國社會從太平天國到五四運動，文化界人士在西方探求真理輸入「科學、民主」等的歷程中，其背後的理論支撐乃是單線進化論。〔註127〕西學東漸以後的中國文化史，在很大程度上延續了單線進化論學派思路，這種思路試圖將中國的社會實踐歷史納入到一個單線演化框架。正是在這一西方理論體系的觀照下，中國一方面對自身傳統社會有了全新的甚至在某種意義上可以說是深刻的認識，尤其在中國當代文學領域學術研究成就斐然；但另一方面容易被論者所忽視的是，單線的或曰線性進化論以物質為標準衡量民族的文明程度〔註128〕，這對當今拜物教起到了推波助瀾的作用。

　　我們反對單線進化論，並不意味著否定「進化」觀念本身的思想價值。自維科的《新科學》以來，人類歷史被劃分為神明—英雄—人的進化論流程。人類思想史上，維科第一次明確地提出了人類自己創造歷史的觀點，維科把人類歷史發展當作一門「新科學」而加以研究。〔註129〕維科新科學的開創，堪稱歷史學、人類學、民俗學、神話學、社會學等現代學科的鼻祖。但是，對於以某種觀念為核心而建構起來的思想體系的偏執，很可能導致極其負面的影響。單線進化論就是這方面的例子。同樣，對於其他西學理論的片面執著，將其視為先天正確的、普遍有效的理論，從而以西方話語闡釋中國本土實踐具有先天優先的解釋權，在某種程度上勢必遮蔽了中國傳統固有的文化感知與認識。

　　特別是置身目下日益演進的文化全球化語境中，這種遮蔽成為中國文化

〔註126〕王民：《嚴復「天演」進化論對近代西學的選擇與匯釋》，《東南學術》，2004年第三期。進化論如日中天之際，中國學人立足於對話立場，對其進行了批判，比如民國學者劉咸炘。他指出，社會進化論不能被視作普遍有效無容置疑的科學真理，同時強調進化不等同於進步，並提出了「智進德退」的觀點。參周鼎：《邊緣的視界：劉咸炘對進化論的批判》，《四川大學學報》，2004年第三期。現在看來，劉咸炘的觀點具有時代的超前性。
〔註127〕宋立志：《全球文化背景下的中國「文化路向」淺析——對文化單線進化論的解讀與思索》，《商業文化》，2009年第七期。
〔註128〕徐靜、解仁美：《社會進化論在近代中國的消極影響》，《內蒙古電大學刊》，2014年第三期。
〔註129〕龍育群：《歷史哲學：維科的貢獻》，《求索》，1991年第五期。

自主性的一大障礙。在相當長的時間內，中國本土的研究以模仿西方理論為特徵，從而無法形成對本土文化的獨特闡釋和民族理論。社會史研究就是一個突出的例子。〔註 130〕原因在於，五四以來中國社會有一基本的假設或共識，就是相信現代性尤其是現代科學和技術能夠帶來人類的解放，從傳統中國過渡到現代化中國乃是必要手段。這個假設以西方理論的普遍有效性為前提。這個普遍有效性的預設是否實際有效，乃是貫穿於整個 20 世紀的中國文化的基本問題。中國文明在政治制度、經濟制度、教育和文化體系等各個領域徹底瓦解，20 世紀以來，無論研究本土文化還是研究西方文化，中國學者引用的權威都是西方的。〔註 131〕能否說，這是某種程度的西方迷思（myth）？總覽近百年文學研究不免喟歎：相對西學，以本土理論釋義本土文學的論著何等寥寥？例如就「物」的觀念而言，現代學術語言更熟悉的是肇端於希臘哲學的「物」的理論——學界對於德謨克利特、亞里士多德等耳熟能詳，——以及後嗣的各樣的「物」學說。相對來說，儘管中國思想洋洋大觀，從商周時候的「鑄鼎象物」，到晚周道家學派的「齊物」、儒家的「開物成務」、名家惠施的「泛愛萬物」與公孫龍子的「指物論」、到宋明理學的「民胞物與」、「格物致知」，直至稗官野史的博物之記，不絕於書。然而，對於本土固有的思想傳統，我們已經遺忘到與自身文化身份極不相稱的地步。

這種不相稱突出地凸顯於中國美學理論的研究之中。無論是古典文學領域，還是現當代文學領域，普遍存在的問題是以西例中。比如小說研究就是一個突出例子，以西方小說為標準，衡量、評論中國小說，乃是 20 世紀流行的批評觀念與方法。〔註 132〕這種中國文化、中國文學的失語症〔註 133〕乃是現代中國所面臨的相當緊迫的課題。這個課題雖然緊迫，學術現狀卻令人遺憾。一個不爭的事實是，基於學科分化、專業細化等多種因素，在中國文學研究中，相比與西方理論資源，雖然中國如此豐富的傳統思想思想顯然更加貼合國人的情感與文化認知，但它卻似乎從未得以足夠的照亮與發掘。因此，我

〔註 130〕 楊念群：《中層理論：東西方思想會通下的中國史研究》，江西教育出版社，2001 年，第 79 頁。

〔註 131〕 甘陽：《新時代的「通三統」——中國三種傳統的融會》，載《通三統》，生活・讀書・新知三聯書店，2014 年，第 6 頁。

〔註 132〕 劉勇強：《一種小說觀及小說史觀的形成與影響——20 世紀「以西例律我國小說」現象分析》，《文學遺產》，2003 年第三期。

〔註 133〕 曹順慶、羅富明：《「失語症」與中國文論的「話語轉換」》，《紅岩》，2011 年 S2 期。

們說一方面西學理論之於中國思想當然是十分給力的，但另一方面也不得不承認，中國傳統理論之於中國本體文化實踐，久已殆至失語的尷尬境地。

因此，本書強調指出，納入西方現代話語體系之後，中國本土的思想被有意無意地遮蔽、乃至被消解了。這個狀況隨著中國經濟騰飛和本土文化熱的興起，在近十年有所改觀，現代學人對傳統思想有足夠的重視，然而仍差強人意。從時下流行而且頗具影響的一些哲學史、文學史、歷史著述看來，慣例做法往往是立足於某種西方理論的獨斷論觀點，卻鮮有顧及、甚至完全不顧中國本土具體文化實踐，便悍然將傳統思想嫁接到西方既有理論之上。〔註134〕何以西方理論就具有先驗的合法性，而根本不需要任何反思就對異質的中國傳統文化具有有效的解釋力呢？對此，筆者認為個中緣由值得深思。籠統講，從文化心理探析，這是近現代中國文化長期處於弱勢的必然結果；從學術慣性分析，這是長期以來形成的西方理論優先性的後遺症。進入現代以來，我們著重地反思了自身，對於傳統批判大於繼承；而相對缺乏對西方文化的反思，接納大於批判。這種不平等對話的局面當然是西方強勢入侵導致的，這是中國進入現代所經歷的艱難的百年坎坷。如前所述，現代性問題從西方內部神—人斷裂的結果，神聖秩序與世俗秩序的分離，在某種意義上導致了世界歷史的開啟，從而對未來的理解打開方便之門，以理想的烏托邦代替了基督教的末世論。中國隨著近代史上國門被列強的堅船利炮轟然打開，中國的現代性訴求被提上議程，國人設計的現代化方案從「師夷長技以制夷」到「中學為體西學為用」的補充論、調和論，乃至於「打倒孔家店」（或「打孔家店」）〔註135〕以便為「德先生」「賽先生」開路的取代論，中西文化衝突的直接結果便是儒家傳統的解體。

在這樣的語境下，儒家傳統與啟蒙的問題就顯現出來。一方面現代性訴求建立在啟蒙基礎之上，而中國啟蒙運動的一個重要內容就是對儒家傳統的批判。中國向西方學習用以反對儒家傳統的啟蒙思想，本身卻是儒家傳統刺激和影響下的產物。〔註136〕這表現在宋儒理學以及《周易》、宋儒六十四卦

〔註134〕比如李懷印對中國學者之歷史研究的評論，參〔美〕李懷印著，歲有生、王傳奇譯：《重構近代中國：中國歷史寫作中的想像與真實》，中華書局，2013年，第269～270頁。

〔註135〕參本書第八章第二節的討論。

〔註136〕張西平：《啟蒙思想與中國文化——16～18世紀中國文化經典對歐洲的影響再研究》，《現代哲學》，2014年第六期。

圖對萊布尼茨單子論以及二進制算術的影響；《論語》「己所不欲，勿施於人」的道德規範對伏爾泰的自然神論的影響；傳統重農學說對魁奈和杜爾哥在政治理想和經濟學說上的影響。〔註137〕歐洲啟蒙運動理想烏托邦的設計，恰恰建立在對中國人的「理性光輝」照耀的理解和參照基礎上。〔註138〕在對絕對主義國家的設計這個問題上，啟蒙思想家關於憲政制衡和君主專制的爭論，本身是對兩種不同的現代國家的討論。「中華帝國的專制制度」恰恰成為歐洲反「封建」的一個重要參照，「專制」本身在歐洲思想脈絡中就是現代因素。中國在接納啟蒙運動的遺產時，以「德先生」作為反「封建專制」的理論基礎，這種二元對立的思維存在嚴重誤導。〔註139〕由此而言，中國現代啟蒙本身存在嚴重的邏輯弔詭。由於內在邏輯理路的不暢，導致現代國家合法性論證上的困難。而隨著中國國力的興盛，人強我弱的格局已經開始有所變化，這個積壓已久的問題便再次浮出水面，反思儒家傳統和現代中國啟蒙運動就勢所難免。在這種情況下，儒家傳統與啟蒙問題、儒家傳統與基督教傳統的關係問題就再次成其為討論的焦點。

進入社會主義新時期以來，對於新文化運動及其運動結果開始了新一輪爭鳴和反思。丁耘指出，新時期的思想有四位影響甚大的西方導師，就是青年馬克思、康德（李澤厚化的）、海德格爾和列奧·施特勞斯，其主要概念延續著人—主體—此在—政治動物等環節，而這些主要環節所延續的無非仍是現代化背景下中國文化的主體性問題，其內核仍不脫儒學傳統與基督教傳統之間的關係問題，實際上類似的文化衝突在中國歷史上早已預演過一次，就是自公元一世紀以來的佛教入華，佛教入華的最終結果乃是中國佛家學派的建立。顯然，中國現代化訴求的情形恰恰與此類似，正如丁耘所言，隨著施特勞斯保守主義哲學的歷史使命完成，新一輪的中國儒學復興和政治思想復興可以逆料。〔註140〕但中國傳統思想的復興絕不意味著再次陷入閉關鎖國的僵局之中，而是以積極參與到世界文化潮流中、尋求與各個文明之間的廣泛

〔註137〕沈定平：《中國古代思想與西歐啟蒙運動的發展》，《世界歷史》，1983 年第二期。

〔註138〕武斌：《中國思想對歐洲啟蒙哲學的激勵與開發》，《瀋陽故宮博物院院刊》，2007 年第二期。

〔註139〕丁耘：《儒家與啟蒙：哲學會通下視野下的當前中國思想》，生活·讀書·新知三聯書店，2011 年，第 98～100 頁。

〔註140〕丁耘：《儒家與啟蒙：哲學會通下視野下的當前中國思想》，生活·讀書·新知三聯書店，2011 年，第 3～17 頁。

對話為其前提。這種情況下，以尊重他者為核心價值觀的「第二次啟蒙」成為時代主流，這為不同文明之間的平等對話奠定了理論基礎。面對共同的環境危機，第二次啟蒙對生態啟蒙的標舉，有助於催生一種共情主義的普世情感，並以此為基礎建設一種共情的生態文明。當下中國應當把握這一歷史契機，推動東學西漸以便和西方真正有效地平等對話。〔註141〕

　　在全球化語境和中國政治思想復興的語境下，重新思考中西思想關係尤其重新激活古典思維方式，對當下敘事話語進行反思和還原研究，乃當下形勢的適宜之舉。

　　中國現代書論是中國現代思想波及到書學領域的結果，這其中起支配性影響的就是科學主義。現代的書法理論亦建立於科學主義的基礎之上。無論從研究範式還是方法上，都將科學作為認識和研究的第一原則，科學主義將中國文學理論知識化、專業化、系統化、學科化，使傳統思想的學術言路由古典直觀形態向現代邏輯形態轉型。〔註142〕但是，科學主義能否對中國文論傳統予以實質意義上的同情之理解，則頗成其為問題。就其實際功效而言，科學主義的話語霸權恰恰是中國當代文論失語的根本原因。〔註143〕科學主義失語只是西方理論對本土文化遮蔽的一個特殊例證而已，問題的根本在於，以西律中這種研究範式不能真正實現跨文化、跨文明的平等對話。而要實現真正平等的文明對話，爭取中國話語與西方話語的平等乃是必要的、必須的。從而，問題就是：中國本土固有文化傳統能否、甚至更為有效地再次介入中國文化研究？

　　本著這個思路和論著的主題，本書從現代流行的幾種書法現象出發，解釋這些書法現象背後所隱藏的問題，從華夏固有傳統資源中挖掘既有思想，以期對「華夏書學之源始邏輯」這一問題深切體察。在採納、使用、汲取有關必要的理論資源時，力求摒棄具有某種理論先驗合法性的文化立場，力求貫穿兩個原則：一是從本土文化和書學實踐出發闡釋文本，二是在理論和實踐層面堅持中西文化的平等對話立場。需要說明的是，儘管論著以發掘本土固

〔註141〕 樊美筠、王治河：《第二次啟蒙與文明對話的新使命》，《深圳大學學報》，2013
　　　　年第六期；唐述宗、何瓊：《文化全球化背景下的「東學西漸」──尋求與
　　　　西方文明的平等對話》，《中國科技翻譯》，2008年第二期。
〔註142〕 張清民：《科學主義與中國現代文學理論的興起》，《江西社會科學》，2008
　　　　年第三期。
〔註143〕 曹順慶：《唯科學主義與中國文論的失語》，《當代文壇》，2011年第四期。

有的思想資源為動機，但筆者的寫作目的並不是為了一一梳理這些豐厚的遺產，而是著眼於全球化文化語境中的華夏書法所遭遇的尷尬境地，對緣起八九十年代以降的書法及其指導理論，並結合不同社會發展階段的歷史文化背景，透過有關典型文本的個案解讀，對個中思想問題作一定程度的關注與思考。進而由此追本溯源，對書學之古典語用作以必要的理論追索與探尋，從而旨求通過對書法傳統理論的正本清源，以期對現代書法理論話語的一種有效返觀與抵達，並試析這一敘事表徵背後「中國」問題的癥結所在，思量中國當下書學實踐與本土傳統書學精神的承繼問題。

　　這就回到本書開始提出的問題，西方話語在闡釋現代、當代書法創作方面是否具有先天合法性？毋庸置疑，中國儘管有著極為深厚的本土思想傳統和書學實踐，但現當代書學的建立是通過對西方學科建制的模仿和創新得以實現的，其間伴隨著漢字存廢之爭、漢字拼音化以及漢字改革方案等等。中國書學中確實打上了深厚的西方烙印，以西方理論闡釋現當代書法實踐自有其合法性的一面。然而，更本質的問題卻在於，中國書法理論、書學實踐之模仿西方，乃是出於建構本土之當下書學傳統的內在訴求。這就正如中國現代文學本身自成其為獨立的傳統，它孕育於「舊傳統」而自成「新傳統」〔註144〕，這個「新傳統」乃是中國與西方傳統共同孕育而出，乃是有別於中國古典傳統同時又有別於西方模板的全新事物。〔註145〕從思想意義上講，是否可以說，現代思想形態的形成不僅僅是西方思想的投影，還應當並且必須理解為中國古典思想形態之現代化的結果？換言之，當下的書學理論乃是西方思想形式之中國投影，是西方文化思維方式在中國書法實踐中結出的果實？因此，我們可以稱之為一種「思想移植」的文化現象？畢竟，中西文化之間有著許多共通性，但是卻又有根本的不同。在現代的世界觀之下，學界似乎更多地喜談普遍性、共同性，而罕言特殊性、具體性。儘管東海西海、心

〔註144〕 朱壽桐：《論中國現代文學的偉大傳統》，《中國社會科學》，2002年第一期；溫儒敏：《中國現代文學的闡釋鏈與「新傳統」的生成》，《學術月刊》，2008年第十一期。

〔註145〕 即便是在數學這樣相對「客觀」的領域，也難免民族表達習慣的浸潤。在華蘅芳所翻譯的西方數學著述《代數式》中，除數被放在被除數之上，而中間的橫線讀入「分之」，這種語法布局其實是漢字豎排習慣影響下所致。參安德烈亞‧佈雷阿爾：《論數學術語：19世紀中國的跨文化交流》，載〔德〕郎宓榭、阿梅龍、顧有信著，趙興勝等譯：《新詞語新概念：西學譯介與晚清漢語詞彙之變遷》，山東畫報出版社，2012年，第324頁。

裏攸同，但是因地域所限、文教所滋，東西方之間畢竟還是有所不同。為此，在當今文化全球化語境下，我們在廣納西學的同時是否可以嘗試重返傳統，追索中國本土固有思想傳統，並以此為契機，重新照亮其對當代中國人情感、生活與思維方式的影響，從而再度開拓當代書學理論研究視野？基於此，論著姑妄大膽假設這一思考的可探究性，在前此有關研究的基礎上，力圖將「華夏書學之本源問題」的思想思路加以進一步地延伸與拓展，在中西對照的前提下凸顯出本土固有之思維方式（無論名之曰「三合」觀、「取象觀」還是「一分為三」觀）的應用價值，以古今貫通的研究理念，擷取典型文化或文本案例，將思想的研究視域由聚焦於當下書學現象而回溯至古典書學傳統，追蹤古典之於現代敘述話語的嬗變上來。本論以發掘中國古典傳統的觀物方式為切入點，通過對醜書、亂書、藝術、形式等關鍵詞的解釋而過渡到華夏先哲的體物方式，並勾勒出古典書學傳統的理論輪廓，藉以對書學的問題作出一種返觀式的審辯與探索，從而試圖重新觀照並激活古典資源，以此完成對其現代性闡釋潛能的一種嘗試與研討。因此，本書貫穿始終的一條思想伏線乃是對現代性的反思。

五、現代書畫家雜論

（一）巧設方便，託意世俗——評李逸之「行方便」個展

　　肖像印為華夏印章一大支派，溯其源可上推至晚周，甚或更造起的范鑄模塊。其早期內容大旨皆四靈、動物或者幾何圖案，與域外印章如西亞滾印、埃及聖甲蟲印中的圖形印分庭抗禮，成為世界印壇的奇葩。後漢已降，隨佛教東漸且與華夏本土固有文化合流，三教匯歸為一。在印章藝術上，佛教借鑒道教「黃神越章」等印信形式，將佛教內容也引入到印章中來，佛像入印起於何時，現已不可詳考，至晚唐宋時期已盛行佛、彌勒、菩薩的押印。明清時期篆刻藝術勃興，不少僧人如朱耷、石濤等本身便兼通詩書畫印，佛教與印章之間已渾然不可分割。於是傳統肖像印中，佛像印遂蔚為大國，為亦為印人所喜歡的題材之一。在現在這樣一個文化復興的語境下，如何更好地傳承印章—篆刻藝術尤其佛像印藝術，乃當下一個重要的理論問題，同時亦是一個藝術實踐問題，李逸之通過其「行方便」的佛像藝術展覽，給篆刻界提供了一個絕佳的範例。李逸之與祖國西部有不解之緣，他出生於東西文化交流的咽喉要衝——新疆，而又長期遊歷於西部高原山區，這份閱歷使其

篆刻呈現出博大闊遠的境界；而西藏、新疆兩自治區正是佛教文化積澱極厚的地域，他又偏好考察佛寺遺址為樂，在西藏收集了不少稱之為「擦擦」的佛教造像藝術品，厚積薄發，推陳出新，此次個展因此風格鮮明而又實實在在的不落俗套、格高調雅。

展品以藏傳佛教內容入印，此種做法在篆刻界確實鳳毛麟角。其印石基本為傳統篆刻的形制，印料亦多為青田石、壽山石，傳統肖像印所採的佛菩薩像通常以漢傳佛教為主，而絕少甚或絕無以藏傳內容入印的。這並非因為古人不理解藏傳佛教——蒙元以來，皇室多有藏傳佛教造像，元明戲劇中大黑天神、摩利支天等都暗示了漢地文化與藏傳佛教的關係，而藏傳佛教未被納入篆刻系統，根本原因在於審美旨趣上的格格不入。浸潤於漢文化傳統的士人不太可能崇尚以獰厲、張揚且多有些違背孔孟之道的「非禮」內容的藏傳佛教。因此，雖則蒙元、滿清皇室中多藏佛教造像，藏傳佛教卻未能進入士人的文化視野之中。風雲際會，溝通藏傳佛教與篆刻傳統這一歷史使命落在了李逸之頭上。他此次的肖形印展中吸納西藏擦擦藝術的特點，將藏傳造像植入印章之中，為印章注入了全新的血液，實為一次大膽的革新之舉。此次個展有一組以古格王國佛教藝術為參照的印章，古格為吐蕃分崩離析後，西藏歷史上的一個重要階段。約略和唐武宗同時的朗達瑪滅佛直接宣告了吐蕃的終結，而其第三子在一幫維護佛教的人支持下，建立古格王國，因此古格無妨視為吐蕃佛教的新生之地，兼之其地處於印度入藏的要衝，印度佛教教義大多由此傳入，因此古格的佛教文化蓬勃發展。李逸之展覽的古格系列採納了古格忿怒明王佛像，而以大塊青田石為質料，對石料邊緣不加修飾，保留其天然的痕跡，從而給人以樸野自然的原生態之感。不過，細看其刻畫，用刀細膩，明王的眼眉、獸皮裙擺上毛髮纖毫畢現，顯示出了作者精雕細刻的嚴謹態度。

李逸之對藏傳佛教的吸納，不僅僅表現在形式上的借鑒，而是通過自己消化吸收，創造出新的藝術形象。因此其作品雖然以漢印刻藏僧，卻不生澀、不做作，渾然天成，融化無跡。我尤其喜歡其創作的歡喜佛系列，即李逸之名之曰金剛薩埵的那組。歡喜佛為藏傳密宗的本尊，與印度教的性力派有思想淵源，以明王（表示佛教的法）明妃（代表佛教的慧）交合為象徵，以「空樂雙運」而達到清靜的境界。明王多呈兇暴之象，要在克服自障；而明妃則妖嬈多姿，要在以色相勾入而臻於清淨之境。李逸之將歡喜佛像轉化為其「剔

肉記」的一系列印章，多以肉身和骷髏比照構思運刀。依他說，其剔肉二字，意在引發人的痛感。而骷髏形象，則來自於其親眼目睹的一具打坐白骨。我所見到的兩組歡喜佛式印章中，一組明王的形象以骷髏代替，明妃搖身一變而為風塵的俗世女人。另一組以兩方印章對照，一為肉身的歡喜佛，一則為兩個褪盡肉身只剩骨架的骷髏相擁相抱。這一組雖與上組略有差別，然仍不出色即是空的佛教教義大旨。不過，觀此兩組印章，佛教的宗教感被消解殆盡，反倒更多警世、勸誡的世俗教化韻味，而這種警世、勸誡恰恰又可從漢文化的脈絡中得到貼切的解讀。其與《金瓶梅》之「二八佳人體似酥」、《紅樓夢》之「風月鑒」的古典說部文本正可互鑒互照。自此而言，李逸之之吸納藏傳佛教，絕非單純的描頭畫角、按影圖形，而是經過了自己的運化吸收，並將其併入到漢文化的脈絡中，這折射出藝術家的眼光和創造精神。而其將歡喜佛轉化為骷髏的運思，卻又並無絲毫違背藏傳佛教的本來意義。只是，這一形象的轉化，將屬於宗教的藝術轉化成了對世俗人事的警悟，可謂寄深意於方寸之內，託佛旨於世情之中。

　　骷髏似乎為李逸之佛教印章偏愛的題材，他特別將與骷髏有關的作品命名為「剔肉記」。剔肉一語與佛教文化有甚深淵源，敦煌石窟即有割肉貿鴿的佛教畫，最為膾炙人口的便是《封神演義》中哪吒剔肉的故事，足見剔肉題材流傳之廣。李逸之印章下的白骨骷髏，觸目驚心卻又風姿綽約。剔肉云云，乃指其印章中白骨和肉身相映，以肉身之丰韻襯托出白骨之支離，從而引人進入萬化無常、因色悟空的境地。其形象多樣，或為拈花之狀、或為垂手之態，或合雙掌，或盤兩足，或半臂已成白骨，或全身盡化骷髏，要之千姿百態，使人如芒在背而又愛不釋手。李逸之自云其對骷髏題材的偏好係來自於他在白馬寺的親身經歷，這是調動其藝術創作的外在因素。然從文化的內在因襲脈絡而言，骷髏題材卻並非憑空而來。從《莊子》《列子》等古書中所記載的列子枕髑髏而眠，到傳為李嵩所繪的《骷髏幻戲圖》，以迄明清說部中的白骨精故事，分明有一條源遠流長的衍生之線。李逸之的白骨系列便是這條衍生脈絡上的一環。這條線索還可以延伸到域外以聖・傑羅姆為主人公的系列繪畫（如《沉思的傑羅姆》等），其核心主旨不出對生死等人生重大問題的參悟。以更廣闊的文化視野來看李逸之的剔肉系列，足見其絕非僅止於好奇、尚怪，而是傾注了對人生生老病死等問題的形而上思考，這種思考凝結為婀娜而驚悚的藝術形象，使其印章昇華到相當高的藝術境界，足見篆刻家立意

之高遠，寄興之遙深。

　　然若以遠遊高蹈、不食人間煙火的眼光來觀看李逸之的作品，則不免失之毫釐謬以千里，其作品固然有洞徹人生、勘破生死的深邃，卻絕不脫離對當下世俗生活的觀照。李先生畢竟首先是一位藝術家，而並非宗教家和哲學家。他的作品中即便多有對彼岸世界的暗示，濃烈的現世生活氣息方為其真正的底色。李逸之常常在佛像中置入了若干當下的物質元素，通過置入當下的物質元素，一則消解了佛像濃烈的宗教氣息，使其得以生活化；再則，此類人們耳熟能詳的質素的出現，又將陌生的藏傳佛像當下化、熟悉化了。舉例來說，前面所舉的那例忿怒明王造像，其佛像上方的邊角處，別出心裁地置入了一架噴氣式飛機，單看這位明王，法相莊嚴，令人不由而生敬畏之心；待向上觀看，在角落裏看到這架飛機的出現，直教人忍俊不禁。對佛像的畏懼心瞬間便消解無蹤。再如其「雪團打雪」系列中的千手千眼相，軀幹上的肉被剔除殆盡，只剩下骷髏，見及此，不免心膽俱寒，頓生人生空幻無常之感，然循著觀音伸出的手臂觀察，卻發現其每隻手持有的不是法器，卻是一杆杆手機自拍杆，每個自拍杆配有一臺手機，這種現代高科技手段的介入，頓時將人帶到現實生活中的大街小巷中，從而一洗前此所有的戒懼憂思。李逸之是一位充滿幽默感的藝術家，他會給佛戴一副墨鏡，有時也會突然從佛頭上方飛過一輪飛碟，有時佛在盤腿打坐，突然頭上出現起重機長長的機械臂（若僅視打撈佛像，便少了許多意趣）。切要的是，他的幽默感卻並沒有淪為插科打諢，卻貫穿了對人生、對生活的嚴肅而深沉的思考，這種思考沉澱為其精工而勤奮的創作之中。

　　李逸之的創作用力甚勤，其創作技巧高超，絕不草草為之。他將雕版、印章、擦擦等多種藝術熔為一爐，卻又渾然天成，無跡可求。比如，其《植我》以桑葉為大背景，桑葉的葉脈紋理清晰可見，一筆不苟。在不到一寸見方的印章中出現的蛛網，給人以風吹網將破的感覺，可見刀工之精湛，纖毫畢現。能達到如此高妙的效果，除了技法的錘鍊，更得意於藝術家對生活觀察的細緻入微。唯其以嚴肅的態度體驗生活，唯其以嚴肅的態度生存，乃有「行方便」這組藝術的出爐。

　　行方便為此次個展的題目，而展中亦以此類題材為多。就其字面而言，行方便云云顯指廁事，廁事發生在每個人身上，而又無時無刻不在發生，然而世間卻視此為污穢，而罕有從中發掘其神聖性的。華夏奠基浩如煙海，涉

及廁事者卻寥寥，至於以之入畫、採之入印則更屬罕有。當代藝術家中，除了黃永玉之外，李逸之算是第二人。按照他的解釋，日常排污納新如呼吸一般，片刻不可或缺，而是否直面廁事乃涉及到當下精神的本質問題。他之所以創作此類題目，乃是對淨地完成廁事的當下敬畏心之喪失這一現象的反思和憂慮。職是之故，其旨趣不可謂不嚴肅。為此，乃有諸如在佛的舍利塔旁出現的排解大便的形象，乃有身披袈裟站立小便的光頭和尚。他們喪失敬畏之心了嗎，他們是否意識到這種行為不符合佛陀的教化。確乎如李先生所云，如廁在古典傳統中乃是一件大事，因為這個世界曾經是人神共存的可以詩意棲居的神聖世界，赫西俄德的《勞作與時令》教誨說不要在面對著太陽小便，以免觸怒神靈，而中國的廁所也有一位神明紫姑神掌管……現代化進程將怪力亂神一竿子打得無影無蹤，掃蕩盡諸神的現代人能否主宰自己的行為，這確乎成其為一個問題。李逸之創作的這一系列中，有一位坐在抽水馬桶上的女性，內褲褪至膝蓋之上，脖子以下的女體顯係現代畫法，而其頭部卻又有古代佛頭的味道，一手支頤正作思考狀。此女「行方便」的馬桶完全合乎現代的生活規則，而作品雖取隱私題材，卻絕無豔俗之感。她是否在思考，現在生活是否真正值得繼續過下去，並且代表了人類生存的正確方向？

（二）託馬鹿以啟路，流管絃而日新——方勇畫作淺論

方勇於傳統山水畫之外，馬、鹿又是其最擅長的題材。合觀方勇的山水畫和馬鹿畫，無疑展現出畫家對繼承傳統的方面的豐富層次。若從傳統的內在理路來評價方勇的畫作，大可以給方勇畫作貼上諸如古意盎然、筆墨精審、外師造化、中的心源等等標籤。不過，就我和方勇的接觸與瞭解而言，他並不是一位純然以摹古為己任的畫家，無論是他的山水畫還是馬鹿畫作，都浸潤著對當下生存狀態的體驗、對現代生活方式的反思，要而言之，方勇以畫家的特有語言，傳達的卻是對人之為人的獨特思考，他的畫作因此帶有較為鮮明的思想特質，這一特質使得方勇的畫作達到了較高的藝術層次，從而和泛泛的擬古、摹古之作分道揚鑣。

就畫馬、畫鹿的傳統而言，方勇所使用的當然是古典繪畫傳統固有的筆墨語言，此一傳統顯然承自於徐悲鴻、郎世寧、八大山人、趙孟頫、李公麟、韓幹等古典繪畫大師。這些大師們都有畫馬繪鹿的作品，而方勇正是從此一深厚的傳統汲取養分的。所謂古典繪畫傳統，實為古典文教傳統的有機組成，古代並沒有一個獨立的、單一的繪畫傳統，繪畫、文教本是交織在一

起的。繪畫傳統是現代以來學科分化的產物。只有將馬鹿放回到古典文教傳統中，它們的意義才能得到理解。馬鹿在古典文化傳統中又天生又不解之緣，除了指鹿為馬的鬧劇，秦簡《日書》記錄的卻是「午鹿」而非「午馬」，古人爭奪天下謂之「逐鹿」，而《周易‧說卦》卻又以乾為馬為君，傳統喜歡以馬鹿作為繪畫題材，或許在一定程度上正是某種文化集體無意識的反映。當然，馬象徵剛健，而鹿象徵福祿，這也是文化傳統所賦予的內涵。方勇選擇馬鹿是有意為之，還是無心的巧合，這無關宏旨。要言之，他的繪畫乃是從古人的傳統中脫化出來的，他對宋畫下了極深的工夫，這些傳統已經成為個人的無意識的一部分。方勇自號龍眠外史，顯然是從李伯時而來，而李氏則被奉為畫馬的宗師。由此也就可以知道馬（包括鹿）在方勇心目中的地位。馬鹿畫之於方勇，絕不僅僅是一時的遣興之作，而是畫家心靈深處的精神外化，是畫家生命意識的折射。職是之故，要理解方勇的繪畫系列，便不能草草看待其馬鹿畫作。

方勇的馬鹿畫作，儘管就其題材而言並未越古人藩籬，然若就精神內蘊而言，卻不盡為古典格調。方勇的馬鹿畫自出機杼，其所繪的數十幅馬圖，毫無模仿古人的痕跡，而是形成了自己獨特的畫風、採取個人的獨特的語言。畫家蓋已得古人神髓，是以能夠脫略模仿之跡，也因此，他的畫作才給人以耳目一新而又似曾相識之感。比如，其中一幅有三匹馬的畫作，近處的是一黑一白來兩匹馬，白馬直面觀者，黑馬側身向裏張望，而遠處的山坳之間則有一批獨自緩緩而行的馬。這幅畫畫面雖然有三匹馬，卻並沒有熱鬧擾攘的感覺（古人以三為眾，人眾則擾攘），而反倒與龔聖與、任子明等人清寒、幽寂的況味神理相通，為了營造清寂之境界，畫家又選取雪嶺、黑雲為背景，觀之不由得感覺寒氣逼人。這種追求高處不勝寒之境的做法，恰恰是傳統文人精神的體現。然而，以黑雲、雪嶺為大背景的構圖形式、枯松落葉所營夠的意境，似乎在古畫中並不多見，此乃方勇獨特的繪畫語言。這說明方勇在運用古人題材方面得心應手，他以其獨特的繪畫語言，去闡釋古人所體會到的境界，可謂思接千載心遊萬仞。而能達到此種境界，無疑得歸功於方勇常年以來對傳統堅持不懈的學習。

方勇是一位堅持傳統的畫家，他所擅長的領域、所選取的素材、所採取的繪畫樣式，皆有傳統的憑依。方勇每言及傳統，總是充滿溫情，其對傳統的敬畏之心令人無比感動，他極力追摹傳統、以賡續傳統為己任。唯其深入

乎傳統之內，他的畫作才能真正達到發揚傳統的新高度。馬和鹿無疑是承載傳統的上佳意象。馬、鹿本為傳統繪畫及文化史脈中的常見題材，史前岩畫、青銅銘刻、畫像磚石、祠廟壁畫以及古代文人畫傳統，畫馬、畫鹿的作品堪稱汗牛充棟，而古典史傳、詩詞歌賦、民謠俚曲中以馬鹿為描寫對象的作品也不絕於書。方勇卻並沒有追求所謂的新意，而是默默地繼承了這一古人已經用爛了、使俗了的題材，在舊有之題材中別開生面，注入個人的情感體驗和新鮮的時代血液。吟味方勇的畫作，更多的體現出色彩明麗、意境深幽的韻味，畫風溫潤平和，含蓄雋永，他的馬常常是在山間徘徊、在亭側踟躕，和徐悲鴻的昂首飛奔、霸氣外露之態大異其趣。方勇畫馬、畫鹿雖不張揚，並無孱弱疲敝之氣，而是神采內斂，充滿潛在的張力。

　　從傳統的內在理路衡量，方勇的馬鹿畫作顯然形成了個人獨特的繪畫特色。他的馬鹿畫作是是山水畫和動物畫結合的產物。畫家本自擅長山水，將馬、鹿置入山水背景之中，其畫作便呈現出不同於純動物畫作的豐富的思想內涵。方勇通常會選擇雪嶺、怪石、清夜、冷月為畫馬的背景，其馬或交頸相靡、或垂首低回、或奮蹄回顧、或昂首前行，千姿百態。以我觀察，方勇這批馬鹿畫作大略可分為兩大類別，其一是山水與馬鹿的組合，其二為建築（主要是紅牆）與馬鹿的組合。不知方勇本人有意為之還是無心之筆，在山水中的馬鹿、在紅牆外的馬鹿有一種悠然自得的、無拘束的氣質，它們閒庭信步，似乎在低頭沉思，對外界並沒有什麼防範之感。而紅牆之內的或亭臺中的馬卻全然不同，這些馬似乎有一些緊張，比如其中有一幅，涼亭中的黑馬和池中的白馬，那匹白馬較之黑馬則放鬆得多，儘管涼亭乃是開放式的，但那匹黑馬卻仍緊張地伸開四蹄，似乎準備隨時離開。他畫筆下的鹿也大多有相同的神韻，這或許放映了某種畫作的無意識因素。建築和山水在一定程度上是人為與自然的隱喻，如果引申得遠一點兒，似乎從中能夠嗅到一些《莊子·馬蹄》的氣息。要而言之，畫家或許隱約地感觸到了人與自然之間相伐相靡的複雜互動。人與自然當然是一相當現代化的命題，古典畫論或謂之外師造化中得心源，「造化」與「心源」之間似乎總能達到高度的和諧？然方勇的馬鹿畫作的背後，於看似平靜和諧的表面之後，卻似乎隱藏著深深的不安和憂慮。這種不安和憂慮當然不能歸於畫家個人，實際上畫家的筆墨、塑形、造境皆有相當的造詣，這種潛在的不安毋寧說是現代性的「當下」之集體心理的無意識顯現。現代以「進步」「科學」等理念橫掃一切，人類從可「詩意地

棲居」的土壤上被連根拔起，可遊可居的古典山水成為機器肆掠的場地，隨
著人工智慧介入人類可賴以安頓靈魂的領域，例如詩歌、書法、圍棋等等，
天人之間的分限便日漸模糊，這種模糊恰恰是現代性帶來的人類自我認知的
困惑，也是當下集體無意識之不安的根由所在。

　　由現代所帶來的不安也漸漸浸入到書畫藝術，書畫藝術以天人之際為最
高的思想理念。自《尚書》「天工，人其代之」到荀子哲學的「天人交相勝」
到現代的人與自然之爭，此一問題時代皆為思想史上的關鍵。書畫如何在現
代性語境中自存，無疑是每一個書畫人應當思考的重大問題。就山水畫而
言，今日之山水因現代性進程的日益加快，推土機、挖掘機所到之處，崇山
峻嶺、清流激湍迅速變成隧道通途。古人所講登山則情滿於山、觀海則意溢
於海的雄起體驗，現在只需交一筆錢，登上纜車、遊艇之類的便可看個痛
快。蜀道難、雲帆遠之類的體驗，恐怕是一去不復返了。在此語境下，如何賡
續古人的傳統，便極成其為問題。這個問題不能視而不見，更不能顢頇地認
為，只要抱定繼承傳統的決心，只要有復興古典的壯志，這些問題便會迎刃
而解。倘僅滿足於復古，這種作品也就只能成為無病呻吟的無生氣之作，甚
至人工智慧會做得更好。作為現代畫家的方勇，也頗感追摹古人的苦惱，他
曾講到，中國的山水，「元氣」已經被現代破壞了，很難再傳達出古人所繪的
山水之「韻味」，這當然是「人工」過多介入「天工」的結果。因此，方勇特
地遠赴歐美，到海外的原始森林、到那些「元氣」未被現代破壞的大山中去
寫生，足見方勇對此一問題有相當的思想準備，他並且嘗試致力於解決這個
問題。而恰恰是方勇對這一問題保有相當的警覺和意識，他的畫作呈現出既
傳統而又現代的鮮明特色。

　　拿方勇的馬和前引古典大家比較，其最大的特點恐怕在於其中濃烈的現
代氣息，這種時代感是古人無論如何也不可能做到的，是當下人無論如何也
不可能擺脫的。方勇的畫雖皆取古已有之的傳統意象，然其運筆、設色、構
型、造境皆與時代氣息相通，他的畫作中建築、山體的趨於立體傾向、無意
中所流露中的透視特徵（比如他慣常通過窗口、門洞來拓展景深，此種手法
雖亦見於中土傳統，然西畫似更為常見）都是國畫吸收西方現代繪畫技法之
後的產物，這種現代印跡無疑乃是方勇繪畫中最大的與古人不同之處。就其
現代印跡而言，方勇畫馬更接近於中西融合的徐悲鴻和郎世寧，而反倒疏遠
於古典傳統的李公麟等人。我之所以作如此判斷，並非刻意求奇，而是基於

當下繪畫的現實，即國畫家鮮有不接受西畫訓練的，這種訓練會浸潤到畫家的無意識之中。這便揭示了一個相當殘酷的問題，即今人已經完全不是古人，今日的主客體都完全變化了。

主客體之變給繪畫提出了一個問題：即無論如何堅守傳統，無論如何堅守要做一個古典人的理念，活在現代的「當下」皆是一個不得不應對的活生生的實際，「現代」已經作為無意識浸潤到每個人的血液之中，無論拒斥還是歡迎，它都值得認真應對。古典傳統的詩書畫之所謂成為文人精神的載體，乃在於它們為「言志」「心畫」「載道」之物，歷經現代化之洗禮，國畫尚能繼續載古典之道、言傳統之志、寫懷舊之心嗎？方勇的馬、鹿繪畫便面臨著這樣的問題。觀他所繪畫的馬，多有低徊猶疑之態，他所畫的鹿，既堅定卻又不免迷茫，馬鹿所折射的正是現代化語境中傳統文化人的自我認識問題。方勇的繪畫之選取馬鹿為題材，乃是一種堅持傳統的姿態和表徵，然因他卻並沒有堅定地沿襲古典路數繼續走，而是以思索之姿態來探究繪畫的可能性，唯有從這種探究可能性的角度，他的繪畫所呈現出的豐富而非單一、靈動而非固化的思想內涵才能得到切實的理解。

（三）鋪采摛文，體物寫志——讀魯大東《玄鳥集》

我和魯大東先生並不相識，周松林先生告知 5 月 17 日將在杭州開始《玄鳥集——魯大東書法個展》並發來其作品集，要我寫篇文字談談讀後感。打開作品，撲面而來的是其繁縟富麗的裝潢氣息，魯大東的書法不是書展上習見的或魏碑、或狂草之某一體，而是植根於上古文字及三代符飾的意象重構，也是勾連考古資料與藝術創作的一種全新嘗試。固然現代書展所需要的一些要素諸如形式、裝裱等為魯作增色不少，然最重要的仍是與眾不同的取資。在當代書法創作實踐中，創作者要麼走速成路線、要麼走尚奇逐怪路線，魯大東顯然用了大量時間和心力鑽研前人的創作，尤其是上古之作。

中國當代書法傳統，是從清代碑學、帖學爭競的格局逐漸發展而來的。碑帖之爭現今已成為昨日黃花，無人在認真理會，然碑學之盛卻大大拓展了傳統書學的路徑。尤其隨著晚晴、民國已降考古學的發展，考古與書法之間就有了不解之緣。考古學材料的出土大大改變了傳統書法人的取材對象、也重新模塑了書家的書法觀念。在吳昌碩、李瑞清等將傳統碑學由北碑拓展為上古吉金之外，羅振玉、董作賓、商承祚等更是直接臨摹甲骨文，這些前輩書家的藝術實踐，打破了經典意義上的「書法」觀念，書法的臨寫對象不再

是鍾張王顏等經典書家，而是從上古無名的「貞人」直到西陲瑣屑的殘章斷簡。由此對書法的認識亦大大拓展，從經典書法觀的單純的紙上書寫而延伸為刀筆之辯。實則，現代人正是在刀筆之辯的視域中重新找到書法創作的個體定位，比如蔣維崧先生之金文書法，在吳昌碩、羅振玉、李瑞清之後，是成功地將契刻在金石上的書法「移」到縑素上的範例，實現了金石氣和書卷氣的完美結合。另外如王心怡，致力於圖形文字的臨摹，編撰有《商周圖形文字編》，亦為上古文字的書法化作出了精彩的示範。吳頤人則專意臨摹漢簡而形成獨特的漢簡書風。要而言之，上述幾位是當代成功地從將考古資料活用到創作中的範例。評價魯大東的創作，當然也應當放置到考古和書法互動的語境中，注重從考古材料汲取營養，及時將考古成果反映到其藝術創作中，顯然是魯作的一大特色。

魯大東的書法，不同於前人專注於某一特定的書寫類型，其創作罕見地容納了從上古紋飾、金石文字到北碑、瘦金書甚或毛體書法在內的各種書寫形式。在他的這些書法創作中，我們特別分明地感受到三代鼎彝上的各種符號、鳥蟲篆等極為廣泛、同時也非常深刻的藝術影響。比如，就其中的《沽酒聽漁歌》來說，「沽酒漁」三字容納了良渚立鳥紋飾和仰韶的彩陶紋飾，「聽歌」則取的是甲骨文字形、又填滿商周青銅器符號，其「斜陽幸無事」五字則容納甲骨、金文而稍加變化使更富裝飾韻味，落款則使用楚簡文字的樣式。其作品整體極有韻律感，拉長的「水」紋、繁複的飾筆給人以芳草萋萋、流水潺潺之感，「陽」字中的「囙」形紋和鳥紋、魚紋、陶尊紋、人形紋一起，使人感悟到楊慎《臨江仙》的意境。白髮漁樵江渚上、一壺濁酒喜相逢、幾度夕陽紅的意象皆蘊含其中。通過此，魯大東成功地將上古紋飾符號、三代文字和文人情懷容納為一體，可謂書中有畫、畫中有詩。

魯大東的創作不是傳統的臨摹習慣，而是有強烈的為我所用意識，固然取資廣泛是現在多數書家試圖追求的境界，不過鎔鑄為個人風格確是更高的要求。這就需要食古而化的能力。《玄鳥集》追求風格的統一性，在其每個字中、每幅作品中儘管容納了大量的書寫要素，然這些書寫要素並未喧賓奪主，而是為整體的風格服務。其幾副對聯《沿江半池》、《難忘自適》等整體上皆能夠達到和諧、風格統一，儘管取資多方卻並沒有淹沒在其取法對象之中。就此意義來說，這或許當歸功於創作者對上古文字和紋飾傳統的深刻理解，也反映出作者入古之深，惟其能夠深入古人，才能夠出乎其外，從而化為個

人的藝術創作語言。其將傳統符號化為個人藝術語言的一個轉捩點是，創作者深刻地理解了文字和書法的關係。

　　《玄鳥集》是傳統書寫資源如何轉化為現代創作的有益探索。在《玄鳥集》中，每個文字、每個符號皆被看做自由的、活潑潑的有生命、有靈性之物。文字被創製之初，本是「畫成其物，隨體詰屈」的，其後孳乳浸多，遂逐漸凝固為符號。由文而字，在由字而書，這是個根本的跳躍和發展，在文字由物象而意象的符號化的過程，是一個逐漸由靈活而趨於固定的過程，也是一個由鮮活走向僵化的過程。在俗手那裡，書法只是按模脫墼、求其形似的技藝，《玄鳥集》則並無此弊，是一種自由的創作姿態。創作者或許發揮了鳥蟲篆對筆劃的理解，其作品中有模仿《王子午鼎》《中山王厝壺》者。正是基於對文字筆劃可變化為鳥、為蟲、為人等一系列有生命、有靈性之物的理解，在魯大東的創作中，大肆改動了文字本來的面貌，如《沿江半池》中的「酒」字中的「酉」像酒罈、「涵」字右邊的「函」（字形取甲金文）取人臉之象，而「量」上的「日」字中間用鳥形代替，這大大增加了文字的形象性。儘管魯大東的作品裝飾色彩較書寫色彩更濃，但從這些改造中卻顯然窺見其與傳統書法中所謂「書者，如也」「書為心畫」等一脈相承的文字觀念。這就使其書法雖然初看起來裝飾性較強，而細看則不僅僅止於裝飾技藝，在裝潢的外殼下蘊藏者生機勃勃、自由鮮活「書寫」的特徵。

　　展覽取名《玄鳥集》，大略取自《詩經·玄鳥》生商的典故，玄鳥既是生命力的象徵，也是東夷文化的意象。魯大東以自己的書法創作，完美地詮釋了華夏書法生生不息、於穆不已的文化特徵。